대한민국
파이어족
시나리오

파이어족을 이룬 숨은 강자들에게서 찾은 부의 공식

대한민국
파이어족
시나리오

바호(이형욱)
지음

한국경제신문

내 삶의 주인이 되는 삶을 위하여

월급쟁이, 파이어족을 꿈꾸다

삼성전자 입사 첫날, 웅장한 회사 건물에 들어서며 나는 내 인생에서 중요한 과업을 모두 이뤘다고 생각했다. 그리고 더 이상 치열하게 성취해야 할 무언가는 없다고 단정했다. 그만큼 취직은 어려웠고, 간절했다. 하지만 얼마 지나지 않아 50대가 되기도 전에 퇴직해야 하는 대기업 직원의 숙명을 알게 됐고, 그 운명에서 벗어나기 위해 필사적으로 노력해 남들이 선망하는 '신의 직장', 구글로 이직했다. 하지만 신의 직장도 결국 직장일 뿐이었다. 치열한 노동의 현장에서 내 목 디스크는 날로 심해졌고, 치솟는 서울 집값과 비루한 월급 통장을 겹쳐보며 망연자실했다. 일상의 행복과 건강을 회사에 헌납하고도 돈 때문에 퇴사는 꿈도 못 꾸는, 평범한 직장인이 된 것이다.

그러던 중 파이어족을 알게 되면서 내 삶의 지향점은 완전히 바뀌었다. 파이어족은 '경제적 자유(Financial Independence)'

와 '조기 은퇴(Retire Early)'의 앞 글자를 딴 '파이어 운동(FIRE Movement)'을 실천하는 사람들로, 월급에 매여 살지 않을 만큼의 경제적 자유를 이룬 후 직장에서 일찌감치 은퇴해 제2의 삶을 산다는 획기적인 아이디어였다. 파이어족에 단숨에 매료된 나는 한국 최대 파이어족 카페의 운영진이 됐고, 독서 토론과 강연, 정기 모임 등을 주최하며 이미 파이어를 이룬 수많은 한국의 파이어족들과 깊이 교류할 수 있었다. 그들을 취재하며 나는 다른 책이나 강연, 언론에서는 찾아볼 수 없었던 '파이어 성공 비법'을 발견했다. 또한 한국형 파이어족을 유형별로 나눠 분석하는 과정에서 내게 딱 맞는 파이어족 성공 공식도 찾아낼 수 있었다.

나는 이렇게 찾아낸 파이어족 유형에 맞춰 나만의 파이어족 재테크를 실천했다. 그리고 재테크를 시작한 지 6년 만인 서른다섯에 순자산 20억 달성에 성공했다. 이 순자산은 월급 때문에 회사에서 하기 싫은 일을 억지로 하거나, 출퇴근의 고단함에 시달리지 않을 선택의 자유, 즉 '경제적 자유'를 보장해주는 돈이다. 이는 삼성전자와 구글을 다녔기 때문에 이뤄낸 성과가 아니다. 그저 내가 파이어족과 경제적 자유의 원리를 틈나는 대로 공부했고, 그 원리에 따라 착실하게 기반을 다져왔기에 가능했던 일이다. 더 이상 내게 조기 은퇴는 꿈이 아니다. 제주도, 하와이, 스위스 등 어디든지 살고 싶은 곳에서 원하는 일을 하며 지낼 수 있는 자유가 내겐 있다. 이런 행복을 많은 사람들과 함께 나누고 싶어, 내가 발견한 '파이어족 성공 비법'을 이 책을 통해 공유하고자 한다.

당신도 자본주의의 숨겨진 승자, 파이어족이 될 수 있다

'파이어족'은 자본주의 시스템 아래 월급의 노예에서 벗어나 삶의 주인이 되는 법을 깨우친 사람들이다. 기존의 파이어족 책과 언론은 벼락부자식 투자만을 강조하지만, 그것은 '진짜 파이어족'을 위한 것이 아닌 그냥 흔한 재테크 서적일 뿐이다. 파이어 운동은 피할 수 없는 은퇴라는 과제에 정면으로 맞서는 새로운 삶의 방식이다. 경제적 자유를 성취해 우리를 매일같이 일터로 내몰았던 경제적 불안감에서 벗어나고, 조기 은퇴를 통해 지금까지의 '먹고사니즘'에서 벗어나 새로운 삶을 산다. 파이어족에 대해 제대로 이해한 사람만이 진정 돈의 구속으로부터 벗어날 수 있다.

한국의 파이어족은 미국의 파이어족과는 다른 결정적인 특징이 있다. 미국의 파이어족은 뉴욕 월스트리트 혹은 실리콘밸리의 고연봉의 젊은 엘리트 사이에서 부는 열풍이다. 하지만 한국의 파이어족은 특정 직업군이나 지역에 한정되지 않으며, 전국에서 동시 다발적으로 생겨나고 있다. 서울, 경기권부터 경상권, 전라권 등 전국 각지에서, 그리고 공공기관 근무직, 디자이너, 판매직, 영업직 등 다양한 직업군에서 이미 파이어족이 탄생했다. 누구나 자신의 성향을 이해한다면 파이어족이 되어 노동에 휘둘리지 않고 시간 부자로 살아갈 수 있다. 이 책은 '투자 대박' 없이도 한국에서 파이어족으로서 성공할 수 있었던 사람들의 사례와 그들의 성공 비법을 공유한다.

대한민국 '진짜 파이어족'의 성공 비밀

나는 이 책을 재테크에 대해 아무것도 모르는 재테크 초보들도 쉽게 읽을 수 있도록 썼다. 나 역시 몇 해 전까지만 해도 재무제표가 뭔지도 모르는 사회 초년생 '재린이'였기 때문이다. 이 책을 읽다 보면 자연스럽게 평범한 일개미였던 월급쟁이가 어떻게 재테크에 각성해 파이어족으로 성공하게 되었는지 알 수 있을 것이다. 30대의 나이에 부동산 리스크에서 벗어나 안정적인 수익률의 포트폴리오를 구축할 수 있었던 방법, 그리고 6년 만에 순자산 20억에 도달한 과정을 가감 없이 공개했다. 마지막으로 경제적 자유를 얻고 완전히 달라질 나의 파이어족으로서의 삶, 미래의 계획에 대해서 풀어냈다. 더 나아가 경제적 자유, 파이어족에 대한 실질적인 정보가 필요한 독자들을 위해 '심화편'도 준비했다. 단순히 호기심을 넘어 정말로 파이어족으로 사는 것에 도전하는 사람들을 위해 파이어족 개념의 기초부터 실제 달성 전략까지 제시했다. 또한 파이어족이 되기 위한 필수 체크리스트, 파이어족으로서 꼭 알아야 할 세 가지 재테크 방법, 파이어를 향한 여정에서 시행착오를 줄일 수 있는 팁을 자세하게 다뤘다. 여기서 내가 소개한 '파이어족 DNA'는 MBTI 테스트처럼 쉽고 간단히 자신의 파이어족 유형을 파악하는 데 도움을 줄 것이다. 특히 아직 세상에 공개되지 않은 한국의 '진짜 파이어족' 십여 명의 성공 스토리도 담았는데, 20대부터 50대까지 전 세대를 대표하는 다양한 파이어족들의 이야기를 생생하게 소개했다.

파이어족에 관심을 가지는 독자라면 이 책에 소개된 진짜 파이어족의 사례를 통해 자신에게 맞는 파이어족 플랜을 짤 수 있을 것이다. 나는 파이어족 플랜을 짠 후 회사 생활에 대한 불안한 마음이 완전히 사라졌다. 만약 '평생 이 직업을 할 수 있을까?'라는 생각이 조금이라도 들거나 은퇴, 퇴직을 생각할 때 불안한 마음이 앞선다면, 이 책은 막연한 불안으로부터 벗어나는 데 도움이 될 것이다. 책에 소개된 내용들을 알지 못한 채 무작정 파이어족이 되기 위해 노력한다면, 엄청난 시행착오를 겪을 수도 있다. 단언컨대 이 책은 독자가 원하는 파이어족의 삶에 도달하는 데 짧게는 몇 년, 길게는 10년 이상의 시간을 아껴줄 수 있다고 자신한다.

고마운 분들께

이 책은 많은 사람의 도움을 통해 세상에 나올 수 있었다. 무한한 응원을 보내준 파이어족 카페 멤버들과 인터뷰에 응해준 소중한 '진짜 파이어족'분들께 고개 숙여 감사의 말을 전한다. 그리고 졸렬한 원고에 지원을 아끼지 않은 한경BP 편집부를 비롯해 10년 전부터 내 저술 활동을 응원해 준 친구 오승민에게 진심으로 고맙다고 말하고 싶다. 또 늘 조금 삐딱한 나를 무한한 사랑으로 품어주신 부모님과 장인어른, 장모님께도 깊은 존경과 사랑을 표한다. 그리고 이 책의 숨은 공동 저자, 나의 사랑하는 아내 현정이 없었다면 이 책은 세상에 나오지 못했을 것이다.

　마지막으로 독자 여러분이 경제적 자유를 이루고 1평짜리 사무실 책상을 벗어나 더 광활한 기쁨으로 삶을 채워나가는 데 이 책이 조금이나마 도움이 되기를 바란다.

파이어 선언문

오늘부터 나는

1. **내 삶의 주인이 된다.** 그 누구에게도 내 삶의 주도권을 넘기지 않는다. 다른 사람을 탓하며 불행한 삶을 살지 않는다. 나는 나 자신의 행복을 온전히 책임진다.

2. **돈에 지배되지 않고 내가 돈을 지배한다.** 나를 위해 일하는 투자 자산과 부업을 꾸준히 관리해 경제적으로 자립한 삶을 살아간다. 내가 원하는 형태의 일, 나 스스로를 행복하게 하는 일을 하며 산다.

3. **직장의 노예가 되어 단순히 생계를 위해 노동을 하는 삶과 결별한다.** 남에게 잘 보이기 위해 정장이나 유니폼을 입을 필요가 없다. 오직 나의 개인적 성취와 만족감을 위한 일을 찾아서 한다. 원한다면 언제든 은퇴해 일과 분리된 일상의 자유를 누린다.

4. **나를 행복하게 하는 인간관계를 맺고, 나를 불행하게 하는 시선에서 자유로워진다.** 평판 유지를 위해 사회생활에서의 굴욕적인 대우와 인격 모독을 억지로 견디지 않는다. 내가 어떤 차를 타고 어느 집에 사는지에 대한 남의 시선과 평가를 신경 쓰지 않는다. 다른 사람들의 경제적 성공을 진심으로 축하하고 질투하지 않는다.

5. **일을 포함한 그 무엇보다 나와 내 가족의 행복, 건강, 안전을 우선한다.** 더는 내 자녀와의 시간을 직장 때문에 억지로 빼앗기지 않는다. 나의 자녀가 성장하는 과정을 온전히 지켜볼 자유를 얻는다. 내가 사랑하는 가족과 행복한 시간을 충분히 보낸다.

6. **어디든지 내가 원하는 곳에서 살 자유를 얻는다.** 근무지로 가기 위해 숨 막히는 지하철 출퇴근길에서 소중한 시간을 낭비하지 않는다. 남들이 일하고 있는 평일에 여유롭게 쉬거나 여행할 자유를 얻는다. 그동안 버킷 리스트에만 넣어뒀던 여행지를 향해 지금 당장 떠난다.

7. **더 늦지 않은 나이에 새로운 삶을 시작한다.** 삶의 2막에서 어떤 원대한 꿈이라도 추구할 자유를 얻고, 그 꿈을 당당히 이뤄낼 수 있는 삶을 살아간다. 한 살이라도 더 젊을 때 하기로 했던 모든 일을 지금 당장 이룬다.

8. **하루하루 행복하게 살아간다.** 내가 옳다고 믿는 것들에 아낌없이 시간을 투자하고, 내가 원하지 않는 남의 꿈을 이루는 데 내 시간을 낭비하지 않는다. 온전히 나의 삶과 가치에 집중하는 삶을 산다.

차례

PART 1

파이어족을 꿈꾸는 구글러

1. 30대에 은퇴하기로 결심했다

PART 2

파이어족 성공의 비밀

2. 파이어족이 되기 위한 기초 가이드

3. 파이어족 완성하기

PART 3

월급쟁이, 30대 파이어족이 되다

Financial
Independence
Retire
Early

PART 1

파이어족을
꿈꾸는 구글러

나는 평범한 대한민국의 직장인이었다. 아침이면 알람 시계에 마지못해 일어나 무거운 몸을 이끌고 지하철에 몸을 구겨 넣었고, 눈코 뜰 새 없이 회사 일로 하루를 보내다가 겨우 일을 마친 후엔 1시간이 넘는 퇴근길 버스에서 고개를 푹 숙인 채 휴대폰만 봤다. 집에 와서는 저녁을 먹고 주말에는 뭘 할 지 고민하다 보면 어느새 내일 출근을 위해 자야 할 시간이 되었다. 이렇게 쳇바퀴 돌듯 살다 은퇴하는 것이 당연하다고 생각했다.

그리던 어느 날, 파이어족을 알게 된 후 내 인생의 지향점은 완전히 달라졌다. 경제적 자유를 쟁취해 언제 어디서 시간을 보낼 수 있을지 스스로 결정할 수 있는 파이어족으로서의 삶. '퇴사'가 더 이상 꿈이 아니라 선택이 되는 '시간 부자의 삶'이 내 목표가 됐다.

1장에서는 어떻게 삼성전자의 성실한 일개미였던 내가 신의 직장 구글에 가게 되었는지, 그리고 왜 파이어족이 되기로 결심했는지에 대한 이야기를 하고자 한다. 남들이 부러워하는 초일류 기업인 삼성과 구글에서의 일상은 어땠고, 나는 무슨 일들이 있었기에 파이어족이라는 항로를 새롭게 개척하게 되었을까?

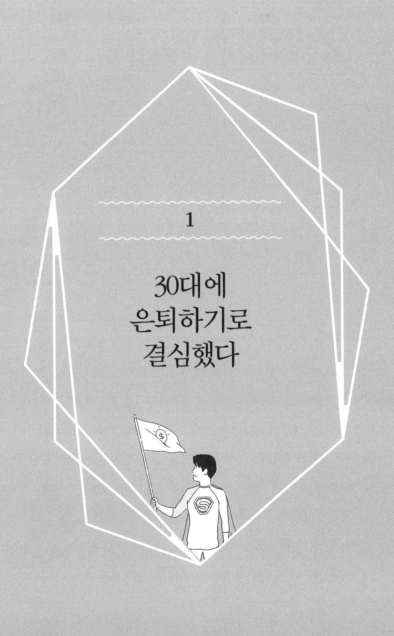

1

30대에
은퇴하기로
결심했다

신혼여행의 마지막 밤, 파이어족이 되기로 결심했다

왜 신혼여행이 인생에서 가장 행복한 순간이어야 할까?

날이 참 맑은 날 해 질 무렵, 와이키키 해변에는 서핑을 즐기는 청년들의 웃음소리가 파도처럼 부서졌다. 아내와 나는 해변 한 편에 앉아 저물어가는 노을을 바라보고 있었다. 신혼여행의 마지막 날 저녁이었다. 내가 노을에 정신을 잃고 있는 사이, 아내의 숨소리가 거칠어지더니 이내 눈물을 흘렸다. '내가 뭘 잘못한 걸까?' 지난 며칠간 내가 했던 모든 말과 행동을 재빨리 돌이켜보며 당황했다. '잘은 모르겠지만 일단 미안하다고 말할까? 근엄한 표정으로 눈물부터 닦아줘야 하나?' 혼란스러운 표정을 짓는 나에게 아내는 말했다.

"우리, 이번 생에 하와이에 다시 올 수는 있을까?"

해외여행 갔다 온 사람들은 다 겪는다는 '집에 가기 싫어증'의 마수에서 아내도 자유로울 수 없었다. '내가 잘못해서 우는 건 아니구나. 다행이다'를 속으로 외치며 아내를 달랬다. 그리고 10년 뒤에 다시 신혼의 마음으로 하와이에 신혼여행을 또 오자고 했다. 그때 와서 하와이섬 꼭대기에서 맑은 밤하늘 별 구경도 하고, 샛노란 옐로탱이 넘실거리는 푸른 바다에서 스노클링도 또 하자고. 다음 여행에는 꼭 바닷속에서 돌고래와 바다거북과 같이 수영하며 놀아보자고.

그런데 생각해보니 문제가 하나 있었다. 10년 뒤면 우리는 40대라는 거였다. 20대 땐 밤새워 놀아도 끄떡없던 몸이 30대가 되니 하루하루 다르다는 것을 몸소 느끼던 와중이었다. 재미를 위한 운동이 아닌 생존을 위한 운동을 하고, 그마저도 운동을 빠짐없이 하기에 쫓기듯 바쁜 직장 생활을 해내는 내가 10년 뒤에는 과연 어떤 상태일까? 40대에는 또 어떤 내가 되어 있을까? 하와이 투스텝비치에서의 스노클링보다는 실버 보험에 더 가까운 나이 아닌가 싶은 생각이 들었다. 아니, 다른 건 다 그렇다 치고 10년 뒤에 신혼여행을 다시 가겠다고 우기면 10일짜리 장기 휴가를 쓸 수는 있을까?

우리는 1평짜리 회사 책상 앞에서 너무 많은 시간을 보낸다

아무리 작은 원룸 스튜디오도 웬만하면 6평부터 시작하는데, 사무실 책상 내 공간은 우리 집 화장실보다 작다. 10대, 20대에 우리는 사무실 공간보다도 더 작은 학교 책상 앞에 앉아 대부분의 시간을 책들과 씨름하면서 보냈다. 그에 대한 보상이 그것보다 조금 더 큰, 화장실만 한 공간의 사무실 책상에서 허리 디스크의 공포와 싸우는 30년 이상의 직장 생활이다. 물론 회사 직원들한테 근무 공간을 10평씩 줄 수 있는 기업은 우리 아빠가 사장님이고 엄마가 전무님인 직장인의 경우 말고는 이 지구상에 없다는 것을 잘 알고 있다. 다만 학교에서는 돈을 내면서 시간을 보내는 쪽이었지만, 지금은 돈을 받으면서 시간을 보내는 쪽에 가깝다는 점이 큰 위안이다. 가족 기업은커녕 가족 텃밭 한 뙈기도 버거운 대부분의 사람들에게는 내 이름표 달린 책상이 있다는 것만으로도 고마워해야 할 일인지도 모르겠다.

그래서 우리는 앉아서 일하는 화이트칼라 직업을 무한히 동경하고 꿈꾸며 대기업 직원, 공무원이 되기 위해 전력투구했다. 그러나 그렇게 어렵게 맞이한 현실은 달콤하지만은 않았다. 나는 눈 감은 채로 침대에서 인생의 3분의 1을 보내고, 출퇴근 두 시간씩을 포함해 날마다 10시간 이상을 회사를 위해 쓴다. 나에게 주어진 시간 중에 한자리에서 가장 많은 시간을 보내는 곳이 회사 책상인 셈이다. 징검다리 휴가에 눈치 싸움을 하며 연차를 내고, 3일 이상 장기 휴가를 내려고 할 때면 오랜 기간 팀의 업무 진행 상황을 파악해가며 전략을 세운다. 물론 전략이 먹히지 않을 때가 더 많다. 돈만 벌기 시작하면 언제든 할 수 있을 줄 알았던 남미 여행, 오로라 투어 같은 버킷 리스트는 늘 뒷전으로 미뤄둔다. 매달 통장에 꽂히는 월급의 달콤함에 취해 우리가 잃어버리고 있는 것은 무엇일까? '이게 정말 잘 살고 있는 게 맞을까?'라는 생각을 떨칠 수 없다.

꼭 떠밀려 떠나는 순간까지 버텨야만 하는 걸까?

―――

모든 연애가 결혼 아니면 헤어짐이라고 하던데, 직장에서는 "나는 일과 결혼했다"고 외치는 과장님조차도 언젠가는 퇴사를 해야 한다. 그 피할 수 없는 이별의 순간을 우리는 '은퇴'라고 부른다. 은퇴를 하면 결국 우리는 다른 회사로 이직을 하든, 아니면 새로운 직업을 찾게 된다. 백수도 하나의 직업이라고 간주할 수 있다면 말이다. 인간으로 태어났으면 죽음을 피할 수 없듯이 입사하는 순간부터 그 회사, 또는 직업에서의 은퇴는 누구도 피할 수 없다.

새로운 도전, 속세의 굴레에서 벗어나기, 명예퇴직. 다양한 말과 여러 가지 뉘앙스로 표현되기는 하지만 모두 퇴사를 의미하는 단어들이다. 마지막까지 버티고 버티다 쫓겨나든, 박수 칠 때 떠나든 결국 회사를 떠나게 됐을 때 우리를 맞이하는 것은 무엇일까? 웹툰 〈미생〉의 명대사 중 하나로 사람들은 이 문장을 꼽는다. "회사가 전쟁터라고? (…) 밖은 지옥이다." 준비 없는 퇴사 후 눈앞에 펼쳐지는 풍경은 평화로움과 거리가 멀다. 누군가는 새로운 직업을 찾아서, 또는 새로운 사업거리를 찾아서, 이도 저도 아니면 불안한 마음에 치솟는 집값과 조금씩 줄어드는 통장 잔고를 마냥 바라볼 수밖에 없는 가시밭길이다.

다시 하와이로 돌아가자. 우리는 약속한 대로 10년 뒤에 하와이에 갈 수 있을까? 10년 뒤면 회사에서 더 바빠지면 바빠지지, 절대 덜 바빠지지는 않을 텐데 말이다. 하와이 정도 가려면 최소한 1주일에서 2주일은 휴가를 내야 하는데, 휴가를 열심히 모은다고 한들 그렇게 긴 시간 휴가를 낼 수 있을까? 여기까지 생각이 미치자, 아내의 '집에 가기 싫어증'을 달랠 시나리오는 딱 하나였다. 퇴사.

퇴사해서 또 하와이로 긴 여행을 오자. 그러려면 마음 쫄리지 않는 은퇴를 해야 할 텐데, 이래서 다들 주식 대박과 부동산

몰빵을 하나 보다 싶었다.

내게 월급을 주는 든든한 '뒷백'을 만들자
—

불안하지 않을 은퇴 방법을 이래저래 찾다가 한 다큐멘터리에서 접한 단어가 나를 사로잡았다. 미국의 깨어 있는 젊은이들이 적극적으로 은퇴를 준비하는 방법, FIRE. '이게 뭐지?' 하는 마음에 인터넷 검색도 하고, 서점에서 이와 관련 있는 책도 몽땅 찾아 읽었다. 'Financial Independence & Retire Early', 경제적 자유를 통한 조기 은퇴. 이 은퇴 방법의 핵심은 내게 자동으로 발생하는 소득이 내 생계 비용과 같아지는 순간에 은퇴한다는 원리였다.

젊은 시절에 최대한 저축하고, 이 저축액을 장기 투자자산에 몰아넣은 뒤 시간을 두고 묵혀둔다. 잘 설계된 투자자산은 시간이 지날수록 잘 숙성돼 꽤 믿음직한 현금 흐름을 창출한다. 그러면 내가 굳이 출근해서 근무하지 않아도 나에게 월급을 주는 '뒷백'이 생긴다. 동시에 우리의 행복에 딱 필요한 만큼의 검소한 소비 습관을 만들어 필요한 은퇴 자금을 줄이게 된다는 것은 덤이다. 그럼 나는 내 시간을 마음껏 자유롭게 쓸 수 있다. 10일이든 한 달이든 발리를 가도 되고 하와이를 가도 되는 시간이 주어진다.

　로또를 1년 정도 사봤는데, 아무리 해도 우리 부부의 운은 5,000원에 당첨돼 아이스 아메리카노 한 잔 사 마시는 게 최대치인 것 같았다. 그나마도 스타벅스 아메리카노 사이즈 업은 감당이 안 된다. 로또가 맞지 않는다면, 로또 맞은 것과 비슷한 효과를 내서 퇴사도 할 수 있게 해줄 '뒷백'을 만들자. 그 방법을 어떻게든 찾아 실천에 옮기자. 그래야만 우리가 꿈꾸는 10년 뒤 '2회 차 신혼여행'도 가고, 조금이라도 더 건강할 때 코딱지만 한 회사 책상에서 남의 사업을 도와주는 일 대신 내가 정말 하고 싶었던 일을 할 수도 있을 것이다. 그것이 내가 쓰고 싶었던 책을 쓰는 일일 수도, 배우고 싶었던 러시아어를 배우는 것일 수도, 또는 평소에 가고 싶었던 곳을 자유롭게 여행하는 것일 수도 있다.

　자랑은 아니지만 아내는 내가 아이폰 중고 거래 사기를 당하자 대신 복수해주겠다며 끝까지 추적해 사기꾼을 교도소에 보내고, 교도소 작업 일당을 추심해 피해 금액도 받아내준 경험이 있는 사람이다.

　아내는 이왕 피할 수 없는 거라면 어떻게든 끝장을 보자는 생각에 동의했다. '피할 수 없는 은퇴라면 차라리 최대한 은퇴 시점을 당겨 미리 해버리자. 가능하다면 10년, 20년 일찍 말이다. 우리가 일하지 않아도 우리를 먹여 살릴 돈이 나올 구멍을 만들어내자.' 그런 생각이 시간이 점점 흐를수록 마음속에 커져만 갔다. 하와이 신혼여행은 내 마음속에 파이어족의 씨앗을 심어놓았다.

그렇게 우리는 30대에 은퇴하기로 결심했다.

늦깎이 신입 사원, 파이어족을 만나다

바늘구멍 같던 취업난, 나도 예외는 아니었다

벌써 취업 준비 3년 차, 나는 더 이상 물러설 곳이 없었다. 내일과는 마치 고3 대학 입시 준비의 그것과 비슷했다. 오전 8시에 자소서 스터디, 오전 10시 논술 스터디, 삼각김밥 먹으면서 삼성 직무 능력 검사 문제 풀이 동영상 강의 시청, 오후 2시 직무 능력 검사 문제 풀이 스터디, 오후 5시 모의 면접 스터디, 저녁 먹고 독서실에서 토익 모의고사 풀고 오답 노트 만들기 세시간. 취준생의 숨 가쁜 하루는 밤 12시가 다 되어갈 즈음에 간신히 끝나고는 했다.

솔직히 말하면, 취업이 이렇게 힘들 줄은 몰랐다. 취업 전선에 뛰어들기 전에는 별생각이 없었다. 대학에서 취업을 걱정하던 선배들은 내 주변에 없었다. 그러니 나 역시 태평한 마음으로, 첫해에는 토익 점수가 조금 낮아서 서류 전형 통과가 잘 안 되나 하며 대수롭지 않게 생각했다. 그렇지만 공기업 취업 준비를 1년간 하고 지원한 다섯 군데 공기업 모두 면접장도 못 가보고 탈락했고, 혹시나 하는 마음으로 나름 보험처럼 썼던 사기업 네 곳은 모두 직무 능력 검사의 벽을 넘지 못했다.

취업 준비 세 번째 해에는 인터넷 강의만 들으며 혼자 공부하던 본래의 취업 전략을 완전히 바꿨다. 다른 사람들은 어떻게 준비하는지 참고도 하고, 내가 무엇이 부족한지도 확인할 필요가 있었다. 취업 스터디 모임을 한두 번 가보니 어수선한 분위기에 집중이 안 되거나 취업보다 연애, 잿밥에 관심이 가득한 곳도 많았다. 그럴 여유조차 없던 나는 가능한 한 대부분의 스터디를 내가 직접 만들었다. 여러 인터넷 커뮤니티를 돌면서 스터디 인원 모집 글만 수십 개를 올렸다. 영어 회화, 토익, 오픽(OPIc: 영어 회화 시험), 모의 면접, 코딩 인터뷰, 논술, 직무 능력 검사 등 안 해본 스터디가 없었고, 많을 때는 하루에 스터디를 다섯 개나 뛰기도 했다.

취업 준비를 하며 깨달았다. 남들이 알아주는 대학을 졸업했느냐 아니냐는 중요한 것이 아니었다. 기업에서 원하는 인재의 자질이 무엇인지, 그 자질을 검증하는 기준은 무엇인지, 어떻게 면접관에게 좋은 인상을 줄지가 중요했다. 그냥 공부만 열심히 하면 되는 줄 알았던 나는 취업 준비를 통해 사회의 생리를 배우고 한 단계 더 사회화될 수 있었다.

그해 나는 21개 기업에 지원했다. 그중에서 다섯 군데 기업에서 합격 통지를 받았다. 부모님과 친구들은 커리어의 시작은 가장 유명하고 큰 기업에서 하는 게 좋다는 조언을 해줬다.

이듬해 스물아홉 살, 나는 첫 직장 생활을 삼성에서 시작하게 됐다.

퇴사한 그의 표정은 의외로 밝아 보였다
—

맏형 소리를 들으면서 나는 누구보다 열심히 삼성연수원 프로그램에 참가했고, 연수 조의 팀장까지 맡았다. 그리고 어떤 일이든 가리지 않고 열심히 했다. 그토록 열심히, 애타게, 간곡하게 입사를 염원하며 취업을 준비했던 만큼 내 능력을 최대한 발휘해야겠다는 의욕이 넘치던 시절이었다. 남들보다 늦게 입사한 것에 대한 초조함도 한몫했다. 동기 중에 가장 나이가 많으니 말을 편하게 해서 좋지 않겠냐 싶었지만, 나는 형 소리 듣는 것이 편한 사람은 아니다. 대학 시절에도 동생들보다 선배들과 어울리는 게 훨씬 편했다. 오히려 형, 오빠 소리에 따라붙는 기대감과 책임감은 언제나 부담스러웠다.

삼성이라는 대기업에 적응하기 위해 하루하루 고군분투하며 긴장감과 기대감에 잔뜩 부풀어 있던 신입 사원 1년 차 어느 날, 업무가 끝나고 양꼬치 집에서 회식을 하고 있었는데 40대 중반쯤 돼 보이는 어떤 분이 반갑게 인사하더니 우리와 합석했다. 처음 보는 분이어서 휴직 중인 선배인가 싶었는데, 이미 퇴사하신 선배라고 했다. 지금 딱히 별다른 일은 안 하고 있다고 하는 그 선배의 표정은 어둡지 않았다. 아니, 오히려 밝아 보였다. 처음에는 재취업이라도 부탁하러 모임에 나온 것인가 싶었지만 그런 기색은 전혀 없었고, 오히려 재직 중인 선배들이 그분을 술자리에 불러낸 것이었다.

이야기를 들어보니 아내가 몸이 안 좋아져서 아내를 간호하며 시간을 함께 보내기 위해 퇴직을 하게 되었다고 했다. 나는 이 대목에서 더욱더 당황했다. 아내가 아프면 맞벌이하던 부부가 외벌이가 되는 것이고, 병원비도 많이 들어갈 테니 돈을 두 배로 더 벌어야 하는데 퇴사라니? 오히려 회사에 더 끝까지 붙어 일하는 게 정상적인 판단 아닌가? 병원비와 생활비는 대체 누가 대지?

아니, 무엇보다 남들 다 다니고 싶어 하는 이 좋은 직장을 대체 왜 그만두신 거지?

먹고사니즘이 다가 아니었구나

그 자리에서 자세한 이야기를 묻진 못했지만, 나중에 선배들에게 자세한 배경 설명을 들을 수 있었다. 그 선배는 이미 젊은 나이에 안정적인 경제적 수준을 확보한 상태라 회사에 매여 있는 처지가 아니라는 것이었다. 선배는 그 이야기를 해주며 부럽다는 말을 연신 반복했다. '대감 집 노예 생활' 안 할 수 있는 그 자유가 부럽다는 것이다. 대한민국 일등 대기업에서 일해봐야 그냥 머슴살이보다 조금 더 나은 '대감 집 머슴살이'일 뿐이라며, 결국 본질적인 것은 달라지지 않는다고 덧붙였다.

회식을 마치고 집에 돌아오는 내내 나는 그날의 신선한 충격을 곱씹었다. 나는 그때까지 코앞에 닥친 일만 충실히 해내가는 인생을 30년 가까이 살아왔다. 학업이라는 주어진 과제를 충실히 수행하기 위해 학교와 학원을 오가며 공부하고, 가능한 한 좋은 대학에 가서 대학 졸업장을 받았다. 그 이후에 이어진 취업 전선에서 허덕이다가 좋은 회사에 입사하는 게, 마치 내 삶의 최종 목표인 것처럼 살았다. 그렇게 부모님과 친구들이 기대하는 '최선'을 이뤄내는 방향으로만 살아왔다. 단 한 번도 입사 이후의 미래에 대해 깊이 고민하지 않았다. 회사 동기 중 누구도 그렇게까지 멀리 생각하는 사람은 없었다.

대한민국 파이어족 시나리오

하지만 내가 생각한 최고의 직장인 삼성에서도 젊은 나이에 퇴사하는 선택이 가능하다는 것이 신기했다. 죽어라 공부하고, 죽어라 스터디해 바늘구멍이라는 삼성 입사를 이뤄내고서는 제 발로 떠날 수 있는 용기가 놀라웠다. 그리고 상상했다. 사랑하는 아내, 또는 가족이 큰 병에 걸려 살아갈 날이 얼마 남지 않았는데, 병원비와 생활비를 감당하기 위해 매일같이 회사에 나가야만 한다면? 집중도 안 되는 일을 붙들고, 하루하루 꺼져가는 가족의 여생을 함께 보내지도 못한 채 회사에서 전전긍긍할 수밖에 없다면? 생각만 해도 끔찍했다. 어떤 돈벌이와 직장도 나와 내 가족의 행복보다 우선해서는 안 되는 것 아닌가?

내가 무언가 놓치고 있다는 절망적인 생각이 들었다. 내가 그저 최고의 목표로 꼽아온 '대기업 입사'가 허상처럼 느껴졌다. 입사 이후의 삶을 계획하고 준비하는 것, 그리고 경제적으로 성공하는 것도 중요하다고 생각하게 됐다. 대기업 사원증과 '먹고 사니즘'에만 빠져 있던 나에게 이 사건은 전혀 다른 관점에서 삶을 바라보게 해준 소중한 계기가 됐다. 어리숙한 신입 사원의 전쟁 같은 일상에 그날의 일은 금방 잊혔다. 하지만 그 선배와의 만남은 내가 경제적 자유와 조기 은퇴를 현실에서 접한 첫 번째 날이었고, 내 안에 파이어족을 향한 작은 토양이 됐다.

1주일에 자유 시간 두 시간! 나, 취업 잘한 걸까?

쇼핑몰 쿠폰만이 내 생일을 축하해줬다

삼성에 입사한 내가 맨 처음 배치된 팀은 출장이 잦은 곳이었다. 광주, 구미 등 국내외 공장을 누비는 날들이 많았다. 나는 빅데이터와 스마트 팩토리를 연구하는 팀에 배정받아 IT 신기술을 활용해 공장을 효율적으로 개선하는 작업을 했다. 나름대로 기술 발전의 최전선에서 업무를 수행하기 때문에 배우는 것도 많았지만, 문제는 출장이 너무 잦다는 점이었다. 업무를 일정 안에 끝마치기 위해 장기간 한 지역에 머물기도 했고, 그럴때면 근무지 근처 모텔에서 자야 하는 날이 많았다. 힘든 업무를 끝내고 쉬고 싶어도 집이 아닌 허름한 모텔에 들어가면 쉬는 게 쉬는 게 아니었다. 그마저도 같이 출장 온 선배들과 술을 마시며 저녁 시간을 보내야 하는 신입 사원으로서는 24시간 내내 업무가 이어지는 기분이었다.

내 생일도 예외는 아니었다. 나는 외딴 출장 지역의 회식 자리에서 소주를 따르며 선배들의 과거 무용담에 맞장구치고 있었다. 막내 직원의 생일을 신경 써줄 자리도 아니었고, 나 역시 생일에도 일한다면서 굳이 분위기를 깨면서까지 위로받고 싶지는 않았다. 삼성과 같은 제조업 회사에서 기본적으로 가장 중요한 것은 공장이다. 언제나 공장 가동 일정이 나의 개인 일정에 우선했고, 설비의 점검 상태가 내 건강 상태보다 중요했다. 내 일정, 내 기분은 회사 업무에서 중요한 고려 대상이 아니었다. 회사 경영의 기준인 KPI(Key Performance Indicator: 핵심 성과 지표)에 포함되는 것은 언제나 고객의 만족이고, 공장과 직원들은 고객 만족을 위해 쉴 새 없이 바삐 움직여야 했다. 내 생일을 축하해주는 것은 어쩌다 한 번 구매했던 온라인 쇼핑몰에서 보내온 생일 쿠폰들뿐이었다.

신기하게도 회사 일이라는 게 열심히 할수록 일이 줄어드는 것이 아니라 오히려 더 많아졌다. 출장이 많은 주에는 1주일에 세 시간도 자유 시간이 없었다. 월요일 아침 시간에 맞춰 출장지에서 업무를 보려면 일요일에 미리 이동을 해야 했고, 1주일 내내 출장과 회식이 되풀이됐다. 회식을 마치고 모텔에 들어와서는 뻗어 자다가 아침에 일어나자마자 공장 시작 시간에 맞춰 새벽같이 출근해야 했다. 설비가 멈추고 하는 확인 업무는 하루에 딱 한 번, 새벽 5시에 아침 교대조가 오기 전 두 시간의 여유밖에 없었다. 해가 뜨지 않은 새벽에 출근해서 야근 후에 퇴근하고, 숙소로 이동할 때도 어두컴컴한 밤이니 잠자기 바빴다.

주말까지 간신히 업무를 끝내고 결과를 정리해 이메일로 송부한 뒤, 출장지를 떠나 집에 오면 일요일 밤 9시였다. 두 시간 동안 꼭 해야 할 개인 정비만 마치고 짧은 잠을 청한 뒤 다시 새벽부터 출근해야 했다. 헛웃음이 나왔다.

20년 뒤 내 모습, 두려움이 몰려오다

"저의 적성과 열정으로 업무 전문성을 향상하고, 누구도 대체할 수 없는 일당백 삼성의 신입 사원이 되겠습니다!"

면접 스터디에서 수십 번을 연습하고, 면접에서 자신 있게 외쳤던 나의 마지막 멘트다. 조금은 따분하고 틀에 박힌 멘트였지만 면접관들에게는 나름대로 먹혔던 것 같다. 덕분에 삼성에 들어와서 이렇게 열심히 일할 기회를 얻을 수 있었으니 말이다.

출장을 마다하지 않고 열심히 일한 만큼 심리적으로 보상이

팍팍 된다면 조금 위안이 됐을까? 출장 기간이 긴 만큼 출장지 공장의 설비 위치는 금방금방 외울 수 있었지만, 업무 전문성이 쌓인다는 느낌은 덜했다. 일반적으로 대기업은 다수의 하청 업체들과 협력하는 경우가 많은데, 깊이 있고 심도 있는 기술 업무는 대개 외주를 맡겼다. 신입 사원인 나는 더 어리바리한 표정으로 하청 업체 기술자분들을 멍하니 바라볼 뿐이었다. 상상했던 전문성 대신 내 안에 자괴감만이 켜켜이 쌓여갔다.

회사 일에 점점 익숙해지면서 공장에서는 '다 아는 듯한' 표정을 지을 만큼 뻔뻔해지고 있었지만, 여전히 내 업무는 내가 쓴 이메일과 보고서만 쓱 훑어보면 누구나 대체할 수 있는 정도였다. 고민은 커져만 갔다. 미래와 전문성에 대한 고민을 늘어놓을 때면 선배들은 본래 회사 생활은 정치를 잘하는 게 최고이고, 이렇게 오지에서 고생하는 사람이 나중에 잘나간다며 위로했다. 어차피 임원 진급 못 할 거면 50세가 되는 순간 다들 '집에 가야 하는 날'이 온다며, 퇴사 전까지 출장 수당이나 더 많이 받으면 좋은 거 아니냐며 위로 같지 않은 위로도 해줬다.

대기업에서는 남녀노소 가릴 것 없이 50세 전후로 정년이 찾아온다. 조금이라도 애매한 성과를 내는 사람이라면 바로 그 나이대가 되면 명예퇴직 대상자에 선정되어 인사 팀의 면담 대상이 되곤 했다. 나같이 서른 살을 바라보는 늦깎이 신입 사원에게 남은 시간은 20년밖에 안 되는 거다. 남들보다 늦게 입사해서 일하는 시간도 짧은데, 명예퇴직 후에는 전문성이 없어서 이직도 쉽지 않을 것 같다는 두려움이 밀려왔다. 그 20년마저도 대부분의 시간을 출장지의 기계 설비와 보내고, '다 아는 듯한' 표정의 마스터가 된 채 술자리에서 누가누가 오래 출장 다녔다는 무용담을 나누며 보내고 싶지는 않았다.

남들이 부러워하는 좋은 직장이었지만 내 30대, 40대의 기억에 '삼성'을 빼면 아무것도 남는 게 없는 인생이 될까 두려웠다. 나는 '정치질'에도 소질이 없는 게 명백해서, 임원 진급은커녕 빠른 진급도 기대하기 어려웠다.

나는 다시 취준생 2차전에 돌입했다

입사 1년 차가 지나고, 나는 취업 준비 생활 2차전에 돌입했다. 처음 취준생 시절과는 다르게 이번에는 백수 상태에서 준비한 것은 아니었다. 이직에 영영 실패하게 될지도 모르는 데다가, 회사 경력을 계속 유지해야 오히려 이직에 유리했기 때문이다. 난 조금 더 개인의 자유가 보장되고, 직무 전문성을 쌓을 수 있는 IT 기업들을 이직 목표로 삼았다.

결국 1차 취준의 일등 공신이었던 스터디가 다시 필요했다.

주말마다 IT 기업들의 실무 면접을 대비하기 위한 문제 풀이 인터뷰 스터디에 참여했다. 앞서가는 IT 기업들이 도입한 실리콘밸리식 코딩 인터뷰는 하는 곳이 없어서 내가 만들어 진행하기도 했다. 스터디에는 매주 숙제도 있었다. 매일 퇴근하면 한두 시간씩 시간을 내서 숙제를 풀어보고, 내 블로그에 풀이 과정을 올려 스터디원들과 공유했다. 주중에는 출장과 야근, 주말에는 하루 종일 스터디를 하는 생활이 계속됐다.

회사 업무가 바쁜 시즌이면 스터디 준비가 쉽지 않았지만, 출장지에도 꼭 노트북을 챙겨 가서 회식이 없는 날이면 모텔 방 한쪽에서 인터뷰 문제 풀이를 했다. 쉬는 날에는 다양한 콘퍼런스에 참석해 IT 기술 트렌드를 공부하고, 스터디가 없어지면 새로 스터디원을 모집하기도 했다. 백수 취준생 때처럼 매주 *꼬박꼬박* 하지는 못했지만, 오히려 백수 때보다 더 부지런하게 조금의 짬이라도 놓치지 않고 꾸준히 이직 준비를 했다.

사실 취업을 새로이 준비하는 마음은 무거웠다. 많은 사람이 선호하는 직장이었고, 누군가는 너무나 만족하며 잘 다니고 있는 회사였다. 객관적으로든 주관적으로든 좋은 연봉과 복지를 보장하는 대기업이었다. 지난 3년간의 취업 준비가 힘들었던 만큼, 그냥 이대로 안주하고 싶은 생각도 들었다. 모텔 방에서 인터뷰 문제를 풀고 있다가도 문득 '내가 무슨 대단한 부귀영화를 누리겠다고 이러나?' 하는 자괴감이 치밀어 올랐다. 하지만 별다른 노력 없이 아무것도 하지 않고 있다가는, 언젠가 후회할 날이 올 수 있겠다는 생각에 나 자신을 달래가며 준비에 매진했다. 회사에 그냥 안주하고 있어서는 내 개인의 발전도, 행복도 모두 만족스럽지 못한 수준에서 정체될 것만 같았다.

이직 준비에만 3년이 걸렸다. 다른 동기들은 새 차를 뽑고, 연애와 새로운 취미 계발에 집중하고 있을 때 나는 3년이나 모텔 방과 자취방을 오가며 이직을 위한 공부를 했다. 낮에는 회사 일, 밤과 주말에는 이직 준비를 하다 보니 금방 30대 중반에 들어섰다.

3수 끝에 구글러가 되다

구글은 면접에서 떨어진 사람도 충분히 발전했다면 몇 번이고 다시 면접을 볼 수 있는 기회를 준다. 어떤 회사는 한 번 떨어진 사람은 다시는 안 뽑는다는 말이 불문율처럼 돌았지만, 구글은 재수, 3수 끝에 붙었다는 입사자들의 이야기도 심심치 않게 들을 수 있었다. 덕분에 두 번이나 구글 면접에서 고배를 마시는 경험을 하고도 이듬해 또 입사에 도전할 수 있었다. 게다가 다른 회사는 몰라도 구글 면접에서 떨어지는 것은 그다지 부끄러운 일도 아니었다.

오히려 구글의 코딩 인터뷰는 결과가 어떻든 꽤 즐거운 경험이었다. 코딩 인터뷰를 하다 보면 문제를 풀어나가며 면접자와 일대일로 기술적인 토론을 하곤 했는데, 질문이 대단히 예리하고 그 수준이 무척 높아 매번 감탄하며 면접을 보곤 했다. 가끔 면접자가 외국인이라면 영어로 토론을 해야 했는데, 친절하게 질문해줘서 네이티브와는 거리가 먼 내 영어 실력으로도 전공에 관한 내용만큼은 충분히 토론이 가능했다.

2차 취업 준비도 어느새 3년 차에 접어들었다. 슬슬 이직 스터디가 습관처럼 나가는 동호회 활동으로 느껴질 무렵, 나는 구글의 최종 합격 통지서를 받았다. 연봉 제안이 적혀 있는 이직 제안서, 오퍼 레터(Offer Letter)도 함께였다. 지난 4년간의 일들이 떠오르며 눈물이 여러 차례 핑 돌았다. 같이 이직 준비를 했던 스터디원들이 나보다 먼저 네이버, 카카오, 라인, NC소프트, 아마존 등 멋진 기업으로 이직에 성공하는 것을 보며 뒤처진다는 생각에 불안해서 더 그랬던 것 같다. 네이버나 카카오로도 충분히 감사하다고 생각하고 있던 차에 구글 합격이라니, 더 기뻤다. 그렇게 나는 삼성은 재수로, 구글은 3수 만에 취업에 성공했다.

구글러가 된 삼성맨, 하지만 구글도 내게 정답이 아니었다

구글에서 일하면서 놀라웠던 일들

구글은 듣던 대로 멋진 곳이었다. 구글의 글로벌 스케일은 회사의 기업 이념인[1] "Google의 목표는 전 세계의 정보를 체계화해 모두가 편리하게 이용할 수 있도록 하는 것"과도 닮아 있었다. 세계적으로 구글은 50여 개국에 70개가 넘는 사무실[2]을 운영 중이며, 다양한 연구와 기업 활동을 하고 있다. 자유로운 기업 문화뿐 아니라 맛있는 음식을 제공하는 구내식당을 글로벌하게 운영하기로도 유명하다. 서울에 있는 구글코리아는 그중에서도 괜찮은 식당을 운영하기로 정평이 난 곳이었다. 코로나19가 확산된 2020~2021년에는 방역 수칙 때문에 불가능해졌지만, 날마다 맛있는 호텔급 뷔페를 점심으로 먹고 가끔 친구들을 회사로 초대해 같이 먹기도 하는 것은 구글 생활의 백미였다.

일의 규모도 놀라웠다. 전 세계가 하나의 연구소처럼 돌아갔다. 한국에서 일한다고 해서 한국 지역, 또는 아시아 지역의 일을 하는 것은 아니었고, 오히려 전 세계에 모두 적용 가능한 프로젝트를 수행했다. 내가 만든 프로젝트가 미국에 먼저 반영이 되기도 하고, 곧이어 유럽이나 남미에 적용되기도 했다. 내가 기여한 코드가 구글의 일부로서 전 세계 수십억 명에 이르는 사용자가 매일 사용하는 서비스가 된다는 사실은 정말 짜릿하고 성취감 있는 일이었다.

존경할 만한 동료들과 함께 일하는 것도 엄청난 행운이었다. 구글에서는 그 누구도 '이 사람이 왜 이 자리에 있지?'라고 느낀 적이 없었다. 나이, 성별, 출신, 장애 유무, 그 무엇에도 구애받지 않고, 업무에 대한 능력과 리더십이 있다면 그에 걸맞은 위치에서 일하고 있었다. 일반적인 한국 기업에서 능력보다 과도한 위치에 있는 선배나 동료에 대한 불만을 친구들에게 건네들은 적은 있지만, 구글에서는 단 한 명도 그런 사람을 본 적이 없다. 내가 만난 모든 구글러(Googler: 구글에서 일하는 사람)는 명석하고, 합리적이며, 기꺼이 동료들과 일에 관해 즐겁게 이야기하고 의논해가며 수준 높은 결과물을 내놓는 사람들이었다.

내가 구글에서 맡은 일은 성취감이 큰 일들이었다. 게다가 이전 직장에서 하던 업무에 비하면 훨씬 전문성이 있어야 하는 업무였다. 그뿐만 아니라 전 세계에 흩어져 있는 여러 팀과 협업해야 하는 일이 많았다. 이스라엘에 있는 동료들과 기술적 토론의 이메일을 주고받기도 하고, 뉴욕과 샌프란시스코에 있는 동료들과 영상통화로 업무 범위를 협의하기도 했다. 몇 개월 동안 디자인 팀, 프로덕트 팀과 같이 고민한 결과물이 전 세계 구글 검색 결과에 출시되는 순간이면 기쁨을 같이 나누는 이메일에서 서로의 환희를 이야기하곤 했다.

꿈의 직장도 결국 직장일 뿐이다

———

커다란 성취감을 보장하는 만큼, 나는 도전적인 일을 도맡아가며 구글러로 살았다. 대신 성취감만큼 업무 스트레스가 어마어마했다. 무리하게 일하다 예전부터 상태가 좋지 않던 목이 훨씬 더 악화돼 목 디스크 증상까지 나타났다. 프로그래밍 하는 사람이라면 다들 목 디스크 수술 한 번씩은 하는 게 열심히 일한 증거라면서 농담했지만, 나도 예외가 아닐 줄은 미처 몰랐다. 이후로 업무 자세와 재활 운동에 신경을 써서 심각하게 악화되는 것은 가까스로 막고 있지만, 회사 일 때문에 몸이 망가진다는 게 무슨 뜻인지 뼈저리게 느끼게 됐다. 좋아하던 수영도 디스크 증상 때문에 할 수가 없었다. 목이 아픈 날은 통증과 불편함 때문에 여간 괴로운 게 아니었다. 서류를 보려고 고개를 잠깐 숙이기만 해도 온몸이 저리는 증상이 나타났다. 그런 날이면 우울한 기분이 바닥을 쳤고, 5년간 열심히 한 취업과 재취업의 결과로 잃어버린 것들에 관한 회의감이 들었다.

입사 두 달째 되던 날, 입사한 지 1년도 안 된 동료가 퇴사한다는 소식을 듣게 됐다. 당시에는 전혀 이해되지 않았다. '이렇게 멋진 회사를, 심지어 안정적인 정규직으로 입사했는데 왜 그만두지?' 내가 구글에 들어오기 위해 수년간 공부했던 시간이 떠올라서 더 그랬다. 그 동료에게 퇴사 이유를 물어보니, "회사 생활이 나한테 잘 안 맞는 것 같다"라고 했다. 급여는 더 적더라도 조금 더 자유로운 형태로 일하고 싶다고 말하던 그 친구는 혹시라도 다른 누가 퇴사 이유를 물어보거든 로또에 당첨돼서 그렇다고 말해달라며 농담을 던졌다. 그 친구에게 작별 인사를 하며 나는 아무리 좋은 직장도 누군가에게는 결국 '직장'일 뿐이라는 생각이 들어 씁쓸했다.

이후로도 2년 동안, 가깝게 지내던 동료 셋이 더 퇴사했다. 창업, 휴식, 이직 등 다들 나름의 이유가 있었지만, '더 나은 삶'을 위해 고민한 결과였다. '많은 사람의 꿈의 직장'이 '나의 꿈의 직장'은 아니라며 그들은 새로운 시작을 선택했다. 남들이 좋다고 말하는 직장, 그중에서도 가장 좋은 직장에 입사하기 위해 20대 대부분의 시간을 보낸 내게는 낯선 선택이었다.

재택근무가 가져온 예상치 못한 깨달음

2020년은 코로나19가 전 세계를 강타한 첫해였다. 구글은 2020년 2월부터 재택근무를 권장했고, 6월부터는 최소 1년간 전 사원 재택근무라는 정책을 발표했다. 나도 종일 재택근무를 시작하게 됐고, 공기업을 다니는 아내는 나만큼은 아니었지만 재택근무를 하는 시간이 늘었다. 처음에는 집에서 일한다는 것이 이래저래 적응이 안 됐지만, 구글은 사원들이 재택근무 할 수 있는 여건을 마련하도록 물심양면 많은 지원을 해줬다. 나도 서서히 새로운 근무 환경에 적응해나갔고, 출퇴근 시간이 절약된다거나 마스크를 쓰지 않아도 되는 등 재택근무의 장점도 조금씩 보이기 시작했다.

재택근무의 최고 장점은 아내와 대화할 시간이 늘었다는 것이었다. 함께 재택근무 하는 날이면 점심을 간단히 먹고, 소화할 겸 집 근처를 산책하고는 했다. 출퇴근 시간을 아끼는 만큼 근무를 더 빨리 마치고 평일 오후 시간을 아내와 함께 보낼 수 있었다. 이전에는 주말에 날씨가 좋기만을 바라다 매번 미세먼지나 황사, 폭우로 그 기대가 배신당하기 일쑤였는데, 아내와 평일 낮 따사로운 햇살 아래에서 산책을 하다니! 이질적이면서도 평화로운 그 시간이 생경하면서도 행복했다. 30~40분씩 동네를 활보하거나 조그만 공원의 산책로를 따라 걷기도 했다. 자연스럽게 평소엔 나누지 못했던 이런저런 이야기도 할 수 있었다.

어느 날, 문득 아내에게 말했다.

"평일 햇살이 이렇게 좋은 줄은 평생 몰랐네. 우리, 그냥 이렇게 살면 안 되나?"

별생각 없이 말했는데, 말하고 나니 더더욱 머릿속에 맴돌았다. 더 좋은 직장으로 이직은 할 수 있어도 결국 나는 직장인이었고, 평일 낮에는 언제나 좁은 사무실 책상 컴퓨터 앞에 앉아 모니터를 바라보고 있어야 했다. 나는 생각했다. '가장 건강하고, 감성이 충만하며, 아직은 열정이 살아 숨 쉬는 이 귀중한 30대, 그리고 40대에도 직장인인 나는 그 운명을 거스를 수 없을까?', '내가 뭔가 중요한 걸 놓치고 있던 건 아닐까?', '우리가 꼭 평일에는 반드시 일해야 한다는 고정관념과 환상에 빠져 있는 걸까?'

그때, 직장을 떠나고도 아무렇지 않게 웃던 삼성 파이어족 선배가 떠올랐다. 그는 가족의 간호를 위해 회사를 기꺼이 떠났지만 회사에 다니지 않는다는 사실에 전혀 구애받지 않고 만족하며 지내고 있었다. 그런 선택을 할 수 있다는 자유가 몹시도 부러웠다. 우리도 평일 낮의 여유를 선택할 자유를 갖게 된다면 어떨까? 그렇게 나는 '파이어족'에 대한 힌트를 얻었던 그날의 사건을 떠올렸다.

더 좋은 직장이 어디인지도 모르겠지만, 또다시 이직한다 해도 '직장인'이라는 숙명은 피할 수 없다. 문득, 나는 이직이 아니라 다른 해답을 찾고 싶어졌다.

한 신혼부부의 '파이어' 인생 계획

우리 부부의 행복 리스트를 작성하다

이직이 아닌 새로운 해답을 찾던 나는 우연히 스콧 리킨스(Scott Rieckens)의 《파이어족이 온다(Playing with FIRE)》를 읽게 됐다.

뒤통수를 한 대 맞는 느낌이었다. 스콧 리킨스도 나와 같이 이렇다 할 목표나 지향점 없이 돈을 벌고 쓰던 미국의 직장인이었다. 빨리 돈을 벌어서 가족과 시간을 보내겠다는 생각으로 격무도 마다하지 않던 그는, 어느 순간 큰돈을 벌고 있음에도 꿈꾸는 은퇴와는 전혀 가까워지지 않고 있다는 사실을 깨닫는다. 사랑스러운 아이와는 제대로 시간을 보내지 못하고, 하루하루를 하기 싫은 일로 채워야 하는 사실에도 변함이 없었다. 그런 그가 결심한 것이 '파이어'였다. 경제적 자유를 이루고, 조기에 은퇴해 원치 않는 노동에서 자유로워지는 것. 더 나은 직장으로의 이직이 아니라 직장에서의 근본적인 해방. 내가 찾고 있던 새로운 해답을 그의 경험에서 찾을 수도 있겠다는 생각이 들었다.

책에서 가장 인상 깊었던 부분은 경제적 목표를 세우기 전, 각자의 '행복 리스트'를 만들어봐야 한다는 구절이었다. 행복은 너무나도 주관적인 것이기에, 그 행복을 누리기 위한 비용도 사람마다 천차만별일 것이다. 그러나 우리는 내가 진정으로 사랑하는 것이 무엇인지, 내가 행복하기 위해 필요한 것이 무엇인지 단 한 번도 숙고하지 않은 채 살아간다. 그러니 사회가 정해준 기준에 맞추려고 의미 없는 고생을 반복하고 있다. 다른 군더더기 목표들은 다 빼고, 진정 행복하기 위한 삶의 요소들은 무엇일까?

우리 부부는 최근에 행복과 충만함을 느꼈던 일상을 떠올렸고, 그때 필요했던 일들을 떠올려봤다. 1주일 정도 시간을 가지며 천천히 우리가 좋아하는 일들, 그리고 일상의 행복을 구성하는 일들을 수십 개 적어봤다. 그 이후에 그중에서 정말 포기할 수 없는 열 가지를 뽑아냈다. 그 결과는 다음과 같았다.

	바호의 행복 리스트	코나의 행복 리스트
1	아내와 떨어지지 않고 계속 같이 살아갈 수 있는 공간과 시간	해리 포터, 지브리 등 좋아하는 영상 보고 또 보기
2	요리, 글쓰기, 프로그래밍처럼 창의적 창작 활동	남편과 자기 전 침대에서 이야기하기
3	수영이나 자전거처럼 땀 흘릴 수 있는 꾸준한 유산소운동	남편이 해주는 맛있는 음식 먹기 (가끔 맛집 발굴)
4	사치스럽지는 않아도 신선하고 재료의 제맛을 잘 살린 요리	뭔가 손으로 만들기 (베이킹, 피클, 바느질, 자수, 그림 등)
5	새로운 언어, 문화, 국가, 역사, 사회에 대한 궁금증을 풀고 계속 학습하기	숲, 수목원, 공원, 바다 등 자연에 가는 것
6	드라이브보다는 산책, 호텔보다는 조그만 시골 느낌의 에어비앤비	여행 계획 짜기 (못 가더라도)
7	친한 몇몇 사람들과 차 한 잔 마시면서 떠드는 시간	남편과 이국적인 국가에 가서 문화(의식주 등) 체험하고 이야기하기
8	내가 속한 사회를 더 낫게 만들기 위해 기여할 수 있는 의미 있는 봉사 참여	한 시간 이상 산책이나 트레킹 등 많이 걷기
9	오랫동안 계획하고, 계획한 대로 실행하는 과정을 즐기기(장기 투자, 출판 준비 등)	스노클링, 해수욕, 워터 파크, 반신욕 등 물에 몸 담그기
10	시대를 이끌어가는 이야기와 관점에 대해 알 수 있는 다큐멘터리, 책 읽기	귀여운 친구들 관찰하고 돌보기 (반려견 뿌꾸, 원예)

남편 바호와 아내 코나의 행복 리스트

우리의 행복 리스트에 강남 아파트는 없었다

행복 리스트를 적어보고 가장 놀랐던 점은 우리의 행복 리스트에 일반적으로 남들이 좋다고 생각하는 행복의 기준들이 없다는 점이었다. 이를테면 수도권에 사는 많은 사람이 내심 바라듯 한강이 내다보이는 아파트라든가, 이름난 멋진 외제 차를 몰아보는 경험, 웨이팅을 걸어두어야 살 수 있는 명품 시계나 가방 같은 것들은 우리의 행복 리스트에 없었다. 우리는 소박하고 평화로운 일상, 소비보다는 체험과 창작에서 더 큰 행복을 느꼈다. 무작정 자연으로 둘러싸인 오지를 좋아하는 것은 아니지만, 적당한 도시 인프라와 친환경적인 주거 환경만으로도 충분히 만족했다. 서울과 같은 메트로폴리스에 살아야 할 이유는 없었다.

서울에서 나고 자란 데다 직장 생활까지 서울에서 하고 있는 우리에게 이런 결과는 놀라웠다. 주변 사람들이 은밀히 이야기하듯 전세든 월세든 서울에서 계속 버티며 사는 것이 중요하고, 이왕이면 강남과 가까운 곳에서 살아야 성공과 행복이 조화된 삶을 살 수 있다고 떠드는 무의식적인 대중의 욕망은 우리와는 상관이 없었다. 강남 아파트에 사는 것을 부러워하고, 벤츠를 타는 사람을 우러러보는 무의식적인 사회적 관념은 우리 부부 개개인의 행복 리스트에는 영향을 주지 못했다. 우리는 강남 아파트를 소유하는 것보다, 우리의 취향을 마음껏 즐기며 배우고 경험하는 시간을 더 중요하게 생각하고 있었다.

《파이어족이 온다》의 저자 스콧 리킨스는 사회가 정해준 '좋다고들 하는 기준'은 버리고, 이 행복 리스트에 따른 삶을 살라고 말한다. 서울에 살아야만 행복하다는 편견을 버리니 마음이 대단히 편해졌다. 심지어 큰 부자가 될 필요도 없었다. 우리가 생각하는 행복에 충분한 양만큼만 벌면 되기 때문이다. 치솟는 서울 집값 기사에 벌벌 떨면서 미래를 걱정했던 우리의 모습이 우습게 느껴졌다. 우리에게 큰 의미도 없는 강남 아파트를 살 만한 돈을 모을 바에야, 그 돈으로 우리의 행복에 최적화된 미래에 투자할 수 있다면 어떨까? 그 돈을 아껴 도시 외곽의 더 크고 편한 집에 살고, 가끔 길게 해외여행도 갈 수 있다면 얼마나 좋을까?

파이어족은 기존의 부자 되기와는 완전히 다른 운동이었다. 혁명적이었다. 고민은 새로운 방향으로 튀어 나가기 시작했다. 그렇게 우리는 '어떻게 최선을 다해 서울에 있는 아파트 한 채를 살 수 있을까?'를 고민하던 평범한 30대 부부에서 전과 다른 자유로운 일상을 꿈꾸는 파이어족이 되어 있었다.

하지만 우리에겐 여러 질문이 미해결 상태로 남아 있었다.

"직장에서 해방될 수 있을 정도의 경제적 기반은 어떻게 마련해야 하지? 그리고 은퇴를 한다면 언제 해야 할까?"

우리가 30대에 은퇴해야 하는 이유

빠른 은퇴를 한다면 시점은 언제여야 할까?

아내와 은퇴 시점에 관해 본격적으로 이야기하기 시작했다. 파이어족으로서의 자유를 최대한 누리기 위해선 되도록 은퇴 시점을 당기는 게 좋았다. 그렇지만 경제적 측면의 대비가 부족한 상황에서 무작정 빨리 은퇴하는 것만큼 위험해 보이는 것도 없었다. 공기업을 다니고 있는 아내는 더더욱 조기 은퇴에 대한 마음의 준비가 부족한 상황이었다. 대략적인 기준이 필요했다. 30대나 40대에 은퇴하는 것뿐 아니라, 50대에 은퇴하는 것도 조기 은퇴라 부를 수 있기 때문이다. 우리 부부가 조기 은퇴를 한다면 그 시점은 대체 언제여야 할까?

대부분의 사람처럼 나도 20대 때 국내외 배낭여행을 한 경험이 있다. 그때는 비싼 레스토랑이나 맛집은커녕 제대로 된 식당에도 한 번 들어가지 않고 길거리 음식만 먹고 다녀도 즐거웠고, 아무리 무거운 가방을 메고 온종일 걸어도 하룻밤 푹 자면 금방 체력이 돌아왔다. 그러나 나이가 들고 서른 넘어 떠난 여행들은 20대의 그것과는 달랐다. 예전처럼 큰 가방 하나 둘러메고 긴 여행에 나섰다간 금방 지치거나 몸살이 나 꼬박 2~3일을 숙소에서 낭비해야 했다. 20대 때의 촘촘하고 거침없는 여행 일정을 그대로 수행했다간 골병들기 십상이었다. 내 저질 체력을 대신해줄 자동차와 같은 기동력이나 훨씬 더 여유로운 여행 일정이 필요한 나이가 된 것이다.

40대의 여행은 30대의 여행보다도 더 큰 비용이 들 테고, 지나가는 사람들의 표정이나 흔들리는 풀잎에도 감동하던 20대의 감수성은 온데간데없을 것이다. 50대나 60대가 되면 더 심하면 심했지 덜하지는 않을 것이다. 나이가 들면 삶이 재미없어진다는 말이 아니다. 새로운 여행지에서 느끼는 감수성과 젊은 날의 체력은 나이가 들고 경험이 쌓이며 자연스럽게 풍화될 수밖에 없다는 뜻이다. 나는 30대, 40대에만 느낄 수 있는 인생의 기쁨과 여행의 행복도 충분히 즐기면서 살고 싶었다. '그래, 그러니 은퇴는 빠르면 빠를수록 좋다'는 생각이 들었다. 누군가는 '커리어의 시작'이라고 부르는 30대에 은퇴하고도, 충만한 열정과 감수성으로 제2의 삶을 사는 사람들이 있지 않을까?
그들이 우리의 롤 모델이 될 수 있지 않을까?

30대에 새 삶을 시작한 사람들

경제적 자유에 관한 이야기를 찾아보며 가장 크게 놀란 것은
30대의 나이에 경제적 자유를 만들어낸 사람도 생각보다 꽤 많
다는 사실이었다. 물론 그들 중 대부분은 20대부터 10년에 걸
쳐 경제적 자유를 달성했고, 경제적인 지식과 기반이 있는 사
람이라면 투자 포트폴리오를 재빠르게 재조정해 3~5년 내에
조기 은퇴를 위한 기반을 마련한 사례들도 많았다.

그렇게 30대에 경제적 자유를 달성한 사람들이 있다. 단순
히 열거해보자면 책《파이낸셜 프리덤(Financial Freedom)》의 사
례로 컴퓨터 프로그래머였던 브랜든은 36세에, 블로그〈밀레니
얼 머니(Millennial Money)〉를 운영하는 크리스티 부부도 30대에,
심지어 그랜트 사바티어(Grant Sabatier)는 30세(한국 나이 32세)에
경제적 자유를 달성했다. 미국은 만 나이로 따지니까 우리나라
나이로 계산해 1년, 남자의 경우 군대에서 보내는 평균 2년을
감안해도 30대에 모두 조기 은퇴를 위한 경제적 기반을 달성한
것이다.

한국에도 여러 사례가 있다. 34세의 나이에 성공적인 창업을 통해 경제적 자유를 달성한 전 로티플 공동 창업자 김단테 님, 30대 후반에 대관령에서 은퇴한 금융 종사자 제현주 님, 36세의 나이에 조기 은퇴를 선언하고 제주도에서 새롭게 작가의 길을 걷고 있는 알머리 제이슨 님까지. 아직은 소수의 이야기지만 전혀 불가능한 이야기는 아니었다.

남은 삶에서 돈을 버는 것이 더 이상 중요하지 않은 그들에게는 돈을 벌기 위해 직장이나 직업을 억지로 선택할 필요가 없고, 자신이 원하는 일을 할 수 있는 자유가 주어진다. 그들이 30대에 은퇴를 선언한 이후 마냥 놀고먹는 백수 생활을 하는 것은 아니다. 잠시 자유롭게 세계 여행을 하면서 시간을 보내기도 했지만, 결국 40대의 열정을 쏟아낼 또 다른 무언가를 찾아내 그 일에 몰두하고 있다. 저술, 파이어족 블로그 운영, 새로운 창업, 협동조합 운영 등 수없이 다양한 제2의 직업을 발굴해냈다. 30대에 은퇴해, 30대에 새 삶을 시작한 것이다.

30대에 은퇴하면 좋은 이유들

30대에 은퇴해본 이들이 말하는 '30대에 은퇴하기'의 장점은 무엇일까? 이른 은퇴의 장점은 수없이 많지만, 핵심은 다음 네 가지로 요약할 수 있다.

1. 가족과 소중한 시간을 더 많이 보낼 수 있다

원하는 시기에 장기 휴가를 내거나 일을 잠시 쉬면서 한 달이든 1년이든 긴 시간을 소중한 가족과 보내는 데에 투자할 수 있다. 특히 아이를 둔 30대 부부는 아이가 매우 어리거나 미취학 나이대인 경우가 많다. 하루가 다르게 자라고, 부모의 손길이 가장 필요한 아이들과의 시간을 회사 업무에 구애받지 않고 보낼 수 있게 된다. 또 40~50대에는 회사에서 과장, 차장, 팀장 등의 중요 직급을 맡게 돼 성과에 대한 부담감이 더욱 커진다. 나 역시 내가 가장 감수성이 넘치는 10대일 때 부모님은 일에 치여 바쁜 40~50대를 지나고 계셨고, 그때 많은 시간을 못 보낸 것은 서로에게 못내 아쉬움으로 남았다. 이른 나이에 은퇴하면 다시 돌아오지 않을 내 아이들의 유년 시절을 더 가까이에서, 함께 보낼 수 있다.

2. 젊은 날의 육체와 정신적 건강을 잘 유지할 수 있다

진부한 이야기지만, "건강은 돈 주고 살 수 없다"는 말은 진리다. 한국인의 63.2%가 회사 생활을 하며 만성적 질병을 앓게 되며, 열 명 중 두 명이 건강 문제로 퇴사를 결정한다고 한다.[3]

돈이 많거나 가족 중에 의사가 있다고 한들, 한번 망가진 건강은 쉽게 돌아오지 않는다. 현대 의학은 인체와 비슷한 기계 팔다리를 만들어 붙이기도 하고,[4] 인공 심장을 이식하는 기적을 선사하기도 한다.[5] 하지만 급속히 진행된 암은 여전히 치사율이 높고, 알 수 없는 불치병도 수백 가지나 된다. 더욱이 젊은 날의 열정은 시간이 지나면 다시는 돌아오지 않는다는 것을 모두 다 알고 있을 것이다. 회사에서 얻은 갖가지 질병으로 온몸이 망가진 채 타고 남은 잿더미만큼의 열정을 쥐고서 물러나는 은퇴가 아니라, 파이어족은 건강한 몸으로 시간 부자의 삶을 위해 은퇴한 사람들이다.

3. 알뜰한 소비 습관으로 지속 가능한 생활이 가능해진다

'김밥천국' 먹던 사람이 소고기 스테이크를 먹으러 가서 행복할 수는 있지만, 그 반대는 정말 어렵다고 한다. 소비 수준을 한번 높이게 되면 그 이전의 수준으로 돌아가는 것은 꽤나 고통스러운 일이다. 그렇다고 소비 수준에 비례해서 행복의 수준이 높아지는 것도 아니다. 삼겹살에 소주 먹는 사람의 행복이 비싼 와인에 스테이크 먹는 사람의 행복보다 못한 것이 아니듯 말이다. 나이가 들어감에 따라 20대에 축구만 하던 사람들이 점점 40대, 50대가 되며 골프를 치기 시작한다. 한번 높아진 소비의 수준을 유지하려면 돈이 많이 든다. 30대에 만족할 만한 수준의 소비에서 최소 행복을 느끼는 비용은 40~50대보다 훨씬 적으며, 은퇴 자금 역시 이에 비례해서 훨씬 적게 들 수밖에 없다. 자신의 행복에 특화된 생활에 익숙해진 조기 은퇴자에게 과소비는 필요가 없다. 마음의 여유가 넘치는 생활을 하기 때문이다.

4. 새로운 커리어를 시작할 수 있다

사기업에서 일하는 많은 사람이 30대에 일에 치여 시간을 보내다 보면 어느새인가 50대, 60대가 되어 있다고 이야기하곤 한다. 가장 체력이 좋고 열정적인 30대의 직장인에게 회사는 다른 어느 나이대보다도 많은 업무량을 할당한다. 회사 입장에서는 합리적인 선택이지만, 개인의 입장에서 보면 인생의 황금기를 회사의 이익에 바치게 되는 셈이다. 30대에 경제적 자유를 얻은 이들에게는 나 자신을 일에 갈아 넣지 않고, 나만을 위한 일을 할 수 있는 선택지가 생긴다. 40대는 충분히 젊은 나이다. 경제적 보상을 전혀 신경 쓰지 않고, 내가 진정 원하는 일을 하기 위한 이직을 여유롭게 준비할 수도 있고, 새로운 학위를 위해 다시 학교에 갈 수도 있다. 요즘은 40대 만학도가 부끄럽지 않은 시대다. 아직 어린 나이인 만큼 자신이 정말 하고 싶었던 직업교육을 새로 시작하기에도 충분하다.

보너스 인생 20년을 살 수 있다면

———

'우리 부부가 30대에 느낀 하와이에서의 감동이 40대, 50대가 되어도 똑같을까?'라는 생각이 머릿속에서 떠나지 않는다. 나이가 들어서도 지금만큼의 감수성과 체력을 유지하기는 쉽지 않아 보인다. 이왕이면 더 젊은 나이에 다양한 경험을 하고 싶다. 아직 우리가 하고 싶지만 미뤄둔 일이 너무 많고, 가보지 못한 멋진 여행지도 셀 수 없이 많기 때문이다.

취업에 성공한 뒤 칠순이 넘으신 할머니를 모시고 제주도로 가족 여행을 다녀온 적이 있다. 대부분을 자동차로 이동해서 크게 걸을 일도 없었는데 할머니는 금세 지치셨다. 할머니는 젊었을 때 제주도에서 걸어 다니기만 해도 너무 좋았었다고 말씀하시면서도, 나이를 먹으니 오래 걷기가 어려운 데다 예전만한 감흥도 나질 않는다며 아쉬워하셨다. 평생을 자녀 뒷바라지를 위해 일해오신 우리 할머니. 할머니의 젊은 날의 건강, 열정, 감수성을 먹고 우리 부모님과 내가 자랐다는 생각에 죄책감이 들었다. 어떻게 해야 우리는 건강과 열정이 온전히 살아 있는 젊은 날, 하루라도 빠른 나이에 은퇴해 후회 없을 만큼의 경험을 할 수 있을까?

일반적인 정년으로 여겨지는 만 60세에서 5~10년 일찍 은퇴하면 50대 은퇴가 된다. 10~20년을 당기면 40대 은퇴일 테고, 20~25년을 일찍 하면 30대 은퇴가 될 것이다. 30대에 은퇴한다는 것은 인생에서 새로운 인생을 최소한 20년 동안 살아갈 수 있다는 얘기다. 그렇게 20년의 인생을 아껴 그만큼의 인생을 새로 살고 싶다는 생각이 들었다. 20년어치의 재미있는 일들과 새로운 도전들로 인생을 채우고 싶었다. 빨리 은퇴할수록 그 에너지와 열정을 더 많이 활용할 수 있다. 20년의 보너스 인생을 회사의 성공에 기여하기보다는 좀 더 개인적인 의미와 행복한 시간으로 채울 수 있다.

그렇게 생각하고 나니 40대의 조기 은퇴가 50대의 은퇴보다 나으며, 40대 은퇴보다는 30대 은퇴가 낫다는 생각이 들었다. 나와 아내는 이왕 하기로 했다면 새로운 도전을 할 시간적 여유와 몸과 마음의 건강을 고루 갖춘 30대에 은퇴하는 것이 최선이라는 결론을 내리기에 이르렀다. 하지만 "도대체 어떻게? 뭐 먹고 살지?"에 대한 해답은 여전히 찾지 못한 상태였다.

은퇴는 빠르면 빠를수록 좋다

Financial
Independence
Retire
Early

PART 2

파이어족
성공의 비밀

파이어족이 되고 시간 부자로 살고 싶다는 결심은 굳혔지만, 오히려 막막함은 커졌다. 대체 어떻게? 내가 무슨 수로? 무작정 아낀다고 파이어족이 되는 것도 아니고, 미국 파이어족들의 은퇴 전략은 한국의 현실과는 동떨어진 것처럼 느껴졌다. 한국에도 파이어족이 있을까? 그들은 어떻게 조기 은퇴와 경제적 자유를 성취할 수 있었을까?

나는 이미 파이어를 선언하고 시간 부자의 삶을 살고 있는 한국의 '진짜 파이어족'들의 스토리를 취재하기 시작했다. 그리고 어디에서도 배울 수 없었던 '파이어족 성공의 비밀'을 마침내 발견할 수 있었다.

2장과 3장에서는 파이어족의 기초 개념과 더 나아가 파이어족이 되기 위한 개인 맞춤형 전략을 제시한다. 특히 인터뷰를 통해 한국의 파이어족 16인의 실제 성공 사례를 자세하게 공개했다. 파이어족이 되어 인생을 더 풍성하게 보내기 위한 재테크는 기존의 재테크와는 어떻게 다를까? 개인의 성향에 맞는 최적의 파이어족 성공 전략은 무엇일까?

2

파이어족이 되기 위한 기초 가이드

파이어족 기초 상식, 이것만은 알고 가자!

'파이어족'이란 대체 무엇일까?

한창 조기 은퇴의 가능성에 관한 수많은 생각이 가지처럼 뻗어 나가고 있었다. '조기 은퇴하고 시간 부자가 되어 더 주체적인 삶을 산다'는 아이디어는 내게 대단히 매혹적으로 느껴졌다. 하지만 동시에 너무 막연했다. '돈이 얼마나 있어야 조기 은퇴를 할 수 있지? 조기 은퇴하면 뭘 하면서 살아야 하지? 한국에서는 어떤 식으로 은퇴 생활비를 마련해야 하지? 조기 은퇴했다가 투자에서 망하면 재취업이 되기는 할까? 하와이 한 번 다시 가겠다고 내 인생을 통째로 걸어야 하는 건가?' 하는 수많은 두려움과 궁금증이 내 머릿속을 맴돌았다.

파이어족이 되기로 했다면 파이어족에 대한 기초적인 개념을 알아야 할 필요가 있었다. 나는 "지피지기면 백전백승"이라는 고전적인 문구를 되뇌며, 파이어족에 대한 탐구를 시작했다. 파이어족의 기초적인 개념들은 대부분 미국의 토론 사이트 레딧(Reddit)에서 파생됐으며, 그 이후에는 미국의 파이어족 관련 책의 저자들에 의해 널리 알려지고 통용되고 있었다. 그중 핵심적인 부분만 추려 소개한다.

파이어족의 기본 개념

파이어족은 기본적으로 '파이어 운동[FIRE(Financial Independence & Retire Early) Movement)]을 실천하는 사람들'이라는 개념에서 시작된다. 파이어 운동의 핵심은 두 가지로, 경제적 자유와 조기 은퇴의 두 축으로 이루어져 있다.

경제적 자유(Financial Independence, FI)

경제적 자유는 다른 말로는 '재정적 독립'이라고도 풀이되는데, 이는 외부에서 경제적 보상을 받지 않아도 스스로 생계를 꾸리는 것이 가능한 상태를 의미한다. 추가 노동을 통해 얻는 타인의 돈, 즉 근로 소득 없이도 충분히 살아갈 수 있는 수준의 재정적 상태가 바로 경제적 자유다. 다른 말로는 시간을 많이 들여 돈을 버는 적극적 소득(Active Income) 없이 소극적 소득

(Passive Income)에 해당하는 투자 소득, 자본 소득, 저작권 소득 등만으로도 소비를 충분히 감당할 수 있는 상태를 말한다.

조기 은퇴(Retire Early, RE)

조기 은퇴는 말 그대로 일반적인 은퇴 시점보다 빠른 시기에 은퇴하는 것을 의미한다. 여기서 말하는 '은퇴'란 '생계를 잇기 위해 하는 일'과의 결별을 뜻하며, 개인적으로 의미 있는 일을 하거나 준비하는 것과는 별개다. 이때 파이어 운동에 숨겨진 중요한 요건이 하나 더 있는데, 바로 '자발적인' 은퇴여야 한다는 것이다. 원치 않은 비자발적 은퇴와 파이어 운동에 입각한 조기 은퇴는 차이가 있다. 경제적 자유를 확보한 뒤 조기 은퇴하는 것을 '파이어를 선언하다'라고 말하기도 한다. 조기 은퇴야말로 진정한 파이어 운동의 완성이라 할 수 있다.

파이어 운동의 종류

일반 파이어(Regular FIRE)

일반적인 파이어 운동의 라이프 스타일을 말한다. 대부분의 사람들이 현재 생계를 위한 일을 하고 있기 때문에, 현재의 일에서 조기 은퇴하는 것을 목표로 한다. 일반 파이어의 주요 전략

대한민국 파이어족 시나리오

일반
파이어

은 절약을 극도로 끌어올려 은퇴 자금을 충당하는 것이다. 투자 수익과 같은 소극적 소득을 충분히 확보한 뒤에 조기 은퇴를 해 노동 없이 여유로운 일상을 꾸려나가는 사람들이 바로 이런 일반 파이어의 대표적인 사례라고 할 수 있다.

린 파이어(Lean FIRE)＆팻 파이어(Fat FIRE)

린 파이어와 팻 파이어는 원하는 생활 수준에 따라 구분된다. 린 파이어는 '기름기 없는'이라는 뜻의 린(Lean)에서 유래했으며, 생활 습관의 변화를 통해 소비를 줄여서 일반적인 수준보다 적은 생활비로 살아가는 파이어족 라이프 스타일이다. 이들은 은퇴 이후에 주거 환경의 변화, 생활비의 능동적인 감축 등을 통한 다운사이징(Downsizing)을 적극적으로 실천하며, 미니멀리스트(Minimalist)의 생활 양식을 추구하는 경우도 많다.

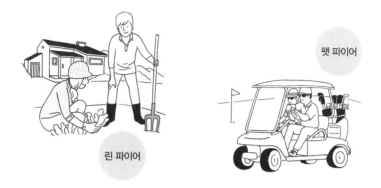

팻 파이어

린 파이어

반면에 팻 파이어는 '기름기가 풍부한'이라는 의미의 팻(Fat)에서 따온 말로서, 은퇴 이후에 더 풍족한 생활을 꿈꾸는 사람이다. 일반적으로 훨씬 높은 생활비를 확보해 은퇴 후의 삶을 고급스러운 라이프 스타일로 채우고 싶은 이들이 바로 팻 파이어를 추종하는 사람들이다. 흔히 한국에서 '금(金)퇴족'이라는 말로 표현되는 생활 방식이 이들과 유사하다.

쉽게 말해 린 파이어는 검소한 파이어족, 팻 파이어는 부유한 파이어족 정도로 이해할 수 있다.

바리스타 파이어(Barista FIRE)

바리스타 파이어는 은퇴 이후에도 꾸준히 느슨한 일을 하면서 동시에 은퇴 생활을 즐기는 사람들을 일컫는다. 그들은 자본 소득으로 대부분의 생활비를 조달하지만 추가로 취미 겸 일

바리스타 파이어

을 병행한다. 하루에 서너 시간씩 커피 전문가 바리스타와 같은 파트타임 일을 하는데, 느슨한 노동으로 용돈을 더 충당하고 소일거리를 통해 생활의 활력을 얻는 방식의 파이어 라이프 스타일이다. 바리스타 파이어의 장점은 일반적인 조기 은퇴보다 더 빠른 은퇴도 가능하다는 점이다. 추가로, 직장이 없다면 꽤 부담이 되는 건강보험, 국민연금 등 넓은 의미의 세금 지출을 줄여주는 효과도 있다.

잠정적 파이어(Coast FIRE, 코스트 파이어)

잠정적 파이어는 이미 은퇴가 가능한 상황이지만, 은퇴 결정에 신중을 기하는 사람들이다. 더 이상 은퇴를 위한 자금 추가 없이도 '잠정적으로 경제적 자유를 이룰 수 있는 상태'에 도달한 경우다.[1] 잠정적 파이어는 배가 '순항하다'라는 뜻을 가진

코스트(Coast)에서 유래했으며, 앞서 소개한 다른 파이어 라이프 스타일보다는 은퇴 시점을 결정하는 데 더 유연한 사람들이다.

현재까지 투자한 자금이 꾸준히 성과를 내고 있다고 가정할 때, 이들은 은퇴 자금 마련을 위한 생활비 절감을 멈추고 현재를 누리는 데 집중하는 라이프 스타일로 전환한다. 기존에 투자한 자금만으로도 짧게는 1~2년 뒤, 길게는 7~8년 뒤에 충분히 은퇴를 할 수 있을 만큼 자산이 불어난다는 확신이 생기면, 이들은 코스트 파이어를 선언한다. 현재의 직업을 유지하고 여유로운 소비 수준을 즐기며 은퇴 이후의 삶을 서서히 준비하는 것이다. 당장 퇴사하지 않고, 스트레스를 줄이는 정도로 일의 강도를 조절하거나 새로운 커리어 준비를 병행하기도 한다.

파이어 운동의 시작

미국에서 파이어 운동이 처음으로 시작된 것은 1992년 비키 로빈(Vicki Robin)과 조 도밍후에즈(Joe Dominguez)가 쓴 책 《부의 주인은 누구인가(Your Money or Your Life)》에서 기원한다. 당시 로빈은 'FIRE'라는 단어를 쓰지는 않았지만, 경제적 독립을 쟁취한 뒤에 새로운 삶을 사는 것에 대한 아이디어를 처음으로 대중에게 제안해 베스트셀러 작가가 됐다. 그 이후 미국의 소프트웨어 엔지니어 피터 애드니(Peter Adeney)가 2011년 조기 은퇴한 뒤 자신의 블로그 〈미스터 머니 머스태시(Mr. Money Mustache)〉를 통해 경제적 자유를 통한 조기 은퇴의 개념을 추가했다. 이후 파이어 운동은 2019년에 출판된 그랜트 사바티어의 《파이낸셜 프리덤》, 스콧 리킨스의 《파이어족이 온다》를 통해 세계적으로 널리 알려진다.

파이어 운동의 시초인 미국에서는 사실 '파이어족'이라는 단어가 보편적으로 쓰이지는 않는다. 대신 'FIRE Member(파이어 멤버)', 'FIRE Follower(파이어 팔로어)'라는 말이 쓰인다. 이는 넓은 의미의 파이어족으로서 파이어 운동을 실천하는 사람들을 모두 포함해 이르는 말이다. 즉, 미국에서는 경제적 자유 달성이나 조기 은퇴 여부를 떠나, 파이어 운동에 공감하고 그 생활

넓은 의미의 파이어족과 좁은 의미의 파이어족

양식을 실천에 옮기고자 하는 모든 사람을 파이어족으로 구분하고 있는 것이다.

반면 한국의 여러 대중매체에서는 '파이어족'을 경제적 자유를 달성한 조기 은퇴자로만 한정하고 있다. 다시 말해, 한국에서는 '좁은 의미의 파이어족'이 조금 더 일반적으로 통용되고 있다. 동시에 파이어 운동을 추구하는 모든 사람을 뜻하는 '넓은 의미의 파이어족'이 혼용되기도 한다. 이 책에서는 넓은 의미의 파이어족을 파이어족이라고 부르기로 하자.

- **넓은 의미의 파이어족** 다양한 파이어 운동을 실천하는 모든 사람을 말한다.

- **좁은 의미의 파이어족** 한국에서 파이어족은 일반적으로 경제적 자유를 확보한 조기 은퇴자를 뜻한다.

파이어족이 되기 위한 기본 조건: 자산 & 현금 흐름

파이어족에 대한 개념을 이해했다면 이제 중요한 것은 돈이다. 경제적 자유란 평생 일하지 않아도 충분한 생활비가 나오는 상태를 이야기하며, 이때 자연스럽게 조기 은퇴도 가능해진다. 평생 생활비를 어떻게 마련하는지가 바로 파이어족이 되기 위한 첫 과제다. 충분한 생활비를 확보하는 방법은 크게 두 가지다. 바로 충분한 '은퇴 자산'을 마련하는 것과 '은퇴 후 현금 흐름'을 확보하는 것이다.

은퇴 자산을 모아서 파이어족 달성하기: 4%룰

은퇴 자산을 확보하는 방법은 일반적으로 사람들이 알고 있는 은퇴 자산 모으기와 거의 일치한다고 보면 된다. "로또를 맞으면 지금 하던 일을 그만둘 것이다!"라고 부르짖는 것과 일맥상통한 이야기라고 할 수 있다. 문제는 '대체 얼마의 은퇴 자산을 모아야 평생 일을 하지 않아도 될 만큼 충분할까?'이다.

가장 간단한 방법은 경제적 자유의 룰인 '4%룰'로 계산해보는 것이다. 경제적 자유의 선구자 그랜트 사바티어는 그의 책 《파이낸셜 프리덤》에서 '4%룰'을 설명했다. 내가 은퇴 자금을 지속적으로 수익을 내는 투자처에 투자해뒀을 때, 전체 은퇴 자금의 4% 이하로만 한 해 생활비를 쓴다면 이 은퇴 자금은 영원히 손실되지 않을 가능성이 크다는 이론이다. 사바티어는 그동안의 주식·채권 시장의 데이터를 바탕으로, 평범한 사람들이 목돈을 투자했을 때 평생 돈을 벌지 않아도 투자 수익만으로 생활할 수 있다고 설명한다.

필요한 은퇴 자산을 계산하는 방법은 필요한 생활비에 4%의 역수, 즉 25를 곱하면 된다. 예를 들어 생활비로 월 200만 원이 필요한 사람이라면 200만 원×12달×25=순자산 6억 원이면 경제적 자유가 가능하다. 4%는 다른 말로 '안전 인출률'이라고도 불리며, 은퇴 자금에 있어서 4%가 보수적이라는 결과는 트리니티대학교에서 진행된 연구에서 밝혀졌다.[2] 미국 시장의 평균적인 연평균 주식 투자수익률인 8%에 전 재산을 투자해도 충분히 오랜 기간 은퇴 자금을 충당할 수 있는 것으로 알려져 있다. 보수적인 사람들은 인출률을 3%로 잡아서 생활비의 33배를 안정적인 은퇴 자금으로 산정하기도 한다.

미국에서는 흔히 100만 달러, 즉 한국 돈으로 약 11억~12억 원 정도가 한 사람분의 온전한 은퇴 자금이라고 말한다.

4%룰을 적용할 경우, 한 명당 400만~500만 원 정도의 생활비를 쓴다는 기준으로 한 것인데, 이는 한국을 기준으로 하면 조금 지나친 정도의 자산 규모다. 2019년 기준[3]으로 미국의 GDP는 약 6만 5,000달러(=약 7,245만 원)이며, 한국의 GDP는 약 절반 정도인 3만 1,000달러인 것을 고려할 때, 일반적으로 1인당 5억~6억 원 정도가 평균적인 목표 은퇴 자금이라 할 수 있겠다.

은퇴 후 현금 흐름을 확보해 파이어족 달성하기

또 다른 은퇴 자금 조달 방법은 '소극적 소득(Passive Income)', 또는 '시스템 수익'을 확보하는 방법이다. 이는 자산 규모 자체를 키우는 것보다 조기 은퇴를 위한 생활비 조달의 핵심에 가깝다. 여기서 '소극적 소득'이란 시간을 많이 투입해야 얻을 수 있는 노동 수익이 아닌 자동으로 창출되는 수익을 말한다. 쉽게 말해 '자동으로 내 통장에 입금되는 돈'을 통틀어 '소극적 소득'이라고 부른다. 오랜 기간에 걸쳐 고정적인 금액을 지급하는 연금이나 매달 고정적 수입이 보장되는 부동산 수입 등이 바로 이런 소극적 소득의 대표적인 예다.

은퇴 현금 흐름을 창출하는 방법 중 가장 보편적인 것은 금융 수익과 부동산 수익이다. 금융자산을 통한 예금 이자, 배당금 수령, 채권 수익, 차익 실현 등은 대표적인 금융 수익이다. 추가로 소유한 부동산을 남에게 대여함으로써 얻는 월세 수익이 일반적인 현금 흐름 확보에 좋은 방법으로 알려져 있다. 이러한 소득은 흔히 자본을 투자해 얻은 자산에서 나오기 때문에, 자본 소득, 또는 투자 소득이라고 표현하기도 한다.

앞서 언급한 연금을 활용하는 것도 은퇴 현금 흐름을 만들기에 아주 훌륭한 방법이다. 국민연금, 퇴직연금, 개인연금, 연금보험, 주택연금(역모기지 상품) 등 다양한 연금 상품도 존재한다. 사학연금, 공무원연금, 군인연금과 같은 상품들은 특정 직업군에서만 선택할 수 있는 연금이므로 이에 해당할 경우 적극적으로 활용해야 한다.

그 밖에도 사업이나, 저작권 등을 이용해 소극적 소득을 올리는 방법이 있다. 심지어 무자본으로 하는 방법도 있다. 출판 저작권료, 방송 필름 저작권료, 작곡 저작권료, 판권 수익금, 특허권, 상표권, 영업권 등 소극적 소득을 내는 방법은 내가 개발하기에 달려 있다.

'생활비를 어떻게 조달할 것인가'의 문제

은퇴 자산을 충분히 모으든, 고정적인 은퇴 현금 흐름을 확보

　　　　　　　　　　대한민국 파이어족 시나리오

하든 모두 핵심은 '매달 생활비를 조달할 수 있느냐?'다. 은퇴 현금 흐름을 확보한 사람들은 매달 꼬박꼬박 들어오는 현금으로 은퇴 후 생활비를 감당하는 것이고, 은퇴 자산을 모은 사람들은 일정한 주기로 자산을 현금화해 이를 대체하는 것이다.

가수 장범준의 곡 〈벚꽃 엔딩〉을 두고 '벚꽃 연금'이라고 말하곤 한다. 매년 벚꽃이 필 때마다 이 곡을 전국에 수많은 사람들이 듣고, 그에 따라오는 저작권료를 작곡자이자 가수인 장범준이 매년 수령하기 때문이다. 자신만의 방식으로 현금 흐름을 창출할 수 있다면 군이 은퇴 자산을 10억씩 마련하지 않고도 경제적 자유를 얻을 수 있다. 하지만 누군가는 자산을 모으는 편이 훨씬 더 쉬울 수도 있으므로, 자신이 편한 방식으로 경제적 자유를 쟁취해내면 될 일이다.

각 세대별 파이어족을 꿈꾸는 이유

2021년, 〈KBS 8시 뉴스〉에까지 파이어족이라는 단어가 등장했다. 파이어족은 이제 더 이상 미국의 특이한 몇몇 사람들의 이야기라고 치부할 수 없다. 한국에서도 많은 사람들이 파이어족과 조기 은퇴에 관심을 가지고 있으며, 주요한 어젠다로 부상하고 있다. 이러한 변화가 왜 이토록 빨리 우리 사회에 스며

들고 있을까? 파이어족 열풍은 단순히 일시적인 경제·사회 분야 유행어 정도에서 멈출 것인가?

파이어족 카페에서 의외로 20대 후반부터 40대 후반에 이르기까지 다양한 세대가 고르게 파이어족에 관심이 있음을 알게 됐다. 20~30대는 그렇다 치고, 충분히 기존 사회에 적응한 40대까지 파이어족에 관심을 가지다니 놀라울 따름이다. 그들은 왜 파이어족에 관심을 가지는 걸까?

20대 'MZ세대' : 디지털 세상에서 개인의 자유를 원하는 세대

20대를 상징하는 단어는 '유튜브'와 'SNS'다. 이들은 Z세대로 대표되는 20대 젊은 나이의 세대다. 하루 평균 두 시간 넘게 날마다 유튜브를 사용하는[4] 그들은 이미 직장에서의 성공에는 큰 관심이 없다. 유튜브에서 성공하는 사람들 중 다수는 직장의 성공과는 거리가 멀다. 오히려 직장을 때려치우고 돈을 수십 배나 많이 벌게 됐다는 이야기들이 판을 친다. 직장은 퇴직하면 그날로 끝이지만, 유튜브와 SNS의 세상은 전혀 변함이 없다. 기존 세대만큼 직장에 충성심을 보일 이유도, 그럴 필요도 없다. 직장에서 야근할 시간에 부업을 뛰는 것이 경제적으로 훨씬 성공할 가능성이 크다고 믿는 세대다.

20대는 그 전 세대에 비해 직장의 사회적인 가치를 그다지 중요하게 생각하지 않는다. 현재의 20대들은 직장은 빨리 그만 두고 나올수록 좋은 것이라고 느낀다. 당장 2016년만 해도 퇴사 열풍이 불어서 서점에 온갖 퇴사 관련 서적이 깔렸었다. '퇴사'라는 것은 즐거운 일이고, 누구나 부러워하고 SNS에 자랑할 만한 일이라는 인식이 있다. 많은 20대들이 암호화폐, 단기 주식 투자 등 자극적인 투자에 빠져들고 있으며, 특히 빠른 속도로 자산을 축적하는 그들의 재테크 제1목표는 단연코 빠른 퇴사, 조기 은퇴다. 빨리 은퇴하고 개인의 자유를 맘껏 누리는 파이어 운동이야말로 많은 20대가 바라는 삶의 지향점과 일치한다.

30대 '미생 세대' : 직장에서의 성공에 회의를 느끼는 세대

드라마 〈미생〉에 등장하는 20대 후반 젊은 친구들은 명문대를 나오고도 절절하게 매달려서 가고 싶던 기업의 사원증을 간신히 목에 걸 수 있었다. 현실도 이와 크게 다르지 않다. 이렇게 이미 포화 상태인 취업 시장을 어렵게 뚫고 들어가 30대가 된 이들의 눈앞에 기다리고 있는 것은 행복한 삶이 아닌, 직장에서의 답답한 현실과 말이 안 통하는 선배들, 그리고 2016년부터 이어진 부동산 가격 폭등이었다. 가뜩이나 10년, 20년 선배들보다 취업도, 결혼도 더 어려워진 삶을 겪고 있던 그들에게 노동 소득을 아무리 저축해도 부동산 한 채의 가격을 따라잡을 수 없는 상황마저 벌어진 것이다. 이러한 현상으로 영혼까지 끌어 모은 이른바 '영끌'로 쫓기듯 집 한 채 간신히 마련한 사람들의 이야기가 화제가 되어 뉴스에 나오기도 한다.

이런 상황에서 30대는 직장의 의미를 회의적으로 바라볼 수밖에 없다. 기존 세대가 제시했던 평범한 직장인으로서 60세까지 일해서 집 한 채 마련하고 은퇴해 노후를 대비한다는 이야기는 꿈처럼 느껴질 수밖에 없다. 그들에게는 다른 삶의 목표를 가진 대안이 필요하다. 예전보다 성취의 의미가 현저히 퇴색돼버린 직장의 경쟁, 거기서 이미 지쳐버린 30대에게 직장에서의 자유를 말하는 파이어 운동은 매력적일 수밖에 없다.

40대 'IMF 세대' : 50대가 되는 것을 두려워하는 세대

의외로 30대보다 파이어족에 더 관심을 보이는 것은 40대 연령층이다. 왜 그럴까? 지금의 40대는 IMF와 금융 위기를 온몸으로 겪은 세대다. 지금의 49세는 IMF 경제 위기인 1997년에 25세였고, 40세는 16세였다. 취업 시장의 흐름이 바뀐 것뿐만 아니라, 그들의 부모님들이 '정년 은퇴냐, 명예 은퇴냐'를 놓고 고민하는 것을 지켜보았다. 임금 피크제의 바람을 정면으로 맞닥뜨리고 있는 40대들에게 가장 무서운 문제는 50대가 되는 것이다. 선배들처럼 50대는 부장 명함을 달고 명예와 부를 최대한 누리는 시간이 아니다. 당장은 간신히 살아남더라도 언제 조기 퇴직의 압력이 있을지, 또는 계속되는 승진 누락과 임금 피크제와 함께 버텨야 할지 진퇴양난의 고민 속에서 살아가야 한다.

게다가 4차 산업혁명이 빠르게 사회를 변화시키고 있다. 미국의 IT 혁신 기업 주식은 매달 신고가를 경신하고, 인간이 로봇·AI와 일자리를 경쟁해야 한다는 특집 기사들이 쏟아져 나온다. 너무나도 빠르게 변화하는 사회에 빠르게 적응하고, 임원을 향해 달려가는 것을 진작부터 포기하는 사람들이 속출하고 있다. 40대도 언제 직장을 잃을지 전전긍긍하기보다 차라리 선제적으로 준비해서 빠르게 조기 은퇴를 준비하는 편이 낫다고 판단하는 것이다. 회사에 몸 바치다 건강이 망가진 선배들을 보아온 그들에게 파이어족은 삶의 대안이 되기에 충분하다.

파이어족은 새로운 생애 설계 패러다임

파이어족은 '욜로족', 'N포족', '캥거루족'처럼 잠시 스쳐 가는 유행어일까? '욜로족'을 생각해보자. 오늘만 사는 것처럼 소비 성향이 남들보다 과도한 사람을 가리켜 '욜로족'이라고 말한다. 소비 성향이라는 것은 언젠가 소득이 줄어들면 변할 수밖에 없다. 욜로족은 평생 욜로족일 수도 없고, 잠시 유행처럼 지나가는 단어일 확률이 높다. 하지만 파이어족의 경우는 다르다. 준비 기간만 5~10년에 이르는데 생애 전반에 지속적으로 영향을 끼치며, 길게는 죽음까지도 포함한 지속적인 생애 설계 방식의 변화이기 때문이다. 이것이 파이어족을 단순한 유행으로 치부할 수 없는 이유다.

파이어족은 잠시 스쳐 가는 젊은 사람들의 유행이 아니다. 현재 한국의 20대부터 40대까지 다양한 세대를 아우르는 삶의 대안을 제안해주는 라이프 스타일 혁명이다.

파이어족의 세 가지 재테크 방법

파이어족의 재테크 키워드 셋: 저축·투자·부업

파이어족은 경제적 자유를 반드시 달성해야 하며, 이를 이루기 위한 가장 중요한 세 가지 재테크 축이 바로 저축·투자·부업이다. 물론 상속·증여와 같은 방법도 있지만 일반인에게는 해당되지 않을뿐더러, 그런 경우에는 스스로 얻은 경제적 자유가 아닌 만큼 의미도 없으니 논외로 하도록 하자. 거의 모든 파이어족은 이 세 가지 방법을 적절히 사용함으로써 경제적 자유를 이뤘다. 미국을 포함해서 내가 알고 있는 한국의 파이어족 중에서도 예외는 없었다.

자신에게 잘 맞는 경제적인 방법을 찾는 것이 모든 파이어족의 고민이다. 현재까지는 좋은 성과를 내왔더라도 추후에 다른 자금 확보나 다양한 자산 포트폴리오 확보를 위해서도 끝없이 연구한다. 저축·투자·부업, 이 세 가지 방법 중에는 자신의 성향에 맞는 방법도 있고, 그렇지 않은 방법도 있을 것이다. 자신에게 최대한 맞는 방법이 무엇인지 잘 판단해야 더 쉽게 경제적 자유를 이루고 조기 은퇴도 이뤄낼 수 있다.

그렇다면 나에게 알맞은 재테크 방법을 어떻게 찾을 수 있을까? 무작정 저축일까? 주식이나 부동산 같은 투자일까? 아니면 적극적인 부업 탐색일까? 많은 재테크 고수들이 주장하는 것처럼 모든 재테크를 일단 다 시도하며 산전수전 겪어봐야만 알 수 있을까? 어떤 투자가 내 적성에 맞는지 미리 알 수 있다면 시행착오를 줄일 수 있을 텐데 말이다. 결론부터 말하자면 간단한 방법으로 내 성향을 어느 정도 예상해볼 수 있다. 성격 유형 테스트로 잘 알려져 있는 MBTI(Myers-Briggs Type Indicator) 결과를 참고한다면 말이다.

내 MBTI에 맞는 재테크 방법은?

많은 사람들이 MBTI를 시간 때우기용 심리 테스트쯤으로 생각하지만, 사실 MBTI 검사는 제2차 세계대전 때 사람들의 성향에 따라 효율적으로 업무를 배정하는 데 사용되기도 할 정도

다양한 MBTI 유형들

로 전통이 깊다. 같은 외부 자극을 받더라도 받아들이는 사람의 성향에 따라 스트레스가 저마다 다르다는 것을 전술에 적극적으로 활용한 것이다.

예를 들어 누군가는 사람들과 어울리는 기회가 많은 업무를 좋아하지만, 어떤 사람들은 분석적인 일을 훨씬 쉽게 여긴다. 투자 상품을 선택하는 데에도 마찬가지다. 어떤 일은 내게 너무 쉽고 재미있지만, 어떤 일은 젬병이다. 재테크도 자신의 성향에 맞게 보다 적응하기 쉬운 방법을 선택하는 것이 현명하다. 주변 사람들이 추천해줬다든가, 예상 수익률이 높다고 해서 무턱대고 선택하면 안 된다는 얘기다.

본격적으로 글을 읽기 전에 먼저 자신의 MBTI를 파악하면 훨씬 재미있으니, 아직 잘 모르는 사람은 MBTI 검사를 미리 하고 나서 다음 내용을 읽어보기를 권한다. 유료 검사를 받는 것이 조금 더 전문적이고 정확하겠지만, 무료 MBTI 검사를 활용해 참고만 해볼 수도 있다.

MBTI는 성격적인 특성을 나타내는 네 가지 알파벳의 조합으로 구성된다. 순서대로 우측 표와 같은 성격의 특징을 나타낸다. 주로 재테크 성향에서 필요한 부분만 요약했다.

MBTI 검사를 통해 어떤 상황에서 자신이 스트레스를 더 받는지 파악할 수 있다. 예를 들어 외향형(E)은 개인 프로젝트를 하거나 장시간 홀로 지내는 일을 힘들어하고, 내향형(I)은 너무 많은 시간을 다른 사람들과 보내는 것을 더 어려워하는 경향을 보인다. 감각형(S)은 현실성·실용성이 없는 것을 싫어하지만, 직관형(N)은 미래 가능성이 보이지 않는 상황과 너무 디테일한 지시에 더 스트레스를 받는다. 사고형(T)은 논리적이지 못한 일을 싫어하며, 감정형(F)은 주변 사람들과 조화롭지 못한 상황을 더 힘들어하는 경향을 보인다. 마지막으로 판단형(J)은 원칙과 질서가 없는 상황을 싫어하고, 인식형(P)은 융통성 없는 상황에

주의 초점-에너지의 방향	**E: 외향형(Extraversion)** 사교적이고 활동적이다. 외부 활동에 적극적이며, 경험을 통해 이해한다. **I: 내향형(Introversion)** 조용하고 신중하다. 내면 활동에 집중력을 발휘하며, 이해한 다음 행동한다.
인식 기능-사람이나 사물을 인식하는 방식	**S: 감각형(Sensing)** 오감 및 경험에 의존하며, 실제의 경험을 중시하고 현실 지향적이다. **N: 직관형(iNtuition)** 직관 및 영감에 의존하며, 아이디어를 중시하고 미래 지향적이다.
판단 기능-판단의 근거	**T: 사고형(Thinking)** 논리적·분석적이며, 객관적으로 사실을 판단한다. **F: 감정형(Feeling)** 상황적·포괄적이며, 주변 상황을 고려해 판단한다.
생활 양식-선호하는 삶의 패턴	**J: 판단형(Judging)** 정리 정돈을 잘하며, 뚜렷한 자기 의사와 기준으로 신속하게 결론을 내린다. **P: 인식형(Perceiving)** 상황에 따라 적응하며, 정해진 계획보다는 즉흥적인 결정을 선호한다.

MBTI 구성 요소별 특성

스트레스를 더 많이 받는다.

나를 예를 들어 설명하면, 나는 전형적인 INTJ 성향의 사람이다. 그래서 신중하게(I) 미래 지향적 아이디어(N)를 얻은 이후에 객관적으로 투자 대상을 직접 분석(T)해, 이를 나의 기준대로 결론(J) 내리기를 좋아한다. 이런 내 특성상 주식 투자는 대단히 흥미로운 일이다. 그 기업의 실체를 유심히 분석하고 미래의 가치를 예측한 뒤, 현재의 가격보다 지나치게 저평가돼

나의 MBTI는 INTJ

있으면 매수해 장기간 기다리는 것을 좋아하기 때문이다. 하지만 감정형(F)인 사람들은 주식의 매시간 출렁이는 가격 변동을 잘 견디지 못하는 속성이 있다.

내 아내는 강력한 감정형(F) 성향을 가지고 있고, 소액을 주식에 투자한 뒤 한 시간이 멀다 하고 투자 애플리케이션을 들락거리며 울고 웃다 결국 저점에서 팔아치우곤 한다. 감정형 사람들에게 변동성이 큰 주식 투자는 성공하기 쉽지 않은 재테크 방식이다.

이러한 각자의 성향에 따른 재테크 방법을 간단하게 정리해보면 다음과 같다.

대한민국 파이어족 시나리오

조심성 많고 불안에 대비하는 '관리자형'-ISTJ, ISFJ, ESTJ, ESFJ

→ 현실적인 계획을 세우는 데 능하며, 남들보다 조심스러운 성향

재테크 성향 위험한 투자에 쉽게 스트레스를 받지만 계획적인 저축에는 누구보다 강하다.

추천 재테크 저축, 부업, ETF(Exchange-Traded Fund: 상장 지수 펀드) 투자

논리적이고 미래에 투자하는 '분석형'-INTJ, INTP, ENTJ, ENTP

→ 논리를 기반으로 미래 지향적인 생각을 끊임없이 하는 성향

재테크 성향 대부분의 투자에 능통하다.

모험을 즐기고 현재를 맘껏 누리는 '탐험가형'-ISTP, ISFP, ESTP, ESFP

→ 에너지가 넘치며, 현재에 집중해야 하는 상황을 즐기는 성향

재테크 성향 발 빠른 대응을 해야 하는 위험한 투자에 쉽게 빠지는 측면이 있다.

추천 재테크 적립식 투자, 부업

이상을 꿈꾸고 가치를 중요시하는 '이상주의형'-INFJ, INFP, ENFJ, ENFP

→ 많은 사람들에게 만족스러운 이상적인 미래를 지향하는 성향

재테크 성향 기본적으로 재테크에 관심이 적으며, 딱 필요한 만큼만 재테크를 한다.

추천 재테크 저축, 배당주 투자, 부업

MBTI별 재테크 성향 및 추천 재테크

부동산형 인간 vs. 주식형 인간

투자에 강점이 있는 사람들이 가장 보편적으로 접근하는 투자처는 주식과 부동산이다. 주식이냐, 부동산이냐에도 각각 적성이 맞는 사람들이 존재한다. 주식형 인간과 부동산형 인간이 바로 그것이다. 두 가지 투자 분야 중 하나에만 적성이 있어도 경제적 자유를 위한 투자에서 충분히 성공할 수 있다. 다른 투자자산들은 투자에 필요한 진입 장벽이 높으니, 가장 대중적으로 알려져 있는 이 두 가지 자산에 대해서만 이야기해보자.

부동산형 인간은 지리와 거주의 관계에 대한 이해 수준이 높고, 해당 분야의 새로운 뉴스에 관심이 많은 사람들인 경우가 많다. 반대로 주식형 인간은 비즈니스와 경제 흐름을 민감하게 받아들이고, 산업 변화의 흐름에 관심이 많은 사람들이다. 그들은 자연스럽게 자신의 관심과 투자를 연결해 성공적인 투자자가 된다. 부동산과 주식에 관한 책을 쓴 사람들의 가치관을 엿보면 그런 경향이 뚜렷하게 나타난다. 실제로 부동산 관련 책은 사람들의 거주지 수요에 대한 깊은 관심과 발로 뛰어서 얻어낸 생생한 세상의 정보를 담고 있는 반면, 주식과 관련된 책은 시대를 이끌어 가는 산업 트렌드와 경영 방식의 변화를 분석하고 기업의 미래 가치를 예측하는 이야기가 주를 이룬다.

부동산형 인간과 주식형 인간의 특징

부동산형 인간

1. 낯선 사람과의 대화도 능숙하며, 유리한 협상에 뛰어나다.
2. 평소에 사람들의 의식주, 특히 거주 스타일에 관심이 많다.
3. 눈치가 빨라 다른 사람들의 느낌과 생각을 재빨리 파악한다.
4. 발로 여기저기 뛰어다니면서 세상 구경하는 것을 좋아한다.
5. 지리에 능해 도시 지형과 교통 상황 등이 속속들이 머릿속에 들어 있다.

주식형 인간

1. 복잡한 인간관계, 낯선 사람과의 대화에 피로도를 많이 느낀다.
2. 경제 및 산업의 흐름과 기업의 경영에 관심에 많다.
3. 눈치가 살짝 부족하지만, 자신만의 생각이 확고한 편이다.
4. 책이나 글을 통해 충분한 정보를 얻고 판단하는 것을 좋아한다.
5. 사업의 비즈니스 구조를 파악하는 것을 좋아하며, 마진 계산을 좋아한다.

세상에 딱 부동산형 인간, 주식형 인간 둘만 있는 것은 아니다. 두 가지 투자 성향을 모두 골고루 가지고 있는 사람도 있고, 다음 장에 소개할 부업형 인간도 존재한다. 이러한 특성 중에 나와 그나마 가장 가까운 것이 무엇인지 고민해보고, 그 분야를 자신의 주력 재테크 분야로 삼는 것이 좋다.

다만, 우리나라에서는 부동산으로 성공한 부자들이 주식 부자들보다 훨씬 흔하고, 변동성이 심한 주식의 특성상 직접 투자에서 성공하는 확률은 5% 정도에 불과하다.[5] 따라서 주식에 모든 투자자산을 집중하는 것은 승률이 굉장히 낮다는 것을 충분히 인식하고, 그럼에도 성공한 사례들을 따라갈 수 있다는 확신이 들 때만 접근하기를 추천한다.

또, 투자 방법을 선택할 때 반드시 확인해야 할 것은 변동성과 수익률이다. 투자자산에 대한 확신이 있더라도 자신이 감내할 수 있는 것보다 더 큰 변동성을 만나면 비이성적인 판단을 할 확률이 높기 때문이다. 변동성, 즉 현재 자산의 하락이 눈에 보이는 상황을 견디기 어려운 사람들은 미래 기대 수익이 조금 낮더라도 변동성이 낮은 자산을 선택하는 것이 이득이다. 전반적으로 SF 성향이 강한 사람들(ESFJ, ESFP, ISFJ, ISFP)은 변동성을 힘들어하는 성향이 있으며, NT 성향의 사람들(ENTJ, ENTP, INTJ, INTP)은 변동성이 있더라도 미래 자산에 투자하는 것을 즐기는 편이다.[6] 높은 변동성을 어려워하는 사람들은 ETF 투자, 또는 적립식 투자를 적극 활용하는 것이 장기적으로 성공적인 투자를 이끌어낼 가능성이 더 크다. 지피지기면 백전백승, 내 성향을 알면 재테크에 성공할 확률이 더 높아진다!

비장의 카드, 부업 활용하기

저축과 투자 외에 경제적 자유를 달성하는 데 결정적인 역할을 하는 것은 바로 부업이다. 부업을 통해 노동 소득을 대체할 새로운 현금 흐름을 만들어낼 수 있다면 조기 은퇴에 큰 도움이 된다. 다양한 부업을 통해 수입을 다각화하는 사람들을 'N잡러'라고 부르는데, 이 단어가 언론에 널리 등장할 정도로 부업은 명백한 사회 트렌드가 됐다.

사람들은 왜 'N잡러'가 되기를 희망할까? 현업에서는 획기적으로 수익을 늘릴 수 있는 수단이 생각보다 많지 않다는 것이 가장 큰 이유다. N잡을 하게 되면 따로 이직하지 않고 현업을 유지하면서도 소득 규모를 늘릴 수 있고, 자연스럽게 저축률이나 투자 규모도 키울 수 있다. 인터넷과 모바일 산업의 발달로 우리 생활 곳곳에서 다양한 방법으로 부업을 할 수 있는 수단이 늘어난 것도 원인이다. 특히 스마트스토어의 발달이나 전자책 판매처와 같은 인터넷 플랫폼의 등장으로 이전에는 기업의 영역이었던 것들이 이제는 개인이 충분히 해볼 만한 시장으로 변했다. 경제적 자유를 위해 할 수 있는 부업에는 어떤 게 있을까? 아래 설명하는 부업들은 기본적으로 현업을 하면서도 동시에 진행할 수 있는 것들이다.

노동형 부업

우리가 가장 쉽고 친근하게 접근할 수 있는 부업은 전통적인 노동형 부업이다. 퇴근 후 대리운전, 주말 편의점 알바 등이 대표적이다. 최근 코로나19 팬데믹의 영향으로 택배 및 배달의 수요가 급증하면서 자전거를 활용한 배민 커넥트(Connect), 개인 자동차를 활용한 쿠팡 플렉스(Flex) 알바 등으로 선택의 폭이 넓어졌다.

장점 ↑	누구나 할 수 있고, 시간과 노력의 투자가 즉각적으로 수입에 반영된다.
단점 ↓	시간당 단가가 싸고, 계속 노동시간을 투입해야만 수입이 유지된다.

재능형 부업

프리랜서로 대표되는 시장이다. 자신에게 특별한 재능이 있으면 고객의 의뢰를 받아 수입을 창출하는 것으로, 전통적인 개인 과외, 디자인, 프로그래밍 단기 외주 등이 해당한다. 최근 재능을 판매하는 온라인 플랫폼이 여럿 생겨나서 과외는 물론 성인 취미까지 개인·그룹 교습을 통해 수입 창출이 좀 더 쉬워졌다. 탈잉, 숨고, 프립, 크몽 등이 재능형 부업을 할 수 있는 플랫폼이다.

장점 ↑	재능의 희소성이 있다면 시간당 단가가 높다.
단점 ↓	자신만의 강점 분야가 있어야 하며, 역시 노동시간을 투입한 만큼 돈을 벌 수 있다.

창작형 부업

자신의 창작물을 만들어 판매하는 시장으로, 주로 핸드메이드 제작과 디자인이 결합된 형태다. 디자이너 편집 숍이나 길거리에서 판매하는 작은 액세서리, 또는 주문 제작 의류·가구 같은 것들도 여기에 해당한다. 최근에는 온라인으로 개인 디자이너의 물품을 사고파는 곳이 많이 늘었는데, 그중 아이디어스, 마플샵, 미국의 엣시 같은 곳이 대표적이다. 글로벌 플랫폼의 도움을 받는다면 전 세계 사람들을 내 고객으로 삼을 수 있다.

장점 ↑	창작물을 만드는 데 재능이 있고 재미를 느끼는 사람들에게 유리하다.
단점 ↓	물품당 제작 시간이 계속 들어가며, 물품 배송 등 세세한 것까지 신경 써야 한다. 실질적으로는 사업의 영역에 속한다.

지식 생산형 부업

일종의 지식 생산물을 제작해 판매하는 사업이다. 재능형 부업과 비슷하지만, 지식 자료를 판매할 수 있는 형태로 제작해 배포한다는 점이 다르며, 전통적으로는 종이책 판매·강의·강연 등이 이 분야에 해당한다. 최근에는 인터넷을 통한 다양한 수업들이 개설돼 이 역시 취미, 틈새시장까지 확대됐다. 클래스101, 크몽, 리디북스 등 많은 업체가 존재한다.

장점 ↑	한번 창작해놓으면 추가 노동 없이 창작물을 복제하는 것만으로 수익 창출이 가능하다. 경제적 자유를 겨냥하는 사람들에게 추천!
단점 ↓	자신만의 독창성이 필요하며, 지식 생산물을 만드는 것은 꽤 높은 전문성과 난이도를 요구한다. 지속적인 마케팅 역시 필요하다.

사업형 부업

쉽게 말해 장사를 하는 1인 사업체가 되는 것이다. 사업의 영역은 끝이 없지만, 그중 온라인 판매업으로만 제한한다면 가장 유명한 부업 플랫폼으로 네이버 스마트스토어, 아마존 글로벌 셀링이 있다. 이 부업의 잘 알려진 사례는 다른 온라인 판매 사이트의 상품을 재판매하는 것으로 '리셀러(Re-seller)'라고 한다. 이 방법으로 크든 작든 성공하는 사람들이 빠르게 늘고 있어서 최근 많은 인기를 끌고 있다.

장점 ↑	유통과 판매에 대한 이해만 있다면 전문적인 지식 없이 가정집에서도 시작할 수 있다. 사업이기 때문에 잘 운영되면 확장을 통해 크게 성공할 수 있다.
단점 ↓	실제로 사업을 하는 것이므로 자본금이 필요하며, 물건을 쌓아둘 창고형 공간 등도 필요하다. 또한 운영 방식에 따라 밤낮없이 상품 판매에 신경 써야 한다.

개인 브랜드형 부업

유튜브·인스타그램·블로그 등 SNS 플랫폼의 인플루언서가 되는 방법이다. 앞에서 언급한 부업들과 달리 직접 돈을 주고받는 거래를 통해 돈을 버는 것은 아니다. 인기가 높아지면 직·간접적인 광고를 붙여 조회 수에 따라 수익이 증가하는 것이 기본적인 수익 창출 경로다. 열성적인 구독자를 소수만 확보해도 이어서 설명할 구독형 부업을 통해 수익을 얻을 수 있다.

장점 ↑	많은 구독자를 확보할수록 기하급수적으로 수익 창출이 가능하다. 위에 언급한 다른 부업들과 연계해 비용을 들이지 않고 마케팅을 할 수 있다. 한번 생성된 개인 브랜드는 오래 지속되는 경향이 있다.
단점 ↓	다른 방법들보다 성공 확률이 매우 낮으며, 일정 이상의 구독자를 확보할 때까지 수익이 전혀 발생하지 않는 경우가 대부분이다.

구독형 부업(개인 브랜드형, 지식 생산형 부업에서 파생)

구독료를 받고 지속적인 서비스를 제공하는 방법으로, 일종의 온라인 잡지 사업이다. 특히 개인 브랜드와 연계가 가능한 부업으로 구독자가 많지 않아도 주기적으로 정보 제공을 해야 하는 경우에 적용할 수 있다. 대표적인 사례로는 네이버 블로거 루지, 유튜버 슈퍼개미 김정환 등이 있다. 구독자들에게 적게는 월 2,000~5,000원, 많게는 월 2만~3만 원의 구독료를 받고 유튜브 비공개 채널이나 텔레그램 비밀방에서 특정 정보를 지속해서 제공하는 방식이다.

장점 ↑	자신이 잘하는 일을 하면서 병행할 수 있다. 구독자가 많다면 규모의 경제 효과를 얻을 수 있다.
단점 ↓	투자와 같이 지속적인 업데이트가 필요한 전문 분야의 인플루언서들만이 활용할 수 있다.

나는 부업이 어울리는 사람일까?

투자에서 언급한 대로 부동산형 인간, 주식형 인간이 있는 것처럼 부업형 인간의 특징도 있다. 다음과 같은 특징을 가지고 있다면 부업에서 성공할 수 있는 적성의 소유자다. 물론 노동

부업형(=사업형) 인간의 특징

1. 스스로 사업 기회를 발굴하는 안목이 있으며, 사업 기회를 상상할 때 즐거움을 느낀다.
2. 새로운 것을 배울 때 발생하는 고통을 기꺼이 감수하며, 빠르게 배우는 편이다.
3. 주변 사람들이 한 번도 해보지 않은 일에 호기심을 가지고 접근한다.
4. 간접 경험보다는 자신의 직접적 경험을 더 중요시한다.
5. 적응력이 뛰어나며, 변화하는 세상을 예민하게 관찰한다.

형 부업이나 재능형 부업은 이러한 부업형 사업의 적성이 덜 필요하지만, 이런 특성이 있을수록 같은 시간 대비 효율이 뛰어난 부업을 수행할 가능성이 커진다.

부업형 인간의 자질이 충분하다면, 그 자질을 마음껏 발휘해 나에게 맞는 부업을 발굴하는 데에 시간과 노력을 기울여보자. 저축과 투자에서 얻는 성과와 더불어 더욱더 빠르게 경제적 자유를 얻을 수 있을 것이다.

저축·투자·부업, 모두 다 잘해야 할까?

저축·투자·부업, 세 가지 분야에서 골고루 성취를 이룬다면 그만큼 빨리 경제적 자유를 얻게 된다. 실제로 유튜버 '강환국 님'의 경우는 이 세 가지를 모두 훌륭하게 수행했기에 34세의 젊은 나이에 목표했던 경제적 자유를 달성할 수 있었다고 한다.

저축·투자·부업 중에 최소한 두 가지에서 성과를 낼 수 있어야 조기 은퇴를 이룰 가능성이 크다. 한 가지만 특출나게 잘해서 잘되는 경우도 물론 있다. 하지만 성공 확률이 낮은 편이다. 저축만 잘해서는 지속적인 투자를 통해 복리 효과를 누리기 어렵고, 꾸준한 현금 흐름을 만들기 어렵다. 투자나 부업만 잘해서는 투자 성공에 비례해 커지는 소비 때문에 역시 은퇴가 어려워지는 악순환을 겪는다. 물론 한 분야에서 상위 3% 안에 해당하는 큰 성취를 거두는 사람이라면 조금 이야기가 다르겠지만, 그럼에도 은퇴를 쉽게 결정할 수 없는 나름의 걸림돌이 생긴다는 것은 꼭 명심해야 한다. 내가 만난 파이어족 중에서 한 가지 방법으로만 경제적 자유를 달성한 사람은 단 한 사람도 없었다.

재테크 서적의 전설 《부자 아빠 가난한 아빠(Rich Dad Poor Dad)》의 저자 로버트 기요사키(Robert Kiyosaki)는 이야기한다. 모든 사람은 각자 자신에게 맞는 성공의 방식이 있으므로, 다른 사람들이 성공하는 이야기를 듣고 시기하거나 질투할 필요가 전혀 없다고. 다른 사람이 성공한 방식으로 내가 성공하는 것이 불가능할 확률이 높기 때문이다. 그러니 내가 성공할 수 있는 나의 방법을 찾고 노력과 집중을 쏟아부어야 한다. 기요사키가 "당신에게 맞는 게임을 찾으세요"라고 말한 것처럼, 나만의 경제적 자유를 이룰 수 있는 방법을 찾는다면 파이어족의 삶은 꿈보다는 현실에 가까운 이야기가 될 것이다.

뭣이 중헌디?
내게 중요한 것들을 추리자

버킷 리스트 말고, 행복 리스트

경제적 자유 달성을 위해 고려해야 할 것이 재테크 방법만은
아니다. 내가 원하는 진짜 은퇴를 구체적으로 생각해보는 것
역시 경제적 자유를 준비할 때 해야 하는 일이다. 은퇴 후의 일
상이 곧 필요한 은퇴 자금을 가늠해보는 바로미터가 되고, 원
하는 미래의 청사진이 되기 때문이다. 은퇴 후의 일상을 지탱
할 '최소한의 현금 흐름'이 곧 경제적 자유의 기준이 되므로,
'구체적인 은퇴의 모습'을 스스로 정의해야 경제적 자유 달성
을 위한 목표 설정도 가능해진다.

진짜 은퇴는 드라마의 한가한 재벌 회장님 모습이나 광고에
나오는 골프 모델의 모습이 아닌, 나 자신이 진정으로 원하는

일상을 살아가는 모습이어야 한다. 그래야 오랫동안 유지 가능한 행복한 삶을 살 수 있기 때문이다. 오롯이 나에게 집중해서 내가 하고 싶은 일들로 시간을 채워야 한다. 이쯤 되면 자연스럽게 한 가지 질문이 떠오를 것이다. '나는 뭘 해야 행복할까?'

사실 행복은 경험과 일상에서 자연스럽게 온다.《파이어족이 온다》를 쓴 스콧 리킨스는 은퇴 준비를 위해 가장 먼저 해야 하는 일은 행복 리스트를 만드는 것이라고 말한다. '무엇이 나를 행복하게 만드는가? 나에게 돈이 충분히 있다면 어떤 핵심적인 경험을 하면서 남은 일생을 채우고 싶은가?' 하는 것이다. 나의 지난 1년을 돌이켜보자. 더 나아가 나의 지난 10년을 돌아보자. 일상적이지만 행복했던 경험은 무엇인가? 내가 가장 소중히 하는 나의 가치관은 무엇인가?

주의해야 할 건 바로 행복 리스트는 버킷 리스트와는 완전히 다른 것이라는 점이다. 버킷 리스트는 내가 하지 않았던 일들 중에서 내가 해보고 싶은 일들을 찾아보는 과정이다. 버킷 리스트는 나의 로망이라든가 현실과는 동떨어진 것을 갈구하는 마음에서 시작하기 때문에 필연적으로 '결핍의 감정'에서 출발한다. 반면에 행복 리스트는 현재 내가 가지고 있는 것들, 나의 과거 경험 중에서 나에게 정말 중요한 것을 추려내는 과정이다. 행복 리스트는 나의 행복했던 경험에서 비롯되기 때문에 기본적으로 '만족의 감정'에서 출발한다.

행복했던 제주도 해변 돌담집의 경험

아내와 나는 여행을 가면 평범한 호텔보다는 그 지역에서만 누릴 수 있는 주거 경험을 좋아한다. 한번은 휴가를 활용해 제주도 남쪽 서귀포 근처 조용한 해변 마을의 작은 주택에 1주일간 머물며 한적한 시간을 보냈다. 맛집은 많지만 번잡한 제주시와는 정반대의 느낌이었고, 예쁜 모래 해변과 구릉이 많은 제주도 서쪽 월정리의 아기자기함과는 또 다른 매력이 있는 지역이었다. 검은 치즈 같은 현무암들이 돌담을 잇고 있는 동네 골목길을 따라가다 보면 투박한 바닷가가 나왔다. 바로 그 근처, 텃밭을 끼고 있고 마당에 고양이들이 자주 지나다니는 조그만 1층집이었다. 밤이면 가로등도 적어 마치 이 집 한 채만 있는 것 같았다.

당시 여행의 콘셉트는 많은 관광지를 돌아다니기보다 그저 '제주도에 살면 어떨까?'의 느낌을 체험해보는 것이었다. 아침에 동네 빵집에서 갓 구운 빵을 사서 샌드위치를 만들어 직접 내린 커피와 함께 먹었다. 오전에는 동네 카페에 앉아 책을 읽다가 집에 들어와 오후에는 각자 회사 일을 하거나 온라인 스터디 등 업무를 보기도 했다. 저녁을 먹고 나서는 이름 없는 해변을 한가로이 산책했다. 나와 아내 모두 매우 행복했다. 물론 살던 곳을 떠나 여행지에서 보낸 일상이니 그만큼의 행복을 제해야 마땅하겠지만, 우리에게 대도시에서의 생활이 필요하지는 않다는 사실에 무척 놀랐다.

우리 부부는 평소에도 외식이나 쇼핑 등을 거의 즐기지 않아서, 집 근처 시장에서 장을 보고 음식을 지어 먹으니 생활비는 서울에서보다 저렴하게 들었다. 바로 문 앞에 펼쳐진 바닷가와 오름 덕에 예전 제주 여행과 비교해도 비용이 덜 들겠다 싶었다. 코로나19 때문에 익숙해진 화상 대화로 한국과 미국에 있는 친구들과 하는 소모임도 문제없이 즐길 수 있었다. 한국은 온라인 쇼핑과 배송 시스템이 워낙 훌륭해서 필요한 물품도 2~3일이면 금방 배송받을 수 있었다. 친구들을 자주 만나거나 음주, 유흥하는 것에도 둘 다 취미가 없어서 불편함을 느끼지 않았다. 제주도에 살면서 친구들을 초대하거나, 가끔 서울에 가서 만나는 정도면 충분하겠다는 생각이 들었다.

'서울에서 나고 자랐다는 이유만으로 서울에서 꼭 살아야 하는가?'에 대한 의문을 품고 있던 우리에게 제주에서 보낸 1주일은 중요한 힌트가 됐다.

지금 당장 행복 리스트를 써보자

하루 정도 조용한 시간을 가지면서 자주 가는 카페나 집에서 가장 좋아하는 공간에 앉아 아무런 방해도 받지 않고 한 시간쯤 집중해 자신의 행복 리스트를 써보자. 나도 조용한 공간에 앉아 나에 대해 오랫동안 생각하며, 나만의 행복 리스트를 만들어보았다. 내가 만든 행복 리스트는 다음 세 가지로 이뤄져 있다.

❶ **내 행복의 기준** 내가 위의 활동들을 행복하게 느낀 이유, 즉 행복의 기준이 되는 나만의 가치관
❷ **나에게 덜 중요한 가치들** 누군가에게는 중요할 수도 있지만, 나에게는 덜 중요하게 느껴지는 것들
❸ **나를 행복하게 하는 열 가지** 구체적으로 최근 1년 동안 행복하다고 느꼈으며, 앞으로도 하고 싶은 것들

가능하면 세 가지 항목 모두 작성해보는 것을 추천한다. 시간적 여유가 부족한 사람은 최소한 '나를 행복하게 하는 열 가지'만이라도 써보는 것이 좋다. 나는 행복 리스트를 작성하면서 나 자신을 객관적으로 바라볼 수 있었으며, 내가 어떤 활동에

서 행복감을 느끼며 나의 남은 삶이 어떤 방향으로 향해야 할지도 알 수 있었다.

행복 리스트는 파이어족이 은퇴한 이후에도 중요한 나침반이 될 것이다. 길을 잃고 헤매고 있을 때, 나 자신이 행복해지려면 어떤 선택을 해야 하는지 명확한 기준이 되어줄 것이다. 내게 중요한 것이 무엇인지 비로소 정해졌을 때, 내게 중요하지 않은 것들도 명확해진다. 또, 행복 리스트를 만들어보면 마침내 알게 된다. 남들이 가지고 있다는 이유 하나만으로, 내게는 필요하지 않은 것들을 그토록 애타게 갈망해왔다는 사실을 말이다. 우리는 어쩌면 우리 인생에 전혀 중요하지 않은 것들을 채우기 위해 그 많은 시간을 직장에서 보내고 있는지도 모른다.

신기하게도 나는 행복 리스트를 쓴 것만으로 마음 깊이 행복해졌다. 일종의 '내 삶의 지침서'를 스스로 찾아낸 기분이었다. 물론 행복 리스트는 한번 작성한다고 끝나는 것이 아니고, 앞으로도 계속 고쳐나가야 한다. 경험이 쌓이고 내 가치관이 달라지면서, 내가 행복을 느끼는 지점도 조금씩 달라질 것이기 때문이다. 나의 행복 리스트가 어떻게 변해가는지를 따라가는 것도 진정한 자신을 찾아가는 의미 있는 여정이 될 것이다.

적정한 목표 생활비를 구했다면, 파이어족의 기초 준비 끝!

행복 리스트의 목적은 인생에서 새롭게 무엇인가를 추가하는 것에 있지 않다. 오히려 '내 인생에서 무엇이 필요 없는가?'를 깨닫는 과정에 그 목적이 있다. 앞서 말했듯이, 행복 리스트를 작성하면 내가 어떻게 내 시간을 사용했을 때 가장 만족감을 느끼는지 알 수 있다. 이 과정을 통해 우리는 내가 가진 물건과

행복 리스트로부터 행복 생활비 계산하기

경험, 나의 사람들 중에 어떤 것들이 정말 소중한지 솎아낼 수 있다.

이제 이 행복 리스트를 기준으로 하루를 재구성해보자. 행복의 순간들로 구성한 하루를 우리가 파이어족이 된 뒤의 일상 중 '최고의 하루'로 삼고, 그에 충분한 생활비를 구하면 적정한 목표 생활비가 된다. 이 목표 생활비는 앞으로 은퇴 자산을 계산할 때도, 필요한 현금 흐름량을 파악할 때도 요긴하게 쓰인다. 행복 리스트에서 목표 생활비를 계산하려면 다음 세 단계를 거쳐야 한다.

행복을 누릴 수 있는 주거 형태 생각하기

먼저 작성한 행복 리스트를 모두 고려해 그 항목들을 어렵지 않게 누릴 수 있는 주거 형태를 상상해보자. 뮤지컬 공연을 한 달에 두세 번은 꼭 봐야 하는 사람이라면 공연장이 가까이 있어야 좋고, 서핑을 즐기는 사람이라면 바다 가까운 지역에 사는 편이 유리하다. 행복 리스트의 활동들 중 어느 하나에 치우치지 않고 대부분을 큰 어려움 없이 할 수 있는 곳이면 좋다. 현재 사는 집일 수도 있고, 다른 지역, 다른 집일 수도 있다. 이왕이면 구체적일수록 좋다. 이를테면 인천 송도 신도시 33평 아파트, 제주 성산읍 해변 2층 주택과 같이 말이다.

은퇴 후의 행복한 일과·활동 생각하기

주거 형태와 행복 리스트가 정해졌다면 이상적이라고 생각하는 하루 일과를 채워보자. 초등학생 여름방학 일과처럼 너무 빡빡하게 짤 필요는 없다. "오전에는 운동을 하고, 오후에는 반려동물과 산책하고, 저녁에는 극장에서 영화를 본다" 정도로 느슨해도 괜찮다. 물론 알찬 하루를 보내는 것을 좋아하는 사람들은 조금 더 빡빡하게 채울 수 있겠지만, 날마다 반복해도 무리 없을 정도로 여유를 둔 일정이 현실적일 것이다.

하루를 어떻게 보낼까에 매달리지 않고 한 달을 기준으로 다양한 활동을 떠올리는 것도 좋은 방법이다. 친구랑 카페에서 수다 떨기, 국내 여행 3박 4일 가기, 영화·공연 보러 가기, 스페인어 강의 듣기, 수영 배우기, 자전거 타고 주변 돌아보기, 평일에 가족과 함께 캠핑하기 등의 중장기 계획이나 이벤트성 계획도 함께 생각해보자. 행복 리스트를 기반으로 하고 싶은 활동을 쭉 적다 보면 시간 가는 줄 모르게 행복한 몰입감을 느끼게 될 것이다.

'행복 생활비' 계산하기

이렇게 구한 행복한 하루의 계획과 활동을 기반으로 우리의 '1년 치 행복 생활비'를 계산해보자. 먼저, 행복 항목들에 필요한 비용과 그 평균 빈도를 생각해봐야 한다. 예를 들어 내가 책 읽는 것을 좋아해 매달 책을 한두 권씩 꼭 구입하는 사람이라면, 도서 구입비를 한 달에 3만 원 책정하고 여기에 12(달)를 곱한 36만 원을 1년 예산에 포함하면 된다. 해외여행처럼 1년에 한 번, 200만 원가량이 필요한 활동이라면 그대로 200만 원을 예산에 넣는다.

생활하면서 반드시 들어가는 식비, 교통비, 통신비, 주거 임대료, 보험료, 예비비 같은 항목들도 잊지 않고 예산에 포함한다. 지난달, 또는 지난해의 가계부를 참고하면 더 쉽다. 이런 방법으로 우리는 생활에 필요한 최소한의 비용뿐만 아니라 우리가 행복을 느끼는 활동들도 보장하는 '행복 생활비'를 계산할 수 있다.

바호와 코나의 은퇴 생활 비용 설계

나도 여름휴가 때 아내와 함께 제주도에서 지냈던 행복한 일상을 토대로 은퇴 생활비를 계산해보기로 했다. 먼저, 웃음이 슬며시 지어질 만큼 만족스러운 은퇴 후의 하루를 상상해봤다.

제주도 햇살을 받으며 느지막이 일어나 커피콩을 갈면서 아침 커피를 준비한다. 간단히 아점을 먹으며 우리는 오늘 오후 집 근처 전시회에 갈 생각에 들떠 있다. 전시를 보고 나서는 서로 감상을 나누며 시장에 들러 저녁거리를 사 온다. 오후 시간에는 나는 다음 주에 있을 온라인 강의안을 짜고, 아내는 영화음악을 들으며 어제 배운 프랑스 자수를 복습한다. 해 질 무렵 텃밭에서 상추와 깻잎을 조금 뜯고 저녁 식사로 삼겹살구이를 준비한다. 저녁을 먹고 아내와 해변을 산책하며 소화를 시키고, 내일 서핑 강습에 대한 걱정과 기대를 나눈다. 집에 온 뒤 간단히 홈트를 마치고, 책을 조금 읽다 침대에 몸을 누인다. 저 멀리 들리는 파도 소리와 함께 오늘 하루가 저문다.

이상적으로 보이지만 내가 행복하다고 여기는 요소들이 모두들어 있는, 이런 하루를 상상하며 필요한 것들을 추리고 예산을 짜봤다. 내 경우 커피를 마시는 것, 이따금 문화생활을 하는 것, 취미를 위한 강습을 받는 것, 운동에 드는 비용 등등을 포함해야 한다. 또, 우리 부부는 주로 집에서 음식을 해 먹지만, 1주일에 두 번 정도 외식을 할 수 있다고 치고 넉넉하게 식비를 잡았다. 기념일에는 조금 더 멋진 외식을 할 수도 있으니 그것도고려했다. 그렇게 짠 내 최소 생활비이자 '행복 생활비' 결과는 다음과 같다.

분류	항목	구분	횟수	단위 금액(원)	총액(원)
의식주	집밥 식사	매월	1	171,729	2,060,750
의식주	외식비(기념일 포함)	매월	1	175,000	2,100,000
의식주	의류 구매	매년	4	250,000	1,000,000
의식주	주거 임대 · 관리비	매월	1	700,000	8,400,000
필수	교통비	매월	1	200,000	2,400,000
필수	통신비	매월	1	120,000	1,440,000
여유	국내 · 해외 여행비	매년	4~5	1,400,000	6,200,000
여유	기타 구매 잡비	매월	1	200,000	2,400,000
건강	문화비	매월	1	200,000	2,400,000
건강	보험 · 연금 · 병원	매월	1	460,000	5,520,000
사회적	가족 모임 · 경조사비	매년	4	1,150,000	4,600,000
	예비비	매년	1	1,000,000	1,000,000
총합		매년			39,520,750

바호 부부의 은퇴 생활비 계산표

　2인 가구 기준으로 1년 최소 생활비가 매달 약 329만 원이 나왔다. 주거 비용이 낮지만 주변 환경이 만족스러운 제주도 외곽에서 거주하는 것을 가정한 결과다. 행복 유지 비용을 계산해본 뒤, 생각보다 돈이 많이 안 들어서 깜짝 놀랐다. 우리 부부가 둘 다 서울에 있는 직장에 다니고 있기에 매번 서울에서의 생활비를 기준으로 삼았고, 그 금액에 익숙해져 있었다. 그러다 다른 불필요한 군살은 제거하고, 우리의 행복에 필요한 모든 소비를 포함해 다시 최소 생계비를 계산해보니 생각보다 막대한 금액이 필요하지 않았다. 돈을 벌기 위한 사회생활을 안 하고 남들 시선을 신경 쓰는 데 드는 비용은 빼고 나니, 우리에게 그렇게까지 많은 비용이 필요하지 않은 것이었다. 이 표는 제주도에서의 연세, 또는 월세를 기준으로 한 것이므로, 전세 대출을 받아 전세살이를 할 수 있다면 주거 비용을 더 줄일 수도 있다.

우리가 경제적 자유를 원한다고 해서, 산속에서 살아가는 삶을 조명한 〈나는 자연인이다〉처럼 지나치게 소비를 줄이는 극단적인 삶을 살고 싶진 않다. 한국에 사는 평범한 30대처럼 1년에 한두 번 여행을 가고, 인간관계를 원만하게 유지하고 싶기에 명절과 경조사 모임도 꼬박꼬박 챙기려 한다. 게다가 건강하게 살아가는 데 필수인 보험비, 연금비, 병원비를 비롯해 문화비, 통신비 같은 것들까지 포함하면 당연히 충분한 돈이 있어야 한다. 추가적인 노동 없이도 온전히 '나'의 시간을 행복하게 보내려면 우리에게는 저 정도의 행복 유지비가 필요하다.

행복 리스트를 기준으로 목표 생활비까지 구했다면 이제야 드디어 파이어족의 기초 준비가 모두 끝났다. 파이어족에 들어선 것을 축하한다! 나도 이 과정을 마치고 나니 진짜 파이어족으로서 한 발 내디딘 기분이 들었다. 오늘 당장 행복 리스트부터 써보자. 그러면 내가 앞으로 가야 할 길이 어디인지, 어떤 모습의 파이어족을 어떻게 준비해야 하는지 조금씩 보이기 시작할 것이다.

파이어족에 대한 오해와 진실

최근 파이어족이나 파이어 운동만큼 언론의 뜨거운 관심을 받는 새로운 개념은 없는 것 같다. 그러나 그만큼 파이어족에 대한 섣부른 억측과 오해도 많다. 파이어 운동을 관심 있게 지켜봐온 나와 파이어족을 준비하는 사람들조차 혼동하는 개념들도 있다. 그중에서 대표적인 오해와 진실을 꼽아봤다.

오해 1

파이어족이 되면 뭐든지 살 수 있나요?

파이어족의 기초인 경제적 자유에 대해 이야기해보자. 결론부터 말하자면 경제적 자유는 '뭐든지 살 수 있는 자유'를 뜻하는 것이 아니며, 우리가 너무나 당연하게 받아들여온 주 5일 근무제에서 벗어나는 자유, 하고 싶지 않은 노동에서 벗어나는 자유를 말한다. 우리에게 주어진 가장 소중한 자원은 '시간'이다. 그런데 그 시간을 마음대로 쓰는 것이 쉽지 않다. 우리는 우리가 원하지 않은 일을 하며, 반갑지 않은 사람들과 직장에서 오랜 시간을 보내고 있다. 대부분의 사람들에게 당연한 이 명제를 뒤엎을 힘이 바로 '경제적 자유'다.

우리의 일상을 생각해보자. 우리는 매일 아침 포근한 침대의 유혹을 떨치기 힘들지만, 그 달콤함을 제대로 느낄 새도 없이 스스로를 다그치곤 한다. 졸린 몸을 일으켜 어찌어찌 사람들로 가득 찬 지하철이나 버스에 몸을 구겨 넣고 근무지로 향한다. 종일 마스크를 끼고 일하느라 귀도 아프고 숨도 쉬기 어렵지만, 코로나19 확산에도 재택근무를 허용하지 않는 회사에 어쩔 도리가 없다. 아침 일찍 출근해서 저녁 늦게 퇴근해 집에 오면 몸도 마음도 지쳐 TV 리모컨만 만지작거리게 되고, 아이가 있다면 저녁 먹이고 씻기고 재우니 저녁 시간은 끝이다. 재택근무를 한다고 해도 집에서 아이들과 부대끼다 보면 업무에 집중하기도, 아이를 제대로 챙기기도 어렵다.

진짜 부자는 누구일까?

질문을 하나 해보겠다. 여기 A와 B라는 사람이 있다.

A는 연봉 8,000만 원을 받는 대기업 직장인입니다. 부동산에
도 관심이 많아 몇 년 전에 대출을 최대한 당겨 강남 3구에 집
도 구입했습니다. 주변 이웃들의 수준에 맞춰 가구도 비싼 것
으로 맞추고, 외식도 자주 하다 보니 월급으로는 카드값과 대
출 이자 내기도 빠듯합니다. 최근 집 가격이 많이 올라서 기분
은 좋지만, 지금 사는 집보다 더 신축으로 이사 가고 싶어 하

둘 중 진짜 부자는 누구일까?

는 아내의 꿈을 이뤄주기엔 주변 집값도 이미 너무 올라버렸습니다. 회사에서 A는 실적을 내야 한다는 상사의 압박에 매번 격무와 야근에 시달립니다. 대출 이자 때문에라도 회사에서 잘리면 안 된다는 마음에 가끔 몸이 여기저기 쑤시지만 제대로 병원 정밀 검사를 받을 여유조차 없습니다.

B는 지난해에 조기 은퇴를 선언하고, 강원도 해변의 작은 도시로 이사 왔습니다. 강남 아파트를 사기에는 턱없이 부족한 재산이지만, 꾸준히 노력해서 미국과 한국 주식 자산에 골고루 장기 투자했습니다. 현재 가족의 매달 생활비를 낼 정도로 충분한 배당 이자를 받고 있어서 과소비를 하긴 어렵더라도 생활에 부족함은 없습니다. 아내는 하고 싶었던 프로 요가 자격증을 준비하고 있고, B씨는 평소 해보고 싶었던 서핑을 배우고 있습니다. 지난해에는 제주도에 살아보고 싶어서 강원도 집을 장기 임대로 빌려주고, 제주도에서 연세를 내고 1년간 지내다 왔습니다. 지금은 제주도에 머물렀던 생활을 책으로 쓰고 있고, 내년에 아내와 함께 태국 치앙마이에서 1년간 살다 올 계획을 세우고 있습니다.

A를 부러워하는 사람도 많을 것이다. 하지만 실제로 A는 삶에서 마음의 여유를 찾기가 힘들고, 무엇보다 자신만의 시간을

온전히 가질 수가 없는 상황이다. A에게 그나마 삶에 위안이 되는 것은 1년에 한두 번 있는 동창회에서의 시간뿐일지도 모르겠다. 그 모임에는 A의 강남 3구 아파트를 부러워하는 사람들이 널렸으며, 어떻게 그 아파트를 샀는지 조그마한 팁이라도 알려주면 얼른 귀 기울이는 사람이 많으니 말이다.

하지만 사실상 A는 퇴직하기까지 버티고 버티는 삶을 살아야 한다. 계속되는 생활비의 압박에서 벗어나지 못하거나 대출 이자를 제대로 내지 못하면 자신의 가장 큰 자산인 강남 3구의 삶을 버텨낼 수 없으니 말이다. A에게 여유 시간이란 회사에서 주는 짧은 휴가 때 겨우 시간을 내서 조금 쉬는 것이 전부다. 아내가 제주도에서 한 달 살다 오고 싶다고 하면 "꿈같은 소리 한다"라고 핀잔할 수밖에 없다.

반면 B는 어떤가? 자신이 평소 하고 싶었던 모든 일들을 자유롭게 할 수 있다. 읽고 싶었던 책도 마음껏 읽을 수 있고, 평소에 관심 있었던 여러 도시를 넘나드는 삶을 즐긴다. 어떤 친구는 부럽다고도 하고, 어떤 친구는 그렇게 놀기만 하는 것에 대해 그 나이에 백수가 뭐냐고 한마디 한다. 하지만 B는 다른 사람의 의견에 그다지 개의치 않을 것이다. 자신이 평소에 해보고 싶었던 다양한 활동을 하면서 지내는 하루하루에 대단히 만족하고 있기 때문이다.

'경제적 자유'를 혼동하는 사람을 경계하라

경제적 자유와 파이어족의 철학은 기성세대보다는 MZ세대와 더 가깝다. 과거에 40~60대들은 직장에서 성공하고, 과거에 얼마나 잘나갔던 사람인지, 아들 결혼식에 몇 명이 참석하고 화환은 몇 개나 왔는지를 자신의 성공을 가늠하는 척도로 삼았다. 하지만 이제 Y세대와 Z세대로 대표되는 MZ세대[밀레니얼(Millennial)~Z세대]에게는 그런 세속적인 성공은 큰 의미가 없다. 하루하루 자신이 자유로운 삶을 살면서 자신만의 관심에 맞추어진 개인화된 성취를 얻고 싶어 한다. 이전 세대가 사회의 줄세우기에서 어떻게든 앞쪽에 서기 위해 발버둥을 쳤다면, MZ세대는 남과 다른 자신만의 세계에서의 성취를 중요시한다. 오히려 그들은 남들과는 다르게 작은 결혼식을 하고, 전 세계에서 어느 도시가 나와 가장 궁합이 맞는지 탐험하며, 브랜드는 없어도 몸에 딱 맞는 맞춤옷을 입고 일상을 보내길 원한다.

사실 경제적 자유를 꿈꾸는 파이어족의 삶의 자유는 그런 수평적인 자유를 꿈꾸는 것에 가깝다. 누가 재산을 더 모으고, 더 비싼 아파트에 사는가는 파이어족의 가치관에 부합하지 않는다. 누군가 화려한 스포츠카를 타고, 호텔 고급 레스토랑에서 식사하는 것을 경제적 자유라고 한다면, 그 사람을 경계하자.

그 사람은 경제적 자유를 말하는 게 아니라, '경제적 자유'라는 단어를 오용해서 자신의 속물적인 세상을 뽐내고 싶은 우물 안 개구리일 가능성이 크니!

경제적 자유는 내가 원하는 것이면 뭐든지 살 수 있게 해주는 도깨비방망이나 영화 〈알라딘〉 속 램프의 요정 지니 같은 마법이 아니다. 그런 무절제한 소비의 욕망은 채울 수도 없고, 채우려고 할수록 깨진 항아리처럼 금방 공허해진다. 로또 1등에 당첨되고도 몇 년 만에 파산을 맞이한 사례만 봐도 알 수 있듯이, 무절제한 욕망의 끝은 브레이크가 고장 난 스포츠카와 같다.

《진짜 부자 가짜 부자》의 저자 사경인은 진정한 부자는 자신의 시간을 자신의 마음대로 쓸 수 있는 사람이라고 말한다. 내가 주인이 아닌 직장에서 일하는 것은 결국 나의 꿈이 아닌 '타인의 꿈'을 이뤄주는 데 내 최선을 다하는 것이다. 경제적 자유를 가진 자만이 사무실에서 원하지 않는 사람들과 부대끼는 대신, 시간의 자유를 마음껏 누리고 정말 내가 하고 싶은 경험들로 나의 삶을 채울 수 있다. 그것이 바로 경제적 자유가 가져다주는 본질적인 자유인 것이다.

대한민국 파이어족 시나리오

파이어족? 건물주나 금수저만 하는 거 아니야?

━━━

결론부터 말하자면 경제적 자유는 누구라도 달성할 수 있다. 앞서 언급했듯이, 경제적 자유는 노동에서의 자유를 의미한다. 따라서 은퇴 자금에서 발생하는 소득이나 기타 소득을 통해서 자신이 필요한 최소 생활 금액을 벌 수 있다면 충분하다. 평균 수준의 노동 소득을 얻는 사람도 두 가지만 지킨다면 10년 내외로 충분히 경제적 자유를 달성할 수 있다. 첫째는 저축률 끌어올리기, 둘째는 안정적인 소극적 수익(Passive Income) 구축하기다.

바보야, 문제는 저축률이야!

자신의 저축률이 얼마인지 계산해본 적이 있는가? 자신이 얼마를 버는지 정확히 알고 있는 사람은 생각보다 드물고, 또 얼마나 저축을 하고 있는지 정확히 알고 있는 사람도 드물다. 여기서 말하는 저축률은 간단히 자신이 실제 버는 금액 중에서 은퇴를 위해 저축하는 금액의 비율을 의미한다.

> 저축률=저축 금액/총소득

은퇴 자금으로 저축하는 금액을 꼭 적금·예금 계좌에 묶어둘 필요는 없다. 청약저축통장에 넣거나 주식·부동산 자산에 투자하는 금액 모두 포함한다. 중요한 것은 이 자금은 은퇴를 위해 사용되는 돈이라는 점이다. 1~2년 모은 다음에 '적당히 모였으니 여행 비용으로 써야지'라고 생각하는 식으로 사용해서는 안 되는 금액이다. 이 저축률을 얼마나 유지하느냐에 따라서 우리의 은퇴 시기가 달라진다. 결론을 말하자면 저축률을 70%로 크게 끌어올리면 8년이면 경제적 자유를 달성할 수 있다. 저축률을 40% 선으로 유지하면 18년이 걸린다. 참고로 미국의 평균 저축률은 10% 미만에 그친다고 한다. 자세한 수치는 다음 표와 같다.

저축률	경제적 자유 달성 시기
80%	6년
70%	8년
60%	11년
50%	15년
40%	18년
30%	23년
20%	30년
10%	41년
5%	51년

* 평균 연봉 상승률 4%, 자산 수익률 5%(인플레이션 반영), 비용은 자산의 4% 사용으로 가정함
저축률별 은퇴 시기

대한민국 파이어족 시나리오

통용되는 경제적 자유의 기본 공식 '4%룰'을 기준으로 은퇴 자금을 계산했다. 이 경우 보통의 은퇴와 다른 점은 저축을 제외한 돈을 생활비로 사용하는데, 이 생활 비용을 은퇴 이후에도 계속 유지한다고 가정한다는 것이다. 보통 '수동적으로' 은퇴를 맞게 되는 사람들과는 다른 케이스라는 것을 알 수가 있다. 현재의 생활 수준을 유지하면서 은퇴를 준비하는 방법이기에, 은퇴 이후에도 생활 수준을 대폭 낮추지 않아도 된다.

표에 나타난 것처럼 저축률을 극단적으로 80%까지 끌어올릴 수 있다면, 6년이면 은퇴가 가능하다는 계산이 나온다. 하지만 저축률 80%란 일반적인 사람들에게는 사실상 불가능하기도 하니 추천하지는 않는다. 일시적으로 80%를 유지하더라도, 소비를 지나치게 옥죄는 것은 반작용으로 오히려 미래에 과소비를 불러올 가능성이 크다. 지나치게 먹는 것을 줄인 다이어트가 요요 현상으로 실패하는 것과 같은 원리다. 이 저축률을 최소한으로 10% 정도로 준비한다면? 41년이 나온다. 우리가 보통 20대에 일을 시작해 60대에 그만두니 얼추 계산이 맞는다.

저축률을 끌어올리는 방법 중 하나는 현재의 노동 소득을 최대한 늘리는 것이다. 이직이나 부업을 통해 자신이 벌어들이는 돈의 절대적인 규모를 늘린다는 뜻이다. 어느 정도 할 수 있는 만큼 노동 소득을 끌어올렸다면 그다음 단계는 소비를 줄이는 것이다. 소비를 줄이는 것은 효과가 엄청나다. 실제로 월 63만 원을 절약하는 효과는 연봉을 1,000만 원 올리는 효과[7,8]와 동일하다. 예를 들어 자동차 한 대를 유지하는 데 드는 비용은 월평균 78만 원이다.[9] 차 대신 대중교통을 월 15만 원 이내로만 쓰면 실제로 연봉 1,000만 원이 오르는 효과가 있다는 이야기다.

머니 파이프라인 만들기

저축률을 끌어올렸다면 그다음은 앞서 설명한 소극적 수익을 얻기 위해, 일명 머니 파이프라인을 구축해야 한다. 여기서 머니 파이프라인이란 지속적으로 나에게 현금을 가져다주는 수단을 이야기한다. 매달이 아니더라도 매 분기 또는 매년 통장에 돈을 꽂아주는 장치라는 것이 중요하다. 대표적인 예로는 부동산 월세, 주식 배당금, 출판 서적 인세 등을 꼽을 수 있다.

머니 파이프라인이라는 단어를 강조하는 이유는 단순히 자산이 늘어나는 것과는 조금 다른 개념이기 때문이다. 증식하기만 하는 자산은 그 자체로 훌륭하긴 하지만 경제적 자유를 위한 은퇴 자금의 역할로는 부족한 면이 있다. 일정한 현금으로 사용이 불가능한 경우가 많기 때문이다. 예를 들어 흔히 알려져 있는 아파트 투자의 경우에는 집값이 오르면 가치가 오른 점은 긍정적이지만, 그 자체로 내게 당장 현금이 생기는 것은 아니기 때문에 당장 써야 하는 은퇴 비용을 감당할 수 없다. 주식도 마찬가지다. 배당금을 받는 경우는 머니 파이프라인에 해당이 되지만, 주식의 가격이 오른다고 직접적으로 내 통장에 돈을 꽂아주지는 않는다.

투자 상품에서 '원금을 보장한다'는 이야기는 그만큼 자산의 상승률이 제한적이라는 말이다. 적금에 자산을 넣어두면 5,000만 원까지 원금을 보장받지만 그로 인해 연 2%도 안 되는 수익을 얻게 된다. 차라리 그 은행의 주식을 사는 것이 나을 것이다. 2020년 9월 20일 기준으로 신한은행(055550: 신한지주)은 배당 수익률이 6.53%이고, KB은행(105560: KB금융)의 경우는 5.85%의 배당을 준다. 우리나라가 망하지 않는 이상 1, 2위 시중은행도 망할 가능성은 거의 없으니, 5~10년의 장기간 꾸준히 배당만 받아도 훌륭한 투자가 될 수 있다. 실제로 신한지주는 2015년 주당 1,200원에서 2019년 1,850원까지 꾸준히 배당이 증가했다. 좋은 기업은 오랜 기간 주식을 소유한 주주에게 꼭 보답한다.

그 밖에도 자신만이 가진 재능이 있다면 적극 활용하는 것도 방법이다. 부동산에 관심이 많고 좋은 투자처를 발굴하는 재능이 있다면 알짜 부동산에 투자하는 것도 좋다. 조금 더 안정적인 자산 배분에 관심이 많다면 채권, 안전 자산으로 여겨지는 달러, 엔, 금 등의 자산을 혼합해서 가지고 있는 것도 좋은 전략이다.

누구나 경제적 자유를 달성할 수 있다
—

건물주나 금수저만이 내일이라도 당장 일을 그만두고 자신만의 꿈을 좇을 수 있는 것은 아니다. 경제적 자유의 개념과 원리를 이해하고, 자신의 구체적인 경제적 상황을 바탕으로 계획을 짜고 실천한다면 누구나 그렇게 할 수 있다. 소득을 조금 더 높이기 위해 노력하고, 검소하게 살아가는 방식을 터득하고, 긴 시간 꾸준히 현금을 가져다주는 자산에 투자해야 한다. 쉽지는 않겠지만, 그렇다고 달성할 수 없는 이야기도 아니다. 지금도 많은 경제적 자유에 대한 인플루언서들이 여러 방법으로 노력하고 있는 것을 찾아볼 수 있다. 이 중 건물주나 금수저는 단 한 명도 없다.

최대한 저축률을 끌어올려 10년 정도 내로 경제적 자유를 달성할 수도 있다. 60~70%의 저축률이 버겁다면 조금 천천히 노력해서 20년 내외로도 충분하다. 자신이 일이 즐겁다면? 여유롭게 30~40년을 잡고, 연금과 함께 소극적 소득을 계획해 더 여유로운 은퇴를 준비해도 좋다. 조금 힘이 들더라도 빠르게 은퇴를 하는 방향을 선택할 수도 있다. 그것이 더 길게 인생을 내다보는 파이어족의 선택이다.

오해 3

파이어족은 돈이 엄청 많아야 하죠? 한 20억쯤?

———

경제적 자유와 조기 은퇴에 필요한 금액은 원하는 삶의 형태에 따라서 적게는 5억 원, 많게는 20억 원 이상이다. 내가 경제적 자유를 위해 필요한 금액을 주변에 물었을 때, 사람마다 이를 계산하려고 떠올린 기준들이 천차만별이었다. '내 가족의 생활비'라는 지극히 사적인 영역에서 대답을 시작해야 하기 때문이다. 여러 기준 중 다음 세 가지 기준을 먼저 고려해야 한다.

❶ 기준 가족은 몇 명인가?

예시) 1인 가족 / 4인 가족

❷ 거주 지역은 어디인가?

예시) 대도시 핵심지역 / 도시 외곽 / 한적한 지방 / 외국

❸ 원하는 소비 수준은 얼마만큼인가?

예시) 검소한 생활 / 여유로운 소비

이 정도는 생각해봐야 제대로 된 금액을 이야기할 수 있다. 이 글에서 수십여 가지 다양한 삶의 형태를 하나하나 다루는 것은 의미가 없을 것이다. 다만 문제를 조금 더 단순화해, 딱 한 명분에 해당하는 최소한의 경제적 자유는 얼마면 될까?

경제적 자유의 기초로 돌아가서 생각해보자. 우리에게 필요한 것은 노동의 자유다. 즉, '최소한의 노동의 대가' 정도가 경제적 자유를 꿈꾸는 사람들이 납득할 만한 최소한의 '생활비'가 될 것이다. 따라서 최저임금을 기준으로 생각해보자. 2020년 최저시급 8,590원을 기준으로 실수령액은 월 1,617,770원이다. 이를 기준으로 일반적으로 쓰이는 경제적 자유의 기본 공식 '4%룰'에 따라 은퇴 자금을 계산해보자.

> 161만 7,770원×12달/4%=4억 8,533만 원
> 〈최저임금을 버는 1인의 은퇴 자산〉

최저임금의 수익을 내는 사람이 내일 당장 은퇴하고 경제적 자유를 얻기 위해 필요한 자금은 4억 8,533만 원이다. 비상금 1,200만 원 정도를 예비로 들고 있다고 가정할 때 5억 원이 1인 가구의 '경제적 자유 예산'의 최소 기준이 될 것이다. 이 금액만 있으면 최저임금만큼의 금액을 평생 노동 없이, 원금 손

실 없이 사용할 수 있다.

하지만 위에서 계산한 금액은 소비가 더 필요한 사람에게는 부족할 수도 있고, 충분히 검소한 생활을 하는 사람에게는 넘치는 금액일 수도 있다. 그렇다면 실제로 내게 필요한 '경제적 자유 예산'을 정확히 계산하려면 자신이 처한 상황과 은퇴 후 라이프 스타일을 먼저 파악할 필요가 있다. 어떻게 하면 나의 경제적 자유 예산을 위한 생활비를 조금 더 현실적으로 알아볼 수 있을까?

SNS 과시용 여행 말고 '경제적 자유 여행'을 떠나보자

자신이 은퇴 후 어떤 삶을 꿈꾸는지 정확히 알고 싶다면 '경제적 자유 여행'을 떠나보기를 추천한다. 내가 경제적 자유를 누리게 된다면 어떻게 살고 싶은지, 평소에 미뤄두었던 내가 원하는 일상을 체험하는 것이다. 나는 이번 휴가 때 제주도 서귀포 근처 조용한 해변 마을에서 머물며 한적한 시간도 보냈고, 온라인으로 한국과 미국에 있는 친구들과 소모임도 문제없이 즐겼다. 나와 아내 모두 매우 행복했으며, '비싼 비용을 들여 서울이라는 대도시에 거주하는 것이 우리에게 꼭 필요한 일일까?' 하는 생각을 하게 됐다.

지금 사는 것이 버겁다면 행복을 너무 비싸게 사고 있는지도 모른다. 행복이 좀 더 착한 가격인 곳을 찾아 떠나보자. 그곳에서 좀 더 행복한 나를 찾아보자. 그리고 그 삶을 기준으로 경제적 자유를 계산해보자. 꼭 한국일 필요도 없다. 많은 사람들이 은퇴하거나 자유로운 노마드로서 살고 싶은 도시로 태국 치앙마이, 인도네시아 발리, 베트남 호찌민을 꼽기도 한다.[10] 생각해보면 우리는 '스트레스'를 풀기 위해 쇼핑을 하고, '탕진잼'을 하며 낭비적 소비를 하는 경우가 종종 있다. 그런 삶의 기름기를 쫙 빼고, 진짜 행복을 유지하는 데 딱 필요한 만큼의 비용을 계산한다면 자신이 원하는 은퇴 후의 삶과 좀 더 가까워질 것이다.

나는 앞서 주거 비용이 적게 들면서 주변 환경이 만족스러운 제주도 외곽에서의 거주를 가정해 연간 생활비를 계산했었다. 그 결과 2인 가구에 연 3,950만 원이 필요했다. 이를 토대로 우리 부부의 경제적 자유 4%룰을 대입해 필요한 은퇴 생활비를 계산해보면 약 9억 8,800만 원이 된다. 적지 않은 금액이다. 하지만 정말 이 금액을 모두 다 모아야만 조기 은퇴를 할 수 있는 걸까?

소극적 소득의 놀라운 효과

만약 추가로 별다른 노동 없이 연간 자동으로 발생하는 소극적 소득(Passive Income)이 있다면? 위의 계산식의 생활비에서 그만큼을 빼면 된다. 참고로 나의 경우 현재 발생하고 있는 소극적 소득은 매년 1,500만 원 정도다. 약 950만 원은 주식 배당금에서, 500만 원은 전자책 판매 수익금에서 나온다. 나머지 50만 원은? 나와 아내가 취업 때 준비했던 자기소개서를 해피캠퍼스에 올려서 매달 쏠쏠한 수익을 내고 있다.

잘 구축된 소극적 소득은 대단한 효과를 발휘한다. 필요한 은퇴 자금을 크게 줄여주니 말이다. 내가 구축한 연간 발생하는 1,500만 원은 앞서 설명한 '4%룰'을 적용한 만큼 목표 자금에서 차감할 수 있다. 3억 7,500만 원이나 목표 은퇴 자금을 덜 모아도 된다는 뜻이다! 소극적 소득을 연간 2,000만 원 만들면 5억이나 은퇴 목표 자금이 줄어드는 효과가 있다. 그러면 필요한 자금이 최초 약 10억 원에서 4억 8,800만 원으로 줄어든다! 막연해 보였던 목표 금액이 10억 원에서 할 수 있는 만큼으로 줄어들었다. 내 은퇴 생활비에 근거해 계산한 '은퇴 자금'이더라도, 소극적 소득을 어떻게 구축하느냐에 따라 이 은퇴 자금이 비약적으로 줄어들 수 있으므로 매우 중요하다.

파이어족이 많아지면 우리나라 경제 망하지 않나요?

파이어족에 대한 기사가 나오면 종종 앞으로의 경제를 걱정하는 사설이 1+1처럼 따라붙거나, "나라 경제 붕괴시키는 게으른 젊은이들"을 꾸짖는 포털 댓글들이 줄줄이 달린다. 경제적 자유를 이루기 위해 사람들이 소비를 줄이고 노동을 하지 않으면, 결국 나라 경제의 활력이 줄어들 것이라는 이유다. 얼핏 들으면 그들의 주장이 그럴싸하지만, 사실 경제 메커니즘의 핵심을 생각해보면 이는 잘못된 생각이라는 것을 알 수 있다.

파이어족이 많아지면 오히려 경제는 더 좋아진다

나라 경제의 성장이란 보통 그 나라 GDP 규모의 성장을 뜻하며, GDP는 그 나라의 부가가치 총합이다. 다양한 부가가치의 총합이 그 나라 경제의 크기를 좌우하는 것이다. 파이어족은 소비보다 투자를 중요시하는 사람들이며, 투자가 만들어내는 부가가치는 소비 못지않게 GDP를 늘린다는 것은 널리 알려진 사실이다. 신문에서 하루가 멀다고 나오는 "기업과 정부가 투자를 많이 해야 경제가 좋아진다"라는 말과 일맥상통하는 것이

며, 그 기업에 투자하는 개인들이 바로 파이어족이다.

한 나라의 경제 수준이 높다는 말은 단순히 그 나라에 일하는 사람이 많다는 뜻일까? 정말 그랬다면 인도가 미국과 유럽 선진국들을 제치고 명실상부 세계 최고의 경제 선진국이었어야 한다. 인도가 미국, 일본, 한국보다 경제 강국이냐고 묻는다면 모두가 고개를 갸우뚱할 것이다. 경제를 발전시키는 중요한 요소들은 경제 성장을 장려하는 정부, 훌륭한 산업 인프라, 탄탄한 소비시장 등 다양하지만, 딱 하나를 꼽자면 단연코 혁신적인 기업일 것이다. 미국 경제를 말할 때 빼놓을 수 없는 것이 바로 테슬라·애플·구글과 같은 혁신적인 기업과 그들이 만들어내는 부가가치의 영향력이다. 훌륭한 기업들의 성장 배경에는 바로 혁신적인 사업가들이 있다. 즉, 멋진 사업가가 많은 나라가 경제 강국이다.

파이어족에 해당하는 사람들은 모두 사업가이자 투자자다. 그들은 조기 은퇴를 위한 자산을 이루고자 어린 나이부터 지속해서 투자를 병행해온 사람들이며, 젊은 나이에 제2의 인생을 새롭게 살아가기에 혁신적인 일에 거침없이 자신의 인생을 베팅할 수 있는 사람들이다. 한국 파이어족의 조기 은퇴 이후 하고 싶은 일 1순위는 사업·창업으로 전체의 33.1%[11]를 차지했으며, 실제로 내가 이야기해본 파이어족 사람들 역시 은퇴 후

컨설팅·벤처 투자·콘텐츠 창업 등 도전적인 계획을 세우고 있었다. 파이어족의 도전적인 삶의 방향은 한국 경제의 활력을 더 크게 불어넣을 것이다.

부가가치의 측면에서도 파이어족은 더 큰 가치를 가져온다. 파이어족은 한 직업만을 가진 채 30~40년을 살아가기보다, 더 다양한 경험과 창조적인 활동을 하는 데 높은 가치를 둔다. 이는 자신의 시간이 돈 몇 푼보다 훨씬 소중하다는 사실을 알기 때문이며, 그것이 바로 파이어 운동의 핵심 가치다. 파이어족은 제한 없이 꿈을 꾼다. 그렇기에 더 창의적이며 다양한 삶의 가치를 만들어내는 데 우선 가치를 둔다.

한 가지 예로 젊은 나이에 경제적 자유를 이루고 파이어족이 된 유튜버 '투자왕 김단테'는 일반인에게 안전한 자산 배분 투자 방법을 유튜브를 통해 소개하고 관련 스타트업도 창업했다. 마찬가지로 30대에 은퇴를 선언한 제현주 님은 출판협동조합[12]을 설립하고, 이후 사회문제 해결을 목적으로 하는 기업에 투자하는 벤처 캐피털 '옐로우독'을 운영하고 있다. 둘 다 파이어족이면서 훌륭한 창조적인 일을 통해 더 큰 사회적 가치를 창출하고 있다.

김연아, 서장훈이 파이어족이라는 걸 알고 있나요?

———

우리는 파이어족에 대해 대단히 오해하고 있다. 누군가가 "조기 은퇴한다"고 알려지면, 사람들은 발 벗고 나서서 그의 은퇴 후 미래를 대신 걱정해주곤 한다. "맨날 놀면 금방 지겨워져서 은퇴를 후회할 거다", "남들 다 열심히 사회생활 하는데, 아무것도 안 하다니 혼자 외로움에 잠겨 슬퍼하면서 늙어갈 것이다" 등 걱정할 거리도 많다. 사람들은 자신이 안 해본 것을 두려워하고, 그 두려움을 공격적인 비판으로 분출하기도 한다. 그리고 '두렵고 겁나는 은퇴'를 상상하고, 이를 토대로 파이어족의 미래를 멋대로 재단한다. 그러나 젊은 나이에 하는 파이어족의 은퇴는 사람들이 생각하는 늦은 나이에 마지못해서 하는 은퇴와는 전혀 결이 다른 이야기다.

경제적 자유를 통한 조기 은퇴, 파이어족의 개념이 최근에야 언론을 통해 많이 알려졌지만 사실 전 국민이 다 아는 파이어족이 있다. 바로 김연아와 서장훈. 이들은 젊은 나이에 큰 성취를 이룬 뒤에 곧바로 은퇴를 선언했다. 김연아는 무려 30대가 되기 전에, 서장훈은 30대 끝자락에 은퇴했다. 이후 김연아는 자선 아이스쇼, 올림픽 홍보 대사와 같은 활동을 통해 평화의 스포츠 홍보 대사로서, 서장훈은 여러 예능 프로그램의 스타 방송인으로서 각자 제2의 인생을 살아가고 있다.

파이어족의 은퇴는 김연아, 서장훈과 같은 운동선수들의 은퇴와 유사하다. 새로운 인생을 위해 젊은 나이에 은퇴를 선언하고, 자신이 원하는 새로운 인생에 도전하는 삶에 가깝다. 젊은 나이에는 열정이 넘치고 에너지가 충분하다. 김연아는 은퇴이후 자신의 선수 경력을 토대로 대학원에서 체육학을 심층적으로 연구했고, 서장훈은 잘 알려져 있지는 않지만 아동·청소년 상담학 대학원 석사 학위를 가지고 있다. 서장훈은 상담형예능 프로그램인 〈무엇이든 물어보살〉에 출연해 훌륭한 상담능력과 예능인으로서의 존재감을 드러내고 있고, 각종 예능상을 받으며 화려한 제2의 인생을 살고 있다. 젊은 시절의 은퇴는 이렇게 다양한 가능성을 가지고 있다.

파이어족의 은퇴는 빠른 나이에 하는 명예퇴직이 아니라, 자발적으로 하는 운동선수의 은퇴에 가깝다. 은퇴 이후의 삶을 채워나갈 새로운 도전과 경험의 가능성이 무궁무진하다.

꼭 은퇴를 해야만 파이어족이 아니다
———

앞서 언급했듯이 큰 의미의 파이어족은 '파이어 운동의 라이프 스타일을 살아가는 사람들'이다. 경제적 자유를 얻은 파이어족에게 직장은 선택의 영역이다. 경제적 자유를 얻었다면 굳이 더 많은 돈을 벌기 위해 일을 지속할 필요성이 없어진다. 현재 다니는 직장에 자신이 원하는 삶의 기쁨이 없어서 계속 다닐 필요를 느끼지 못하니 조기 은퇴를 선언하는 것이다. 회사는 돈을 벌기 위해서만 다니는 것은 아니다. 회사 사장의 아들, 대기업 회장의 딸 같은 사람들은 생활비를 벌기 위해서가 아니라 그들이 인생에서 성취하고 싶은 무엇인가를 위해 회사에 다닌다. 파이어족도 마찬가지로 생계가 아닌 인생의 성취를 위해 회사에 다닌다.

파이어족이 계속 회사에 다니는 방법도 여럿 있다. 소일거리로 파트타임 일을 할 수도 있고(=바리스타 파이어), 은퇴 이후의 삶을 천천히 준비하며 직장인으로서의 현재의 삶을 잠시 지속할 수도 있다(=잠정적 파이어). 파이어족은 각자 자신에게 맞는 방식으로 일에서 오는 스트레스는 최소한으로 줄이면서 회사에서 얻는 다양한 삶의 기쁨을 누린다.

사실 일은 임금을 제외하고도 다양한 개인적 의미(Personal Function)[13]를 가져다준다. 기본적으로 직업을 가졌다는 것은 취업에 성공했다는 의미로, 그 자체로 일반적인 사회적 구성원으로서의 안정감을 준다. 그 밖에도 일은 꿈을 이루어주는 무대, 배움의 장소, 상사로서의 권력, 사회적 활동 공간 등을 제공한다. 단순히 "돈이 많으면 회사를 안 다닐 것이다"라고 말하는 사람이 있다면, 그들은 자신이 임금의 노예라고 고백하는 것과 다름없다. 월급의 달콤함, 단순히 그것만이 회사에 다니는 단 하나의 이유라면 그 사람은 조금 불행한 삶을 사는지도 모른다.

경제적 자유를 달성한 파이어족은 새로운 삶, 제2의 청춘기를 시작한다. 새로운 일을 찾는 파이어족의 목적도 이와 비슷하다. 일에서 느낄 수 있는 성취감, 사회적 교류의 공간, 직업을 가지고 있다는 안정감, 다양한 것을 배울 수 있는 도전적인 과제들. 파이어족은 자신의 지적 욕구를 위해 공부를 하기도 하고, 새로운 일을 찾아 떠나기도 하고, 아예 새로운 직장을 직접 만들어내기도 한다.

현재 다니고 있는 직장을 그만두는 것은 파이어족이 할 수 있는 수많은 선택지 중 하나일 뿐이다.

대한민국 파이어족 시나리오

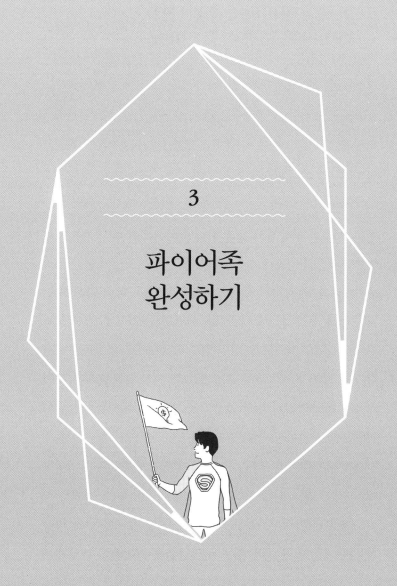

3

파이어족
완성하기

한국의 파이어족을 만나다: 파이어족 16명 심층 인터뷰

언론에 나온 '벼락부자'들은 진짜 파이어족일까?

파이어족에 대해 알아갈수록 매력 있는 라이프 스타일이라는 생각이 들었다. 그런데 나를 불안하게 하는 점이 하나 있었다. 한국 언론에서 소개되는 '파이어족'의 모습이었다. 그들은 하나같이 '벼락부자'의 모습을 하고 있었다. 내가 감명을 받은 파이어 라이프 스타일과 한국 언론에 소개된 벼락부자들의 모습은 아무리 봐도 결이 달라 보였다.

대체 대한민국에 진짜 파이어족이 있긴 한 걸까? 파이어족이 되는 게 가능한 일일까? 고민이 깊어지자, 좀 더 자세히 파이어족에 관해 이야기하고 싶어졌다. 시중에 나와 있는 미국의 파이어족 관련 책을 주변 사람들에게 소개해봤지만, 대부분은 소수 이상한 사람들의 허무맹랑하고 엉뚱한 생각이라고 일축했다. 어쩔 수 없이 인터넷을 통해 비슷한 생각을 하는 사람들을 찾아봤다. 그러다 인터넷 커뮤니티 '파이어족 카페'를 알게 됐다. 진짜 파이어족에 관심 있는 사람들, 더 나아가 이미 파이어를 선언한 사람들 수천 명이 모여 있는 재미있는 곳이었다.

파이어족 카페에서는 이미 조기 은퇴를 이룬 사람들, 조기 은퇴를 위해 열심히 노력하는 사람들, 조기 은퇴 후 해외로 이주해 사는 사람들, 경제적 자유를 이루고도 만족하며 기존 회사에 다니는 사람들이 있었다. '똑같이 파이어 운동이라는 하나의 가치를 보고 모인 사람들인데, 어쩌면 이렇게 다양할 수가 있을까?' 놀라며 매일같이 글을 쓰고, 읽었다. 그러면서 내가 알고 있던 파이어족에 대한 여러 가지 편견이 깨져가고 새로운 개념이 머릿속에 정리되기 시작했다. 대한민국에 사는 '진짜 파이어족'에 대한 이해였다.

그러던 중 기존 파이어족 임원진이 사퇴했고, 한참 카페에서 활발히 활동하던 나는 얼떨결에 부운영자라는 중책을 맡게 됐다. 고마움을 느끼고 애착이 있는 이 커뮤니티에 더 적극적으로 기여하고, 발전시키고 싶었다. 임원진으로서 여러 정책을 시작했는데, 그중 성공적으로 자리 잡은 것이 코로나19 팬데믹 때문에 오프라인 대체로 시작한 온라인 모임이었다. 나는 다달이 파이어족이나 재테크와 관련한 책을 선정하고 발제해 독서 토론을 진행했고, 파이어족과 관련된 고민을 나누는 온라인 티타임도 열어 운영했다. 이 과정을 통해 나는 한국의 '진짜 파이어족'들의 이야기를 가장 가까이, 더 깊이 듣는 행운을 누릴 수 있었다.

내가 들은 한국의 '진짜 파이어족' 이야기

진짜 파이어족에 대해 더 자세히 알고 싶어졌다. 지금까지 언론에 알려진 파이어족은 극소수의 특이한 사람들 이야기뿐이었다. 부동산 대박, 코인 대박을 내 큰돈을 벌고 은퇴하는 것은 대중의 시선을 끌기엔 좋지만 파이어족 운동의 본질과는 먼 이야기다. 그러니 일반 대중들이 파이어족을 그냥 젊은 나이에 '몰빵' 투자에 성공한 억세게 운 좋은 사람들 정도로 인식하는 것이다. 내가 파이어족 카페에서 만난 사람들은 그저 재테크에서 운이 좋았던 사람들이 아니라, 경제적 자유와 더 나은 라이프 스타일에 대해 오랜 기간 고민하고 마침내 성취를 이뤄낸 사람들이었다.

파이어족이 된 그들의 비결을 듣고 싶었다. 다양한 연령층의 파이어족에게 인터뷰를 제안했고, 직접 찾아가 만나거나 해외에 있는 분들과는 인터넷 화상 통화로 인터뷰를 진행했다. 한국의 파이어족 16명과 온라인·오프라인을 넘나들며 최소 한 시간, 길게는 세 시간이 넘도록 쉬지 않고 대화를 나눴다. 짧은 시간으로는 도저히 모두 담을 수 없는 소중한 이야기들이었다.

그들의 이야기는 정말 놀라웠다. 경제적 자유를 향한 16명의 여정에는 저마다 가치관과 인생사가 깊이 녹아들어 있었다. 그 어떤 사람도 우연히 로또를 맞거나 가상화폐로 대박이 나서 경제적 자유를 얻은 이는 없었다. 그들의 이야기에는 파이어족을 준비하는 사람들에게 소중한 지침이 될 멋진 교훈이 가득했다. 파이어족과의 만남은 매번 나에게도 큰 감동과 배움을 주는 보석 같은 시간이었다.

모두를 위한 '파이어족 공식'은 없다

16명의 파이어족 중에 단 한 명도 같은 방식으로 경제적 자유 달성에 성공한 사람이 없었다. 경제적 자유를 이루는 재테크에도 우리의 상상을 뛰어넘는 수많은 방법이 있었다. 미국 주식, 배당금 투자, 초기 벤처 투자, 수익형 부동산, 스마트스토어 운영, 지식 생산형 부업, 토지 투자에 이르기까지 각자 다양한 방법으로 경제적 자유를 성취했다. 더 나아가 별다른 재테크 대박 없이 똘똘한 보험·예금 상품만으로도 은퇴 자금을 모으고 조기 은퇴한 사례도 있었다. 경제적 자유에 도달하는 것에는 정해진 단 하나의 정답 같은 것은 존재하지 않았다. 16명의 파이어족은 적성에 맞는 저마다의 방식으로 나름의 자산 및 현금 흐름을 확보했다.

다만 사례를 수집하다 보니, 경제적 자유를 성취하기까지 성향별로 공통점이 분명히 존재한다는 것을 깨달았다. 이를 기준으로 '파이어족 성향'을 분류할 수도 있었다. 지금까지 내가 책에서 본 '파이어족을 위한 공식' 같은 것들이 일률적으로 적용되지 않았던 이유가 여기에 있었다. 사람은 누구나 자산 상황, 현금 흐름 등 각자의 경제적 여건 중 심리적으로 편하게 느끼는 요소들이 있다. 안정적으로 월마다 돈이 나와야 마음이 편한 사람들이 있는가 하면, 규칙적인 돈의 흐름보다는 오히려 미래 대비 투자 개념으로 자산이 투자돼 있어야만 마음이 놓이는 사람들이 있다. 어떤 상황이든 적절히 대처할 수 있도록 여유로운 은퇴를 중요시하는 사람들이 있고, 자산을 과하게 모으기 위해 인생을 낭비하기보다는 딱 필요한 만큼의 은퇴 자산을 원하는 사람들도 있다. 자신의 성향을 정확히 파악해야 경제적 자유의 성취 방향을 명확히 할 수가 있다.

그들은 단순히 경제적 성취를 넘어 행복한 파이어족이 되기 위한 소중한 팁들을 아낌없이 나눠 줬다. 그들이 오랜 시간 겪어온 실패와 성공 스토리, 명심해야 할 사항들은 미래의 파이어족에게 무엇과도 비교할 수 없는 큰 자산이 될 것이다. 그 소중한 이야기들을 이제 여러분과 나누고 싶다.

도대체 언제 은퇴해야 하나?

———

파이어족을 꿈꾸는 사람들이 가장 궁금해하는 것은 아무래도 "언제 조기 은퇴를 결정할 수 있느냐?"라는 점이다. 나 역시 한국의 진짜 파이어족 16명과 만나면서 이에 대해 집중적으로 질문했다. 파이어족을 준비하는 사람이라면 누구나 궁금해하는 질문인데, 한마디로 대답하기에는 무척 어려운 질문이기도 하다. 사람마다 '경제적으로 충분히 준비됐다'고 생각하는 기준이 제각각이기 때문이다.

또 파이어족의 은퇴 자금이 얼마면 되는지 물어보는 것은 "저희가 결혼하고 싶은데, 준비 자금이 얼마나 필요한가요?"라는 미혼 남녀의 질문만큼이나 애매하다. 신혼집은 어느 지역에 마련할지, 전세·월세·자가 중에 어떤 형태를 원하는지, 결혼식은 어디서 어떤 규모로 할 것인지, 신혼여행은 어디로 얼마나

갈 건지, 신혼집에 어떤 가구가 필요한지 등등 수십 가지 질문에 답을 해야만 비로소 준비 자금을 계산할 수 있다. 심지어 결혼식을 안 하거나 결혼 직후에도 직장 때문에 부부가 서로 멀리 떨어져 사는 사람도 있다. 이런 경우 평균이란 것은 별 의미가 없다. 그렇다면 나에게 맞는 파이어족 기준을 어떻게 찾을 수 있을까?

모두에게 맞는 단 하나의 정답은 없지만, 자신의 성향에 따라 가장 마음이 편한 답은 분명히 존재한다. 은퇴 자금의 기준에 있어서 다른 사람들의 조언을 참고할 수는 있지만, 자신에게 별로 쓸모없는 경우도 많다. 1인 가구로 젊은 나이에 물가가 싼 동남아에서 살기를 원하는 사람에게는 5억도 은퇴하기 충분한 자금일 수 있다. 5인 가구로 서울의 중심가에서 살기를 원하는 사람이라면 10억으로도 부족하다고 느낄 수 있다. 부업으로 현금 흐름이 월 500만 원씩 들어오더라도, 자산이 5,000만 원도 없다는 데 불안감을 느끼는 사람이라면 섣불리 은퇴를 할 수 없다. 결국 자신이 어떤 성향인지 파악하는 것이 무엇보다 중요하다.

내 파이어족 DNA는 뭘까?

파이어족 카페를 운영하면서 수많은 파이어족을 만나고 나서야 비로소 결론을 낼 수 있었다. 파이어족은 자신의 마음에 평화를 느끼는 정도의 경제적 성취를 이루어야 하며, 그 성취의 기준은 사람마다 다르다. 즉, 모두에게 맞는 파이어족 준비법은 없다. 하지만 자신의 성향을 명확하게 파악한다면, 자신에게 가

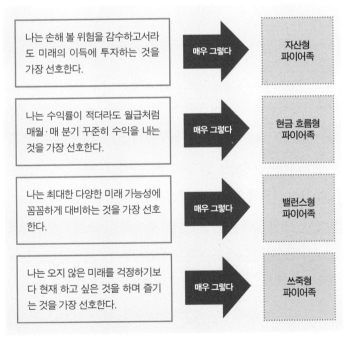

파이어족 DNA 판별 질문

장 알맞은 경제적 성취 목표를 정할 수 있게 된다. 내가 인터뷰한 16명의 대한민국 파이어족은 모두 크게 네 가지 성향으로 분류할 수 있었다. 나는 이를 '파이어족의 네 가지 DNA'라고 부른다. 153쪽 표를 보고 네 가지 명제 중 가장 동의하는 명제를 골라 자신의 파이어족 DNA를 파악해보자.

네 가지 질문 중 자신의 경험상 가장 동의하는 항목이 있다면, 그 성향이 당신에게 가장 잘 맞고 편안한 파이어족 DNA다. 두 질문 이상에 강하게 동의한다면 두 DNA를 모두 가지고 있다고 보면 된다.

당신이 손실 위험을 감수하더라도 미래에 유망한 자산에 투자하기를 좋아하는 사람이라면 '자산형 파이어족'에 가까울 것이다. 반대로, 미래의 자산이 외부의 변동성에 노출되는 것에 너무나도 스트레스를 받는 사람이라면 안정적인 포트폴리오를 짜는 것이 중요하다. 그럴 경우는 자산이 많은 것보다는 규칙적인 현금 흐름을 확보해 '현금 흐름형 파이어족'이 되는 것이 마음 편하다. 다양한 상황에 모두 대비할 수 있는 것을 선호하는 사람이라면 자산형과 현금 흐름형이 혼합된 '밸런스형 파이어족'이 되는 것이 가장 좋다. 복잡한 것에는 신경을 덜 쓰고 인생을 즐기는 것 자체에 몰입하는 사람이라면 '쓱쭉형 파이어족'이 옳은 선택일 것이다.

단계별 파이어 목표

각 단계는 파이어족의 경제적 자유를 달성하는 데 필요한 목표 자산 또는 현금 흐름 수준을 나타낸다. 단계별로 좀 더 높은 수준의 경제적 자유를 확보할 수 있다. 조기 은퇴를 지속적으로 유지하려면 다양한 경제적 위기 상황, 인플레이션 등에도 대비해야 한다. 그런 관점에서 2단계, 3단계의 파이어는 위기가 조금 더 닥치더라도 경제적으로 방파제가 한 겹씩 더 있다고 봐도 좋다. 생활비를 좀 더 여유롭게 쓸 수 있는 것은 덤이다.

파이어 '가능' 단계

1단계 경제적 자유로, 최소한의 경제적 자립을 보장한다. 당장 노동에서 해방돼도 최소 생활비를 조달하는 데 문제없는 수준이다. 회사를 당장 그만둘 수 있는 최소한의 상태이지만, 생활비의 여유는 적은 편이다.

파이어 '충분' 단계

2단계 경제적 자유로, 경제적 자립에 추가로 재정적 안전망을 확보한 경제적 자유 수준이다. 최소 생활비는 물론 여유로운 생활비와 다소간의 예상치 못한 경제적 문제가 생겨도 대비가 가능한 수준이다. 조기 은퇴를 해도 충분한 단계로, 이 정도 수준에서 조기 은퇴를 하는 사람들이 가장 많다.

파이어 '완벽' 단계

3단계 경제적 자유로, 부유한 수준의 경제적 자유를 가져다준다. 생활비를 제외하고도 현금이 수시로 남기 때문에 커다란 경제적 문제나 인플레이션에도 큰 걱정이 없는 수준이다.

다음으로 각 파이어족 DNA가 어떤 특성과 경향성을 띠는지 더 자세히 살펴보고, 실제로 경제적 자유와 조기 은퇴를 달성한 사람들의 이야기를 들어보자.

자산형 파이어족

자산형 파이어족은 기본적으로 자산을 불리는 데 남들보다 큰 보람을 느끼는 사람들이다. 자산이 늘어나는 것을 싫어하는 사람이 어디 있겠냐 싶지만, 자산형 파이어족의 특징은 미래 가치를 위해 기꺼이 현재의 변동성을 감수한다는 점이다. 규칙적인 현금 흐름에 집착하지 않으며, 투자가치가 있는 자산에 투자를 하고 있어야만 안심하는 성향이다. 그렇기에 그들은 기회가 왔다고 판단되면 레버리지를 어떻게든 동원해서라도 집중 투자를 해야만 직성이 풀린다. 투자에서 얻은 성취에 만족감이 크므로 투자를 취미로 생각하는 사람도 많다.

이들은 꾸준한 현금 흐름이 있으면 좋지만, 미래를 포기하면서까지 현금 흐름을 중요하게 여기지는 않는다. 갭 투자의 위험성을 알고도 기꺼이 전세 레버리지를 활용해 부동산 투자를

"미래 투자처에
내 깃발을
꽂지 않고는
못 참지!"

감행하는 사람들, 남들이 모두 두려워하는 주식 하락장에도 과
감히 매수를 더 늘리는 사람들이 바로 이런 자산형 파이어족
DNA를 가진 사람들이다.

40대 파이어족 '브로옴달 님'은 자산 상승의 기회를 놓치지
않고 최대한 활용하는 것에 집중한 자산형 파이어족이다. 그는
2019년부터 본격적으로 매입하기 시작한 미국 주식에서 기회
를 노렸다. 2020년 코로나19 위기로 전고점 대비 30% 하락한
장이 시작되자, 이를 기회라고 생각하고 미국 주식 매입에 투
자를 집중했다. 예금 담보 대출, 신용 대출 등 개인이 동원할 수
있는 최대한의 레버리지를 활용해 1년 뒤 큰 투자 차익을 거뒀

다. 일정 기간 현금 흐름을 포기하더라도 미래에 투자하는 것이 자산형 파이어족의 특성이다.

자산형 파이어족의 전략: 4%룰

자산형 파이어족의 파이어 달성 전략은 '4%룰'이 적절하다. 이들은 투자 수익을 내는 것에 자신 있는 만큼 장기적으로 연평균 8% 수익을 쉽게 달성하곤 한다. 따라서 한 해 투자 수익과 한 해 최소 생활비가 동일한 금액이 되는 은퇴 자산을 마련한 시점, 즉 연 생활비의 20배를 은퇴 자산으로 마련한 시점부터 파이어가 가능하다. 좀 더 안정적인 파이어를 원한다면 연 생활비의 25배, 그 이후에는 33배 정도를 목표로 하는 것이 좋다.

4%룰(Four Percent Rule)

한 해 생활비를 전체 은퇴 자금의 4% 이하로만 쓴다면 이 은퇴 자금은 영원히 손실되지 않을 가능성이 크다고 하는 이론이다. 미국의 주식 연평균 수익률이 7~8%이기 때문에 이 룰을 적용할 경우 안정적으로 은퇴가 가능하다고 널리 알려져 있으며, 은퇴와 자산 인출률을 연구한 트리니티 스터디(Trinity Study)에서 처음 유래됐다.

- **파이어 가능 단계** 연 생활비 20배 자산
- **파이어 충분 단계** 연 생활비 25배 자산
- **파이어 완벽 단계** 연 생활비 33배 자산

예를 들어 가족의 주거를 포함한 최소 생활비가 월 200만 원이 든다면 연 2,400만 원이 생활비로 필요하다. 따라서 첫 번째 파이어 가능 단계 목표 금액은 4억 8,000만 원, 두 번째 파이어 충분 단계 목표 금액은 6억 원, 마지막 파이어 완벽 단계 목표 금액은 약 8억 원(~=7억 9,000만 원)이 된다.

자산형 파이어족의 단점 보완법

자산형 파이어족에게는 치명적인 단점이 있다. 그들은 언제나 유망한 투자 기회가 생기면 아낌없이 빚을 추가로 내기를 두려워하지 않는데, 이것이 큰 장점이자 단점이기도 하다. 레버리지를 높이는 투자 습관은 장기적으로 미래에 큰 보답으로 돌아오지만, 파이어족에게 있어서 현재를 희생하는 버릇을 지속하면 결국 행복과는 거리가 멀어질 수 있다.

예를 들어 은퇴 자금이 충분한데도 투자를 위해 빚을 잔뜩 진 이후에 은퇴를 미루고 회사를 계속 다니는 것이다. 현재의 현금 흐름을 미래의 가치에 집중적으로 투자하다 보니 지출을 과도하게 아끼게 된다. '부자의 함정'에 빠져 현재의 행복을 자꾸만 미루게 되는 것이다. 이보다 더 큰 위험은 현재 부채 부담을 과도하게 지면 경제 위기, 금리 상승기에 부채 부담에 취약해진다는 점이다.

이러한 단점을 보완하려면 두 가지 전략이 필요하다.

최소한의 현금 흐름을 확보하자

조기 은퇴 이후에는 노동 소득에서 발생하는 고정적이고 안정적인 현금 흐름을 기대하기 어렵기 때문에 심리적으로 불안해질 수 있다. 현금 흐름을 지속적으로 주는 배당주, 월세 투자 등을 전체 자산의 최소 10% 정도는 배분하는 것이 좋다. 이때 발생하는 현금 흐름은 소비에 충분히 활용할 수 있도록 스스로 유도해야 한다. 그렇지 않으면 금세 좋은 투자 상품에 재투자해버린 자신을 발견할 가능성이 크다. 뿐만 아니라 일반적인 부동산 투자에서 레버리지를 활용한다면 이자 지출 등 지속적인 현금 손실이 발생한다. 이를 상쇄하는 데에도 최소한의 현금 흐름은 필요하다. 매번 노동 수익으로만 투자에 사용된 부채 원리금을 갚아나가다 보면 재산은 많지만 소비의 자유는 없는 '자산의 노예'가 될 수 있음을 경계하자.

'셀프 배당'을 적극적으로 활용한다

셀프 배당이란 투자에서 차익 수익을 거둘 때마다 일정 비율을 소비에 강제로 배정하는 것이다. 예를 들어 올해 5,000만 원의 주식 수익이 났다면 이 중에서 50%는 반드시 자신과 가족을 위한 '행복 통장'에 넣어두고 쓰는 것이다. 행복 통장의 돈은 재투자를 위해 인출하는 것을 금지하고, 목적에 맞는 소비를 할 수 있도록 유도한다. 이 방법을 통해 투자의 수익으로 재투자도 지속하면서, 동시에 자신의 행복을 위해 소비하는 여유도 확보할 수 있게 된다. 나의 경우, 올해 주식 수익의 70% 이상을 행복 통장에 따로 담아 나와 아내의 추가 학업에 필요한 자금, 행복을 위한 게임기 구입 자금 등 현재를 위해 사용하기로 했다. 셀프 배당의 비율을 개인별 상황에 따라 적절히 조절한다면 현재를 크게 희생하지 않으면서 미래의 기회도 잡을 수 있다.

코로나 위기를 기회로, 미국 주식으로 파이어족 되다

파이어족 ID

40대 브로옴달

직업	공공 기관 기술직
가족 구성&거주 지역	맞벌이 / 4인 가구 / 나주 거주
현재 나이&성별	44세 / 남성
경제적 자유 달성 시기	43세
파이어족 준비 기간	7년
파이어족 DNA	자산형 파이어족 (목표 순자산: 1단계 10억 원, 2단계 15억 원)
파이어 이후 생활비	월 200만 원
은퇴 이후 목표	멋쟁이 노인으로 살면서 사회에 긍정적 영향력을 끼치는 인플루언서

파이어족 준비 계기

———

공공 기관 근무에 큰 불만은 없었지만 크게 회의를 느낀 일이 있었습니다. 제 책임이 아닌 일임에도 직무 연관성 때문에 경찰·검찰 조사를 받게 되었고, 공공 기관이라도 결국 직장은 나를 온전히 지켜주지 않는다는 것을 깨달았습니다. 그때 자산 현황을 처음으로 꼼꼼히 정리해봤는데, 이 상태로는 수십 년 동안 직장에서 자유로워지지 못할 거라는 계산이 나와서 충격을 받았습니다. 그 이후 재정적인 독립에 대해 진지하게 고민한 뒤, 7년간 경제적 자유를 달성하기 위해 노력했습니다.

주요 재테크 전략

———

미국 등 해외 성장주 주식 투자가 자산 형성의 일등 공신입니다. 4년간 꾸준히 저축을 해서 종잣돈을 모았고, 저에게 맞는 재테크를 찾아 공부와 시행착오를 거듭했습니다. 2019년부터 미국·중국 등 해외 주식에 본격적으로 투자하기 시작했습니다. 2020년 2월 코로나19로 주가가 급락한 것을 보고 기회라고 생각해 투자금을 늘렸습니다. 3월에 코로나19의 악화로 주식이 더 폭락해 당황했지만, 장기적으로 보면 폭락은 기회라고

판단했습니다. 추가 매수를 위해 보험을 해지하고 신용 대출까지 동원하는 등 공격적인 투자를 지속해 2021년 현재는 큰 차익을 거뒀습니다. 덕분에 저의 1단계 목표 순자산이었던 10억 원을 달성했고, 최소한의 경제적 자유를 위한 기반을 마련했습니다.

평소에 근검한 생활 방식을 유지했던 것이 경제적 자유를 이루는 데 크게 기여했습니다. 신입 사원 시절부터 저축률을 50% 이상 유지했고, 이를 기반으로 일찌감치 지방에 내 집을 마련할 수 있었습니다. 규제가 덜했던 시기라 오랜 기간 대출금을 갚는 것이 가능했기에 운도 따랐던 것 같습니다. 주거 안정을 빨리 확보하니 조금 더 공격적인 금융자산 투자도 가능했습니다. 경제적 자유에 대한 열정을 불태우기 시작하면서 금융자산 투자에 꾸준히 관심을 가지고 날마다 공부했습니다. 덕분에

2020년 금융시장에 좋은 기회가 왔을 때 내 것으로 만들 수 있지 않았나 싶습니다.

저는 개별 IT 성장주 주식, 중국 내수 소비재 기업 위주로 투자를 진행했습니다. 현재 투자자산의 비중은 미국(60%), 중국(30%), 한국(10%)순입니다. 앞으로 각 나라의 경제 상황을 고려해 비중을 유연하게 조정할 예정입니다. 추가로 더 안정적인 투자를 위해 ETF·퀀트 방법론 활용을 고려하고 있습니다. 앞으로 은퇴 후에도 제가 가지고 있는 기술 자격증을 활용한 파트타임, 또는 개인 사업 등이 가능할 것 같아서 건강보험료에 대한 걱정은 크게 없는 상태입니다.

파이어 이후의 삶

직장 생활에서의 평균적인 삶의 만족도는 10점 만점에 3점 정도였습니다. 회사에서 피할 수 없는 불행이 언제 닥칠지 모른다는 불안감을 겪고 난 이후, 경제적 자립에 많이 집중하고 성과가 나면서 점차 만족도가 높아졌습니다. 경제적 자립을 달성한 직후에는 만족도가 8점까지 올라왔습니다. 아직 조기 은퇴를 선언하지는 않았지만, 조기 은퇴를 한다면 더 행복해져서 9점까지 삶의 만족도가 올라갈 것으로 예상하고 있습니다.

금융자산이라는 안전장치를 얻은 이후로 삶과 직장을 바라보는 시각이 완전히 바뀌었고, 과거에는 전혀 생각지도 못했던 새로운 꿈이 생겼습니다. 저의 경제적 성취와 앞으로의 삶에 대해 블로그에 글을 쓰면서 제 생각도 정리가 됐습니다. 방문자들이 많아지면서 블로그로 소액이지만 수익금도 나게 됐고, 저를 계기로 경제적 자유와 파이어족에 대해 많은 분의 생각이 바뀌어가는 것을 느꼈습니다. 직장에 매여 있는 많은 사람들에게 자본주의에서 행복함과 자유를 누리는 삶을 널리 알리며 앞으로도 긍정적인 영향을 끼치고 싶습니다.

파이어를 준비하는 사람들을 위한 조언

파이어는 목적지가 아니라 새로운 출발점입니다. 경제적 독립을 달성해야만 직장인으로서 회사에서 위기가 닥쳤을 때 유연하게 대처할 수 있는 선택지가 생깁니다. 원하지 않는 일을 해야만 할 때 자신감 있게 내 행복을 선택하게 하는 기반이 바로 경제적 자유입니다. 새로운 인생을 주도적으로 살며 진정한 나 자신을 찾아가는 파이어족으로서의 삶으로 당신을 초대합니다.

🔍 브로옴달의 미래 파이어족을 위한 팁

- 가족의 객관적인 재정 상태를 주기적으로 파악하자.
- 투자의 목표와 실행 방안을 구체적으로 설계해보자.
- 자신만의 투자 방법을 꾸준히 공부하고, 과감하게 실천하자.

현금 흐름형 파이어족

현금 흐름형 파이어족은 경제적 안정성을 가장 중요시하는 사람들이다. 이들은 경제적인 문제에 늘 신중하게 결정하는 것을 선호한다. 매사 안정적이고 차분하게 행동하는 것이 이들의 DNA이기 때문에, 쉽게 부화뇌동하지 않고 꾸준히 자신의 할 일을 해나가는 데 능숙하다. 따라서 큰 수익을 얻을 기회가 있더라도 위험이 크다면 신중하게 결정하는 경향이 있다는 것이 이들의 장점이자 단점이다.

이들은 꾸준한 성실함을 기반으로 하는 안정적인 자산 축적에 능하다. 많은 현금 흐름형 파이어족은 규칙적인 현금 흐름을 확보해야만 발 뻗고 잘 수 있는 사람들이며, 변동성을 지켜보는 것을 어려워하는 측면이 있다. 투자를 통해 큰 차익을 얻는 것도 좋지만, 투자 수익을 얻는다는 기대감보다 투자금을

"무엇보다 중요한 것은 안정적인 현금이야!"

잃는다는 불안함이 더 크기 때문이다. 위험을 담보로 하는 투자에 선뜻 나서지 않으니 크게 얻는 일도 적지만 크게 잃는 일도 거의 없다.

그렇다고 이들이 부동산·주식 투자를 전혀 안 하는 것은 아니다. ETF·배당주 장기 투자와 같이 긴 시계열에서 우상향에 대한 확신이 있다면 기꺼이 투자를 진행할 수 있는 현명한 투자자이기도 하다. 40대 '수현이랑 님'은 배당금 투자로 현금 흐름을 확보해 조기 은퇴를 눈앞에 두고 있는 현금 흐름형 파이어족이다. 결혼 초부터 재무 계획을 꼼꼼하게 세웠고, 고금리 예금·장기 ETF 투자를 통해 안정적인 재테크로 조기 은퇴에 필요한 자산을 모으는 데 성공했다. 그 뒤로는 배당률이 높지 않더라도 오랫동안 배당이 검증된 미국 주식의 비중을 높여 곧 이루어질 조기 은퇴에 착실히 대비하고 있다.

현금 흐름형 파이어족의 전략: 현금 흐름=최소 생활비

현금 흐름형 파이어족의 파이어 전략은 최소 생활비 수준의 꾸준한 현금 흐름을 마련하는 데 집중하는 것이다. 이들은 일정한 수익이 보장되는 상황에서 오는 심리적 안정감을 중요시하기 때문에, 안정적 수익을 확보해야 조기 은퇴 또한 결정할 수 있다. 추가로 부업을 활용할 여력이 있다면 더 빨리 경제적 자유에 도달할 수 있다. 부업에 있어서도 가능하면 초기에 시스템을 구축해놓으면 자동으로 돈을 벌어 올 수 있는 지식 생산형 부업이 이들에게 추천할 만하다.

- **파이어 가능 단계** 최소 생활비 확보(현금 흐름=최소 생활비 100%)
- **파이어 충분 단계** 최소 생활비+웰빙 소비 확보(현금 흐름=최소 생활비 120%)

- **파이어 완벽 단계** 최소 생활비+웰빙 소비 적용+여유 추가 현금 확보(현금 흐름=최소 생활비 150%)

현금 흐름형 파이어족은 황금알을 낳는 자산을 잘 모으는 습성이 있다. 이들은 자산 가치가 지속적으로 상승하더라도 당장 현금 흐름이 나오지 않는 자산에는 관심을 덜 가진다. 생활비를 조달하는 데 큰 도움을 주는 금융·부동산 상품이 이들에게는 훨씬 매력적이다. 게다가 부업 등을 활용한다면 당장의 자산 가치는 딱히 계산하기 어렵지만, 은퇴를 위한 현금 흐름을 마련하는 데는 충분하기 때문이다. 따라서 현금 흐름형 파이어족은 자산의 크기에 신경을 덜 쓰고 오직 현금 흐름에 집중하므로, 자산형 파이어족보다도 더 빠른 은퇴가 가능하기도 하다.

현금 흐름형 파이어족의 단점 보완법

현금 흐름형 파이어족의 단점은 안정성과 높은 현금 흐름에 집착하다가 위기에 노출될 수 있다는 점이다. 안정적인 현금 흐름을 보장하는 상품은 치명적인 단점을 내포하는 경우가 종종 있다. 30년 이상 지속적으로 배당금을 올려주는 것으로 유명했지만 2020년 코로나19 위기에 배당을 동결하며 주가가 절반으로 떨어진 미국 석유 회사 엑슨모빌 주식의 경우가 대표적이다.[1] 게다가 현금 흐름형 파이어족이 자산을 단시간에 불리고 싶은 욕심에 사로잡히는 경우 크게 실패할 수도 있다. 미래에 대한 기대감보다 현재의 자산 손실에 대한 두려움이 큰 나머지 일시적인 하락을 견디지 못하고 투자금을 회수해버리곤 하기 때문이다. 자신이 현금 흐름형 파이어족이라면 위험 자산 투자에 언제나 신중할 필요가 있다.

이를 보완하기 위한 두 가지 전략이 있다.

'안정적 수익 투자'의 위험 요소를 파악한다

세상에 안전하면서 높은 수익이 나는 상품은 존재하지 않는다. 고금리·고배당 상품의 경우에는 특정 조건에서 막대한 원금 손실이 나거나 배당금 삭감 등에 크게 흔들릴 수 있다. 대표적인 사례가 바로 2019년 유럽 마이너스 금리로 벌어진 DLS·DLF 대량 손실 사건이다. 이 상품들은 탄탄한 유럽 경제를 기반으로 한 안전한 8% 중금리 투자 상품이라고 알려져 있었지만, 예상치 못한 금리 변화로 투자자들이 95%의 손실을 보게 됐다.[2] 파생 금융 상품의 복잡한 구조 때문에 더욱더 소액 투자자들의 손해가 막심했던 사건이었다. 세상의 그 어떤 자산도 100% 안정적일 수는 없다는 사실을 잊어선 안 된다. 자신이 보유한 부동산·금융 상품들에는 어떤 위험성이 있는지 미리미리 파악해야만 큰 위험에 대응할 수 있다.

자산 배분을 통해 자산 상승기에서 소외되지 않도록 하자

안정적 현금 흐름도 좋지만 자산 상승에 연동되는 자산을 일부 확보해야 한다. 경제 위기에서는 위험 자산이 적은 현금 흐름형 파이어족이 유리하지만, 위기 없이 경제가 성장을 지속하는 상황에서는 위험 자산을 기피하는 현금 흐름형 파이어족은 상대적으로 손해를 볼 수도 있다. 자산 가격이 모두 올라가는 시기에는 오히려 주식이나 차익형 부동산 같은 위험 자산의 가격 상승이 가파르기 때문이다. 2017~2019년에는 미국 주식, 한국 부동산 모두 엄청나게 올랐는데, 이때 이런 자산을 일부 가지고 있지 않았다면 상승에서 소외됐을 것이다. 그런 상황에 대응하려면 변동성은 비교적 작지만 성장성이 좋은 자산, 예를 들어 S&P 500이나 IT 성장주와 같은 것들도 자산 포트폴리오에 일부 편입하는 것이 좋다.

성공한
파이어족을
만나다

부업으로 조기 은퇴하기의 정석!

파이어족 ID

30대 환상감자

직업	그래픽 디자이너
가족 구성&거주 지역	외벌이 / 2인 가구 / 경기권 거주
현재 나이&성별	30대 중후반 / 남성
경제적 자유 달성 시기	2021년
파이어족 준비 기간	6년
파이어족 DNA	현금 흐름형 파이어족(목표 현금 흐름: 월평균 500만 원)
파이어 이후 생활비	월 300만 원 이상
은퇴 이후 목표	1인 디지털 에셋 사업을 다양한 방식으로 키워나가는 연쇄 지식 창업가

파이어족 준비 계기

첫 번째 직장에서 회사가 없어질 수 있을 정도의 큰 위기를 겪고, 회사원으로서 경제적 안정에 대한 심각한 위기의식을 느끼게 됐습니다. 일 외적으로도 꾸준히 돈을 벌 수 있는 수단에 대한 필요성을 느끼고 이를 실현하기 위해 노력했습니다. 연봉이 높은 직장으로 이직했고, 부업과 투자를 적극적으로 모색하며 저만의 경제적 자유를 구축해나갔습니다. 이후 결혼을 하고 아내와 함께 이야기하면서 종교와 건강의 관점에서도 개인의 삶에 온전히 집중할 수 있는 파이어족이 되는 것에 깊은 관심을 가지게 됐습니다.

주요 재테크 전략

저는 부업으로 경제적 자유를 이뤘습니다. 제 직업과 전문성을 살려 네 가지 주요한 디지털 에셋●을 제작해 이를 온라인 채널을 통해 판매하고 있습니다. 또한 전자책, 온라인 강좌 등의 다

● **디지털 에셋(Digital Asset)** 디지털 세상에 존재하는 모든 가치 있는 것을 말합니다. 사진, 동영상, 게임 아이템, 전자책, 프로그래밍 코드와 같은 콘텐츠 자산부터 NTF(Non-Fungible Token)와 같은 블록체인 기술로 이루어진 자산도 디지털 에셋에 포함됩니다.

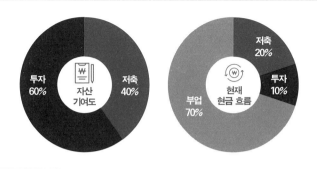

양한 디지털 콘텐츠 판매 규모도 확대해가고 있으며, 이를 통해 많으면 월 1,000만 원이 넘는 수익을 내고 있습니다. 그 밖에도 현금 흐름을 다각화하기 위해 부동산·주식 투자도 늘려나가고 있습니다.

부업의 첫 시작은 제 전공을 살린 디지털 에셋 온라인 판매업이었습니다. 첫 성공을 거두고 난 이후부터는 쉽게 부업의 확장이 가능했습니다. 그다음으로는 온라인 채널을 활용한 부업으로 수익을 내는 법을 전자책으로 출간해 판매했습니다. 부업들로 자산이 쌓이자 이 자산들을 관리하는 저만의 디지털 가계부를 만들어 블로그에 올렸는데, 반응이 좋아서 유료 판매로 전환했더니 세 번째 수익 채널이 됐습니다. 이렇게 성공이 성공을 낳고, 부업이 서로 꼬리를 무는 방식으로 부업을 늘려가다 보니 돈 버는 재미는 물론이고 경제적 자유까지 얻을 수 있었습니다.

제 성취의 기저에는 자기 자신에 대한 정확한 파악이 있었다고 생각합니다. 다른 말로 '메타인지'라고도 하는데, 저 자신이 무엇을 가장 간절히 원하며 어디까지 포기가 가능한지를 일찍부터 명확히 한 것이 큰 도움이 됐습니다. 예를 들어 저는 경제적 자유를 위해서라면 얼마든지 제 개인 시간을 투자할 수 있었습니다. 돌이켜보니 힘든 일도 많았지만, 보람과 성취의 달콤함이 제게 더욱 소중했기에 아쉬운 점 없이 오히려 즐겁고 묵묵하게 그 과정을 이겨낼 수 있었습니다.

파이어 이후의 삶

현재는 경기도권에 거주하고 있는데, 조기 은퇴 이후에는 고향 근처의 좀 더 조용한 곳에서 전원생활을 하며 건강을 돌보고 싶습니다. 그동안 과도한 업무량으로 건강을 제대로 챙기지 못했던 것이 아쉽기 때문입니다. 장기적으로는 저의 1인 콘텐츠 사업을 키우고 싶습니다. 회사에 종속된 직장인과 비교해볼 때, 1인 기업가로서 일할 때 성과는 물론 성취감도 대단히 컸습니다. 저만의 방식으로 자유롭게 새로운 1인 사업에 도전해보고 싶습니다.

파이어를 준비하는 사람들을 위한 조언

저는 부업을 한 번쯤은 꼭 해보시길 추천드립니다. 콘텐츠 판매 부업을 하면 콘텐츠의 기획·제작·피드백·판매 과정을 모두 겪어보게 됩니다. 이를 통해 사업가의 마인드를 습득할 수 있으며, 나아가 자본주의의 규칙과 거기서 승리하는 방법을 터득할 수 있습니다. 직접 사업가가 되어 보니 회사 비즈니스의 관점을 더 깊이 이해하게 됐으며, 회사 일의 능률도 오르는 경험을 한 것은 보너스입니다. 다른 파이어족분들은 무엇보다 다른 사람들 눈치를 보지 말고 자신의 행복을 좇아갔으면 좋겠습니다. 파이어족이라는 길 자체가 다른 사람들의 인생 경로와는 너무나도 다릅니다. 다른 사람들의 시선을 신경 쓰는 순간 자신의 행복을 잃어버릴 수 있으니, 자신의 행복의 기준을 확고히 하는 데 많은 노력을 기울이시길 바랍니다.

> **📊 환상감자의 미래 파이어족을 위한 팁**
>
> - 가능하면 빨리 파이어족의 기본 개념을 습득하자.
>   경제적 자유를 더 빨리 성취할 수 있다.
> - 재테크 계획과 작은 승리를 반복하자.
>   승리의 기쁨은 재테크 성공의 습관을 만든다.
> - 지금 당장 도전하자! 한 살이라도 어릴 때 도전해야 성공할 확률이 높다.

밸런스형 파이어족

밸런스형 파이어족은 다양한 경제적 시나리오에 대처하는 것
이 몸에 배어 있는 사람들이다. 그들은 미래에 벌어질 다양한
상황에 대해 계획하는 것을 좋아하며, 미리미리 대비 방법을
준비해놔야 마음이 편안하다. 그 어떤 투자 상품에 대해서도
한 번씩은 의심하고 위험을 따져보는 성향은 밸런스형 파이어
족의 대표적인 특징이다. 단순히 자산이나 현금 흐름 중 하나
가 많더라도, 위험에 취약한 자산 배분이 있다면 예상하지 못
한 경제적 시나리오에 순식간에 망가질 수 있다. 자산이든 현
금 흐름이든 잘 배분된 포트폴리오와 함께할 때만 밸런스형 파
이어족의 마음이 편안해진다.

장기적으로는 자산형 파이어족이나 현금 흐름형 파이어족
보다 더 안정적으로 경제적 자유를 유지할 가능성이 가장 높은

"균형 잡힌
자산 배분과 함께라면
그 어떤 시나리오도
두렵지 않아!"

것이 밸런스형 파이어족이다. 그 이유는 현금 흐름, 자산의 크기 둘 다 놓치지 않고 균형 있는 자산 구성을 유지하는 밸런스형 파이어족의 특징 덕분이다. 그들은 균형 있게 현금 흐름을 적당히 만들어낼 수 있는 자산을 가장 선호한다. 균형을 좋아한다고 해서 밸런스형 파이어족이 그저 모든 자산에 골고루 투자하는 것은 아니다. 그들에게도 주력 투자 상품이 있으며, 가장 큰 수익은 확신이 가장 높은 투자에서 나온다는 것을 잘 알고 있다. 다만, 주력 투자가 부진한 상황에 대비한 여러 방법을 추가로 고려하는 성향이 있을 뿐이다. 조금 복잡하더라도 4중,

5중으로 머니 파이프라인을 형성하는 것을 선호하는 것이 밸런스형 파이어족의 특징이기도 하다.

40대 '에디김 님'은 촘촘하게 준비한 5중 머니 파이프라인으로 조기 은퇴를 선언한 밸런스형 파이어족이다. 그는 3중 연금(개인연금, 퇴직연금, 국민연금), 부동산 월세, 주식 배당금의 5중 현금 흐름을 구축해 경제적 자유를 이뤘다. 그에게 있어서 자산의 규모도 조기 은퇴를 결심하는 데 큰 힘이 돼주었지만, 그보다는 투자성 자산·현금성 자산이 균형 잡힌 포트폴리오와 충분한 현금 흐름을 마련한 것이 자신감의 원천이 됐다. 현재는 장소에 매이지 않고 운영할 수 있는 조그만 사업체를 구축했고, 연금이 나오기 전인 연금 크레바스 시기를 대비하고 있다. 투자금을 적게 들이고도 자신의 전공과 특기를 살린 사업을 새로 시작한 뒤, 느슨한 업무 강도와 적은 스트레스에 만족하고 있다. 은퇴 후 비록 소득은 퇴직 전보다 줄었지만 자신의 시간을 100% 마음대로 쓸 수 있는 '시간 부자'가 됐기에 오히려 행복도가 크게 높아진 에디김 님은 파이어족을 적극 추천한다.

밸런스형 파이어족의 전략: 4%룰+현금 흐름 융합

밸런스형 파이어족에게는 충분한 자산 생활비만큼의 현금 흐름을 동시에 확보하는 것이 필요하다. 다양한 경제적 시나리오에 대비하기 위해서는 위험을 상쇄하는 방어적 자산에도 비중이 있어서 자산의 규모가 일정 정도 이상이 돼야 한다. 현금 흐름형 파이어족과 자산형 파이어족의 장점을 모두 취한 것이 밸런스형 파이어족이기도 하다.

- **파이어 가능 단계** 연 최소 생활비의 20배 순자산+현금 흐름 최소 생활비 100% 달성
- **파이어 충분 단계** 연 최소 생활비의 25배 순자산+현금 흐름 최소 생활비 120% 달성
- **파이어 완벽 단계** 연 최소 생활비의 33배 순자산+현금 흐름 최소 생활비 150% 달성

예를 들어 가족의 생활비로 연 4,000만 원이 필요하다면, 첫 번째 단계에서 순자산은 8억 원&현금 흐름 4,000만 원 확보, 두 번째 단계에서 순자산은 10억 원&현금 흐름 4,800만 원 확보가 동시에 필요한 것이다. 밸런스형 파이어족은 고위험·고수

익 자산뿐 아니라 방어적 자산의 비율도 상당하다 보니 대단히 높은 현금 흐름을 달성하는 것도, 자산을 대단히 많이 확보하는 것도 다른 파이어족들보다 시간이 더 오래 걸리는 경향이 있다. 하지만 그만큼 한번 파이어족을 달성하면 가장 안정적인 생활을 할 수 있다는 것이 밸런스형 파이어족의 매력이다.

밸런스형 파이어족의 단점 보완법

앞서 언급한 대로 밸런스형은 다 좋지만 안정적인 경제 상태를 달성하려다 보니 은퇴가 늦어지는 경향이 있다. 준비를 철저히 하는 만큼 조기 은퇴를 위한 시간이 오래 걸리는 것이 어찌 보면 당연하기도 하다. 하지만 빠르게 경제적 자유를 확보해 시간을 아끼는 것이 파이어족 본연의 목적임을 생각할 때, 너무 오래 준비를 하다가는 '빠른 은퇴'가 아니라 그냥 '늦은 부자 은퇴'가 될 수 있다. 그것도 나름 심리적으로 좋은 선택이긴 하지만 그래도 다음 두 가지 전략을 고려한다면 더 빨리 은퇴를 선언할 수 있을 것이다.

계속 현금 흐름이 들어올 수 있는 느슨한 부업을 지속한다

자산이 현금 흐름 창출 한쪽에만 치우치는 것은 밸런스형 파이어족이 경계하는 방식이다. 그래서 현금 흐름이 다소 아쉬울 수 있는데, 이 점을 부업으로 극복하는 것이 좋다. 이왕이면 시간이 덜 들고, 느슨한 직업을 선택하는 것이 좋은 방법이 될 것이다. 미국에서도 이러한 식으로 느슨한 부업을 통해 생활에 활력도 주며, 현금 흐름을 보충하면서 빠른 조기 은퇴를 하는 방식을 선호하는 사람들이 꽤 된다. 이들을 앞서 언급했듯이 바리스타 파이어(Barista FIRE)라고 부르는데, 1주일에 20시간만 일하는 바리스타라든지, 공인중개사, 보육 교사 자격증 취득 후에 사회적 활동을 겸하며 느슨하게 일하는 것이 가능하다. 이밖에도 자신의 적성이나 특기를 살려서 온라인 강연, 책 저술, 블로그 운영 같은 일을 하는 것도 좋은 방법이다. 이렇게 하면 빠른 은퇴, 활기 있는 은퇴 생활, 이 두 마리 토끼를 모두 잡을 수 있다.

셀프 배당을 충분히 고려한다

자산형 파이어족과 마찬가지로 투자에 들어간 자산을 자신을 위해 배정하는 것을 고려하면 밸런스형 파이어족에게 큰 도움이 된다. 원금을 조금씩 일부 허는 것도 고려한다면 충분히 빠른 은퇴가 가능하다. 이렇게 자산을 조금씩 현금화하기에는 부동산보다는 금융자산이 유리한데, 이 점에서 다양한 포트폴리오를 가지고 있는 밸런스형 파이어족은 선택권이 많은 편이다. 물론 부동산 자산에서 배당금·부동산 월세뿐 아니라, 차익을 실현할 경우 수익금 일부를 생활비로 사용하는 것도 가능하다. 원금이 조금씩 줄어들더라도 너무 걱정하지 않고 은퇴 자금 일부를 생활비로 쓸 용기가 있다면, 젊음의 시간을 나의 회사가 아닌 나를 위해 마음껏 쓸 수 있다.

성공한
파이어족을
만나다

내 가족을 위한 셀프 펀드로
40대 조기 연금 받고 조기 은퇴!

파이어족 ID

30대 쎄프리

직업	IT 분야 회사원
가족 구성&거주 지역	맞벌이 / 2인 가구 / 경기권 거주
은퇴 시점 나이&성별	39세 / 남성
경제적 자유 달성 시기	2020년
파이어족 준비 기간	경제적 자유 준비 14년 차, 조기 은퇴 준비 2년 차
파이어족 DNA	밸런스형 파이어족(목표 현금 흐름:연 5,000만 원)
파이어 이후 생활비	연 5,000만 원
은퇴 이후 목표	파이어족을 위한 조기 은퇴 펀드 운영사 설립

파이어족 준비 계기

ㅡ

코로나19를 계기로 원래 가지고 있던 '강남의 좋은 아파트에서 살기'라는 목표가 저희 부부의 진정한 행복과는 거리가 멀다는 것을 깨달았습니다. 2020년에 코로나19가 확산되며 저와 아내는 둘 다 재택근무를 하게 됐습니다. 재택근무를 주로 하다 보니 회사 근처에 비싸게 주고 산 집이 별 의미가 없어서, 전세를 주고 조금 떨어진 곳의 더 넓은 집에서 월세살이를 시작했습니다. 남는 전세 자금으로 투자를 시작했는데 월세를 내고도 훨씬 많이 남는 안정적인 수익이 발생했습니다. 그렇게 저희는 '쓸데없이 직장에 매여서 비싼 곳에서 살고 있었구나' 크게 느꼈습니다. 더 나아가 '강남 아파트'라는 허상의 꿈에 우리의 젊음을 낭비하고 있다는 생각이 들었습니다.

파이어족과 조기 은퇴의 개념을 접하고, 경제적 자유가 가까워졌을 때 제가 진정으로 원하는 행복이 무엇인지 다시금 돌이켜봤습니다. 지금까지 살아오던 대로 회사에서 성공해 연봉이 오르고 보너스가 더 오르는 생활에 대한 회의감이 크게 들었습니다. 일을 할 때는 재미있는 부분이 있지만 결국 누군가의 지시를 따라서 무작정 수행해야 한다는 부분에 언제나 남모를 회의감이 있었습니다.

내가 경제적으로 더 이상 월급이 필요하지도 않은데 회사를 다니는 데 큰 의미가 느껴지지 않았습니다. 회사원으로 젊음을 낭비하는 것이 내가 정말 바라는 인생이 아니라는 진실을 마주하게 됐고, 그렇게 저는 2021년 경제적 자유와 함께하는 새로운 여정을 위해 과감히 은퇴를 선언했습니다.

주요 재테크 전략

저는 제 가족을 위한 일명 '쎄프리 펀드'를 만들어 은퇴 이후의 삶을 대비하고 있습니다. 제 펀드의 주력은 미국 주식, 그중에서도 대세 상승을 이끌고 있는 성장주가 중심에 있습니다. 보유 기간 동안 조정이 온 시절도 있었지만 꾸준히 분할 매수를 했고, 시대의 트렌드를 이끌어가는 IT 성장주는 저에게 큰 수익

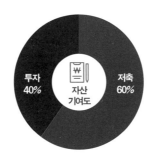

으로 보답했습니다. 주식 가격 조정이 왔을 때 그 회사의 제품들, 예를 들어 테슬라나 구글 제품을 사용해보면 오히려 하락이 기회라는 생각이 들었습니다. 저의 빼놓을 수 없는 재테크 전략은 균형 있는 소비와 지속적인 투자입니다. 돈을 번 만큼다 써버리기보다는 저축 예산 관리를 꾸준히 했으며, 저축률을 65%까지 끌어올려 자산 투자에 사용했습니다.

대학생 때부터 시작한 오랜 기간의 투자 경험이 저에게는 소중한 성공의 씨앗이 됐습니다. 어렸을 적 단타 주식 투자부터 시작해 암호화폐, 국내 주식, 해외 주식, 부동산 등등 온갖 투자를 직접 해보았습니다. 그렇게 저에게 맞는 투자 방식과 궁극적으로 성공하는 투자에 대한 탐구를 멈추지 않았고, 저에게 맞는 투자자산이 무엇인지 감을 키울 수 있었습니다. 결국 메가트렌드를 이끌 만한 훌륭한 주식, 특히 미국 주식에 대한 확신이 저에게는 큰 자산이 돼주었습니다. 예전 2008년에 아이폰에 열광했으면서도 애플 주식을 구입할 생각을 하지 못했던 것이 저에게는 큰 아쉬움으로 남아 있었습니다. 그 뒤로 12년간 30배 가까이 올랐으니까요. 덕분에 테슬라·구글·아마존과 같은 좋은 성장주에 대한 장기 투자 아이디어를 이번에는 놓치지 않을 수 있었습니다.

조기 은퇴 이후에 다양한 경제적 시나리오에 대비할 수 있게 은퇴를 준비하고 있습니다. 다양한 배당주와 리츠(REITs) 등에서 최소한의 현금 흐름을 안정적으로 확보할 수 있는 정도로 포트폴리오 조정을 계획하고 있습니다. 또한 지속적으로 자산 배분을 진행해 현재는 배당주를 전체 투자자산의 60%까지 늘리는 작업을 하고 있습니다. 그렇다고 미래의 성장을 놓칠 수는 없기에 공격적인 미국 성장주도 장기적으로 쥐고 있을 예정입니다.

파이어 이후의 삶

현재로는 배당금과 주식 투자의 성과를 고려할 때, 일을 안 해도 되는 최소한의 상태가 됐습니다. 아주 넉넉한 금액은 아니지만 정해진 예산 안에서 충분히 행복한 생활을 유지하고 있기에 만족하며 살아갈 수 있습니다.

조기 은퇴 이후에는 매일이 금요일 같은 삶을 살고 싶습니다. 단기적으로는 회사에서 풀타임으로 근무할 때보다는 조금 여유로운 생활을 계획 중입니다. 아이러니하게도 일을 그만두려고 하니 재미있는 일의 기회가 새롭게 찾아와서 현재는 파트타임으로 새로운 일을 병행하는 것도 고려 중입니다. 몇 년간 열심히 경제적 시나리오를 준비하다 보니 기존 근무 업종이 아님에도 금융 관련 일 제안이 들어올 정도로 자산 운용에 능통해 졌습니다. 인생은 알다가도 모르겠다는 생각이 듭니다. 현재는 당분간 제주도에서 한적한 시간을 보내는 것을 계획 중입니다.

금융 투자에 큰 재미를 느끼고 있어서 장기적으로는 관련 공부를 더 해보고 싶습니다. 전문적인 지식과 필요한 자격증 공부부터 시작해볼 생각이며, 현재 자산 운용 자격증 공부를 준비하고 있습니다. 운용 중인 블로그도 계속 유지하고, 유튜브도 새로 시작할 예정입니다. 길게 보면 제가 지금까지 제 가족만을 위한 '2인 가족 펀드'를 운영해왔다면, 앞으로는 다양한 파이어족을 대상으로 하는 금융 상품을 설계하고 싶어졌습니다. ETF처럼 종목 구성을 전혀 신경 쓸 필요가 없는 그런 펀드가 있으면 참 좋겠다는 생각이 들면서 제가 만들어야겠다고 결심하게 됐습니다. 지금은 조금 막연하지만 언젠가는 달성할 수 있기를 희망합니다.

파이어를 준비하는 사람들을 위한 조언

경제적 자유와 조기 은퇴를 달성하고 파이어족이 되는 것은 0에서 1이 되는 것처럼 갑작스럽게 변하는 것이 아닙니다. 그보다는 오히려 자신이 원하는 진정한 목표가 무엇인지를 계속 고민하고, 자신을 탐구해가는 과정이 훨씬 중요합니다. 파이어족이 된다는 것은 기존 삶의 틀에서 벗어나, 행복을 찾아나가는 치열한 고민의 과정과 함께 점진적인 변화를 끊임없이 해나가는 여정입니다.

고민을 많이 한 만큼 자신을 더 잘 알게 될 것이고, 그런 고민을 많이 한 만큼 진정한 자유에 가까워지는 파이어족이 될 수 있다고 믿습니다. 예를 들어 "얼마가 있어야 파이어족이 되나요?"라는 질문은 의미가 전혀 없습니다. '나는 얼마가 있어야 행복해질 수 있는가? 어떤 투자가 나에게 맞는 투자자산이며, 얼마만큼의 수익률을 기대할 수 있는가? 얼마만큼의 돈을 절약해서 자본금을 만들어야 하나?'와 같은 세분화된 고민의 과정을 겪어야만 진정한 경제적 자유에 가까워질 수 있습니다.

📊 쎄프리의 미래 파이어족을 위한 팁

- 저축 예산 관리는 기초 중의 기초!
  정해진 예산 안에서 행복해지는 연습을 해보자.
- 다양한 투자를 통해 나에게 맞는 투자자산을 찾자.
  잘 아는 투자에서만 성공할 수 있다.
- 갑작스럽게 이뤄지는 것은 아무것도 없다.
  내가 진정 원하는 것을 오랜 시간 치열하게 고민하자.

쓰죽형 파이어족

현재에 집중하는 쓰죽형 파이어족은 경제적인 불안감에 대비해 인생을 낭비하는 것을 경계하는 파이어족 DNA를 가진 사람들이다. 그들은 합리적인 사고방식을 지닌 파이어족 중에서도 특히나 더 긴 안목으로 노후까지 내다본다. 파이어족이 되기 위한 경제적 자유의 기본 기준인 '4%룰' 자체에도 의문을 던지는 그들은 다양한 연금을 활용한다면 그조차도 과도한 준비라고 여긴다. 자산을 계속 관리하는 스트레스 때문에 현재의 삶의 질이 떨어지는 것에 반대하며, 차라리 그 에너지를 자신의 인생을 즐기는 데 쓰는 게 낫지 않느냐고 반문한다.

이들은 무엇보다 미래 자산에 대한 욕심이 크지 않은 사람들이다. 한때는 자산 축적의 욕심과 미련이 있었지만, 이제는 현재를 즐기는 시간의 자유가 훨씬 더 중요하다고 생각한다. 그

대한민국 파이어족 시나리오

"죽어서 가져갈 것도 아닌데, 왜 필요 이상 돈 버느라 인생을 낭비하지?"

래서 그들은 미래를 위해 현재의 자유를 포기하는 것을 경계한다. 죽을 때 남는 것은 쌓아둔 자산이 아니라, 그저 자신의 마지막을 정리해줄 약간의 비용과 기억에 남을 만한 멋진 경험과 같은 정신적 유산이라고 말한다.

그렇다고 쓰죽형 파이어족이 대책 없이 경제적 자유를 꿈꾸는 것은 아니다. 쓰죽형 파이어족은 그 누구보다 합리적인 성격의 소유자들이다. 오히려 더 철저하고 안전한 방식으로 미래의 생활비를 만들어줄 자산의 출처를 마련해둔다. 그들은 국민연금, 개인연금, 퇴직연금, 역모기지 연금 등 다양한 연금과 일상생활에서 닥칠 각종 위험을 막아줄 보험을 철저하게 활용할 줄 아는 사람들이다.

40대 끝자락에 파이어족을 선언한 '비비르 님'이 바로 쓰죽형 파이어족이다. 돈이 목적이 되기보다는, 그저 인생을 즐기며 살기 위한 수단으로서 활용하는 쓰죽형 파이어족 DNA를 타고 났다. 배당주와 다양한 채권 위주로 월 200만 원 수준의 현금 흐름을 확보한 이후로는 과감하게 조기 은퇴를 선언했다. 연금이 나오기 전까지는 주 30시간 이하의 근무시간을 유지하고 지금까지 준비한 자금을 헐어 생활비를 확보할 계획이라고 한다. 자신의 전공과 직장 생활 경험을 합쳐 탄소 배출권 컨설팅 창업을 준비 중인데, 창업 자금도 적게 들고 대면 활동이 큰 비중을 차지하지 않아서 자유도가 아주 높다고 한다. 비비르 님이 1년에 몇 달씩 쉬며 자유롭게 외국에서 한 달 살기를 할 수 있는 파이어족의 자유를 꼭 누리기를 바란다.

쓰죽형 파이어족의 전략: 연금의 활용

대부분의 쓰죽형 파이어족의 파이어족 달성 제1 전략은 바로 연금이다. 즉, 죽을 때까지 나오는 연금을 최대한 많이 확보한 뒤 조기 은퇴를 선언하는 것이다. 국민연금을 포함한 다른 여러 가지 사적 연금을 적극적으로 활용한다. 사적 연금으로는 연금저축, 퇴직연금이 대표적인데, 그 밖에도 연금 수령액을 크게 늘리면서 주거 비용도 아낄 수 있는 주택연금 활용법도 있다. 이렇게 4종 연금(국민연금·개인연금·퇴직연금·주택연금)을 골고루 갖춰두는 것이 쓰죽형 파이어족의 핵심 전략이다. 그리고 연금이 나올 때까지 버틸 '크레바스 자금'●이 마련되면 쓰죽형 파이어족의 은퇴 준비는 모두 끝이 난다.

- **파이어 가능 단계** 4종 연금 세트+크레바스 자금
- **파이어 충분 단계** 4종 연금 세트+크레바스 자금+여유 자금 1억~2억 원
- **파이어 완벽 단계** 4종 연금 세트+크레바스 자금+여유 자금 1억~2억 원+각종 보험+인플레이션 대비 1억~2억 원 장기 투자금

즉, 연금, 보험, 크레바스 자금을 적절히 준비해 시점별로 활용하는 것이 쓰죽형 파이어족 전략의 핵심이다. 여기에 여유 자금과 혹시 모를 인플레이션에 대비해 금, 물가연동채권(TIPS) 등의 포트폴리오를 섞는 것도 좋은 대비책이 될 것이다. 크레

● **크레바스 자금** 연금 지급이 시작되기 전인 60~65세까지의 생활비

바스 자금은 적당히 현금화가 쉬운 금융자산을 활용하는 것이 일반적인데, 배당주·ETF 투자·고금리 예금 등을 자신의 투자 성향에 맞춰 적절한 비율로 운영하도록 한다.

쓰죽형 파이어족의 단점 보완법

쓰죽형 파이어족의 특징 중 하나는 자산 축적에 대한 열망이 다른 사람들보다 적어서 자산을 관리하는 데 쓰는 시간을 아까워한다는 점이다. 좋은 자산에 투자하는 것을 취미처럼 하는 사람들도 있지만, 그렇지 않은 사람은 미래 가치가 높은 자산을 찾아내고 투자하는 데 풍부한 지식과 꾸준한 공부가 필요하다. 이러한 공부가 인생을 즐기는 데에 방해가 된다고 생각하는 쓰죽형 파이어족은 전망이 좋은 고수익 자산에 접근조차 하지 않는 경우가 종종 있다. 주식·부동산은 불확실성이 높다는 단점 대신 장기적으로 보면 결국 다른 자산의 증가율을 압도한다. 쓰죽형 파이어족은 연금과 같은 장기 자산에 집중하다 보니 이런 고수익의 기회를 알고도 놓치는 일을 겪게 된다.

주식·부동산 고수익의 기회를 놓치는 것이 평소에는 큰 문제가 아니다. 하지만 이것이 가장 문제가 되는 경우는 자산 인플레이션과 물가 인상이 가속화되는 시기다. 자산 인플레이션이 가속화되면 주거 비용이나 예상치 못한 비용이 급증해, 예산보다 생활비가 더 많이 필요해지기 때문이다. 그 밖에도 자산이 상대적으로 부족한 쓰죽형 파이어족은 목돈이 필요한 리스크를 대비해야만 한다. 큰 병을 얻거나 사고를 당해 치료비가 많이 들어가는 상황이 그 예다. 이러한 리스크 상황을 대비하는 방법으로는 다음 두 가지가 있다.

ETF 장기 투자에 일부 자산을 투입한다

시간을 적게 쓰고도 시장 평균 수익률을 누릴 수 있는 것이 바로 ETF 장기 투자 방법이다. 미국 S&P 500 ETF에 투자하는 것은 최저 수준의 수수료를 내면서 시장 상승률인 연 8~10%를 충분히 누릴 수 있는 투자 방법으로 유명하다. 미국에 상장돼 있는 ETF를 직접 매수하는 것은 달러 자산을 확보하는 것과 동시에 인플레이션, 자산 상승 등을 동시에 대비할 수 있는 좋은 방법이다. 자산의 큰 비율을 투자하는 것보다는 일부 정도만 보험이라 생각하고 넣어놓는 것이 시간을 아주 적게 들이면서도 장기적으로는 인플레이션을 상쇄할 수 있는 투자법이다.

건강 리스크를 대비해 보험 상품에 가입한다

연금만으로는 대비가 되지 않는 것이 바로 예상치 못한 질병에 관한 부분이다. 우리나라는 건강보험이 잘 구축돼 있는 것으로 유명하지만, 여전히 암을 포함한 4대 중증 질환은 완치까지 막대한 치료 비용이 필요한 질병이다. 따라서 이를 대처하기 위해서는 적절한 보험 상품을 찾아 가입하는 것이 경제적 부담을 더는 방법이 될 수 있다. 많은 재테크 서적에도 암보험, 실비보험 정도는 기본으로 가입해두는 것을 추천하고 있으며, 가족·친척 중에서 발병 이력이 있는 다른 질환들에도 대비하는 것이 좋다.

파이어족 DNA별 경제적 자유 달성 전략

지금까지 언급한 성향별 파이어족의 경제적 자유 달성 전략과 주요 목표를 정리하면 우측 표와 같다. 여기서 주목해야 할 것은 '절대적인 자산의 크기'는 중요하지 않다는 점이다. 단순히 비교해봐도 15억 원의 자산을 보유한 4인 가구가 10억 원의 자산을 가진 1인 가구보다 더 큰 경제적 자유 수준을 누릴까? 핵심은 1년에 얼마만큼의 생활비를 사용하느냐다. 특히 주거비를 어떻게 쓰느냐에 따라 편차가 매우 크다. 도심에서 막대한 사교육비를 지출해야 하는 사람이라면 훨씬 많은 자산이 필요하지만, 물가가 높지 않은 곳에서도 행복하게 살 수 있는 사람은 적은 자산으로도 충분히 경제적 안전망을 확보할 수 있다.

종류	파이어 가능 단계	파이어 충분 단계	파이어 완벽 단계
자산형 파이어족	생활비의 20배 **순자산**	생활비의 25배 **순자산**	생활비의 33배 **순자산**
현금 흐름형 파이어족	최소 생활비= 투자/부업 **현금 흐름**	최소 생활비+ 웰빙 소비= 투자/부업 **현금 흐름**	최소 생활비+ 웰빙 소비+여유 현금 흐름 투자/부업 **현금 흐름**
밸런스형 파이어족	생활비의 20배 **순자산&** 최소 생활비 **현금 흐름**	생활비의 25배 **순자산&** 여유 생활비 **현금 흐름**	생활비의 33배 **순자산&** 여유 생활비 **현금 흐름**
쓰죽형 파이어족 (45세 이상 추천, 2인 기준)	9억 원 이하 집 한 채+ 65세까지의 **생활비**	9억 원 이하 집 한 채+ 65세까지의 **생활비**+ **여유 자금** 1억~2억 원	9억 원 이하 집 한 채+ 65세까지의 **생활비**+ **여유 자금** 1억~2억 원+ 물가 안정 채권 1억~2억 원

DNA별 경제적 자유 달성 목표

은퇴 결정은 반드시 '내 기준'에 따라 내리자

파이어족을 향한 여정에서 가장 중요한 기준으로 삼아야 할 것은 언제나 나 자신이다. 무조건 파이어 충분, 파이어 완벽 단계까지 모두 달성한 뒤에 조기 은퇴를 하는 것이 정답도 아니다. 더 높은 단계의 경제적 자유에 이르기 위해서는 당연히 훨씬 긴 시간이 필요하며, 그만큼 새로운 시작에 대한 기회비용을 날리는 것이기도 하기 때문이다. 현재 직장에서 얻는 만족감이 너무 작고 조기 은퇴 이후에도 새로운 일을 찾아 수익 및 투자

포트폴리오를 발전시킬 구체적인 계획을 세우고 있다면, 파이어 가능 단계로도 충분하다.

반대로, 직장을 그만두었을 때 은퇴 자금에 대한 확신이 크게 부족해서 새로운 투자·부업에 지나치게 몰두해야 하는 상황이라면 조기 은퇴에 조금 더 신중할 필요가 있다. 투자나 부업이 적성에 맞고, 삶에서 행복을 느낄 만큼만 균형 있게 시간을 사용할 수 있다면 괜찮겠지만 억지로 하는 투자는 오히려 더 불행해질 수도 있다. 우리는 투자자로 전직하기 위해 조기 은퇴를 하는 것이 아니다.

"디지털 노마드 되려다 디지털 노예 된다"라는 이야기가 종종 들린다. 출퇴근에서 자유로운 디지털 노마드를 동경해 퇴사했다가, 아무리 좋은 발리나 방콕 같은 곳에 가서도 디지털 격무에 시달린다면 그것은 우리가 원하는 삶이 아닐 가능성이 크다. 반대로 미래에 대한 불필요한 불안감 때문에 현재의 직장에서 노예 같은 삶을 살고 있지는 않은지도 반드시 성찰해야 한다.

'내 마음이 편한 상태'를 탐구하자. 시시각각 변하는 내 성향과, 내 내면이 어떤 상태에서 편안함을 느끼고 불안함을 느끼는지는 그 누구도 알려주지 않는다. 오직 나 자신만이 나 자신을 지속적으로 관찰하고, '만족-욕망-불안'의 균형점을 찾을 수 있다. 내가 원하는 삶이 불안함과 욕망에 사로잡혀 있지 않은지 끊임없이 관찰해야 한다. 지나친 욕망을 추구하기보다는 적당한 수준의 만족이 필요하다. 그렇다고 내 마음속의 욕망을 너무 무시하다 보면 욕구불만이 쌓여 불행해진다. 미래에 대한 지나친 불안감보다는 현재에 집중하며 가진 것에 만족하고 이를 수용하되, 불안감을 그저 무시해 미래의 리스크를 짊어져서는 안 된다.

'내 마음이 편한 상태'가 향하는 곳이 조기 은퇴와 일치할 때, 그때 비로소 조기 은퇴 결정을 내릴 수 있을 것이다.

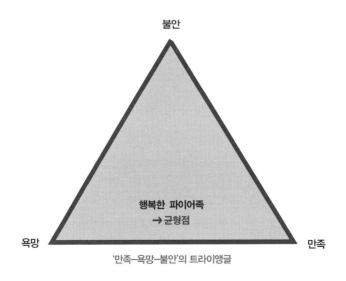

'만족–욕망–불안'의 트라이앵글

쓰죽형으로 더 빠르게 은퇴하고, 더 큰 자유를 누리자!

파이어족 ID

40대 행복한 워커

직업	환경·품질 기사, 쇼핑몰 운영
가족 구성&거주 지역	맞벌이 / 2인 가구 / 부산 거주
현재 나이&성별	40대 후반 / 여성
경제적 자유 달성 시기	47세
파이어족 준비 기간	15년
파이어족 DNA	쓰죽형 파이어족 (목표: 65세까지의 생활비&1주택&65세 이후 연금)
파이어 이후 생활비	월 300만 원
은퇴 이후 목표	제주도에서 시작해 국내 각 지역에서 1~2년씩 살기 걷고 자전거 타며 지역 밀착 여행하기

파이어족 준비 계기

___

저는 파이어 운동에 대한 개념을 알기 전부터 이미 이른 은퇴를 준비하고 있었습니다. 15년간 일을 하면서 즐거웠던 적이 거의 없었기 때문에 더욱 경제적 자유와 조기 은퇴에 대한 갈망이 컸습니다. 대학 전공을 살려 환경·품질 기사로 근무했지만 일과 저의 적성이 참 안 맞는다는 것을 느끼고, 회사를 굳이 다니지 않아도 되는 경제적 자유에 대해 진지하게 고민했습니다. 쇼핑몰 운영처럼 다른 일도 시도해봤지만 역시 저에게 맞는 일이 아니었습니다. 돈을 벌면서 많은 스트레스를 받는 생활을 지속하느니, 돈을 빨리 많이 모은 뒤 검소하게 살면서 돈이 벌리지 않아도 하고 싶은 일들을 하면서 살겠다고 결심했습니다.

주요 재테크 전략

___

저의 자산 축적에 가장 크게 기여한 것은 단연 저축입니다. 어렸을 적부터 검소한 가정에서 자라나 용돈을 받으면 저축부터 하던 습관이 있었습니다. 돈을 모으고 싶다는 마음이 든 이후로는 가능한 한 예산에서 지출하고, 남은 것은 매번 비상금 통장과 저축에 배분했습니다. 높은 수준의 저축을 지속할 수 있

었던 것은 저의 그런 재정 습관이 큰 힘이 됐던 것 같습니다. 덕분에 직장에서 받은 명절 상여금과 성과급으로만 생활을 하고 매달 나오는 월급은 대부분 저축을 할 수 있었습니다.

사실 저희 부부는 투자에는 별로 관심도 없고 투자를 잘할 수 있는 성격도 아닙니다. 공격적인 주식과 부동산의 변동성에 대한 불안감 때문에 정신적인 고통이 큰 것을 도저히 감당할 수 없더군요. 저에게는 물질로 인한 만족보다는 정신적인 만족이 훨씬 더 중요하기에 스트레스를 받으며 굳이 투자로 돈을 벌고 싶지는 않았습니다. 그래서 금융 상품에서는 안전하다고 판단되는 예금·적금과 연금에만 최대한 집중했습니다. 연금도 일찍 시작한 덕분에 남편과 제 것을 합쳐 65세가 됐을 때 300만 원 이상 확보할 수 있다는 것을 확인하고, 그때부터 안심할 수 있었습니다.

그 밖에도 결혼 직후 마련한 1주택은 주거 안정에 큰 힘이 돼 주었습니다. 할인 분양하는 부동산을 처음으로 구매했는데, 대출 이자가 높았기 때문에 열심히 돈을 갚는 것이 저축의 훌륭한 동기부여가 됐습니다. 그 이후에 역세권 집으로 옮겨 갈 수 있었는데, 부동산 평가액이 150% 상승했습니다. 오랜 기간에 걸쳐 상승했기도 하고, 팔 계획은 없어서 자산 상승이 큰 의미는 없지만, 주거 비용 부담을 크게 줄여준 것이 고마운 일입니다. 앞으로 지방에서 살더라도 자가를 전세·월세로 주면 다른 지역에서의 주거 비용을 해결할 수 있겠더군요.

쓰죽형 파이어족이 다른 파이어족들과 다른 점

일반 파이어족들보다 쓰죽형 파이어족이 좋은 이유는 은퇴 자산이 적게 필요하기 때문입니다. 쓰죽형 파이어족은 '4%룰' 같은 것에 지나치게 얽매일 필요가 없습니다. 저 역시 조기 은퇴를 준비하면서 "은퇴 후 소비 금액의 25배, 33배의 자산이 필요하다"라는 이야기에 많은 위화감을 느끼기도 했습니다. 일반적인 파이어족은 자산으로만 경제적 자유를 이뤄야 하기 때문에 마르지 않는 경제적 기반이 중요합니다. 따라서 보수적인 목표를 잡는 것이 좋겠지만 쓰죽형은 '다 쓰고 죽는다'는 생각을 하면 목표의 필요성이 덜합니다. 어차피 죽으면 그 많은 자산이 별다른 의미도 없고, 늙으면 재산이 아무리 많아 봐야 쓸 곳이 병원비밖에 없습니다. 그 전에 더 빨리 조기 은퇴를 하고 행복한 생활을 보내는 것이 더 소중한 인생을 사는 방법이라고 생각합니다.

다만 쓰죽형 파이어족으로서 미래에 예상하지 못한 목돈이 들어가는 상황에 대해서는 꼭 대비를 하려고 합니다. 건강에 큰 문제가 생겨서 의료비가 많이 들어가는 상황은 최대한 보험을 고려 중이고, 그 밖에도 비상금으로 쓸 수 있는 최소 2억 원 정도는 들고 있는 게 좋을 것 같습니다. 당장 쓰지는 않더라도 어느 정도 목돈이 비상금으로 있다면 심리적인 안정감에 큰 도움이 됩니다. 자산을 많이 가지고 있지 않은 것에 대한 심리적 불안감이 반드시 존재하는데, 그 불안함에 얼마나 현명하게 맞설 수 있느냐가 중요합니다. 그 불안함 때문에 하고 싶지 않은 일을 계속하면서 인생을 불행하게 살고 싶지는 않습니다.

파이어 이후의 삶

단기로는 국내의 각 지역에서 여행이 아닌 1~2년씩 건강하게 살아보기를 하고 싶습니다. 자연이 좋은 곳에서 몸을 자주 움직이며 생활하고 싶은데, 저 스스로 정말 건강하다는 생각이 들었으면 좋겠습니다. 맨 먼저 제주도에서 2년간 열심히 걷고, 좋은 것을 많이 먹는 생활을 하고 싶습니다. 건강검진에서 이상 소견이 하나도 없는 건강한 몸을 가지는 것도 목표입니다.

장기적인 부분은 단기 계획을 수행하다 보면 자연스럽게 떠오르지 않을까 싶습니다. 장기적으로는 제가 원하는 일을 행복하게 하면서 재미있게 살고 싶습니다. 국내 각 지역의 건강하고 맛있는 음식·식자재 같은 것을 발굴해서 인터넷으로 판매하는 것도 하나의 아이디어입니다.

파이어를 준비하는 사람들을 위한 조언

파이어족이라면 무엇보다 자신의 마음을 찬찬히 들여다보시길 추천합니다. 우리는 물건을 사기 위해 돈을 벌고 있습니다. 그러나 우리의 소비를 되돌아본다면 생필품을 제외하고는 물건을 사는 이유가 자존심 때문이기도 합니다. 만약 자존심을 세우려고 물건을 사는 것이라면, 이는 어딘가 존재하는 스스로의 결핍 때문에 발생하는 현상이기도 합니다. 그 결핍을 메꾸기 위해 끊임없이 물건을 사는 데 돈과 시간을 헛되이 쓰고 있지는 않은지 생각해봐야 합니다. 그보다는 책을 읽는다든지, 나 자신과 대화한다든지 등과 같은 방법을 통해 자신의 결핍을 채우고 자존심을 살리는 것이 행복해지는 길입니다. 동시에 돈을 아끼니 직장에서 더 큰 돈을 벌어야 할 이유도 없습니다.

다른 파이어족과 이야기를 많이 해보는 것도 권하고 싶습니다. 저 역시 파이어를 준비하면서 '나의 자산이 부족하지 않을까?', '예상하지 못한 리스크에 대비하지 못하면 어쩌나?' 계속 불안했어요. 그러나 커뮤니티 활동을 통해 다른 파이어족을 많이 보면서 느꼈습니다. 내가 가진 것이 다른 누군가에 비하면 한없이 보잘것없지만, 또 다른 누군가에겐 엄청 큰 것이며 꿈이고 목표일 수도 있다는 것을 말이죠. 또 다른 파이어족이 미래를 대비하는 모습을 보면서 큰 위안이 됐고, 막연한 불안감은 충분히 극복할 수 있다는 용기를 얻었습니다.

📊 **행복한워커의 미래 파이어족을 위한 절약 팁**

- 저축하는 돈은 내 월급에서 빼고 나머지 예산으로만 생활한다.
- 집을 늘 정리해 필요 없는 물건을 추가로 구매하지 않도록 한다.
- 필수적이지는 않지만 꼭 갖고 싶은 물건은 따로 매달 '플렉스(FLEX) 예산'을 모아 가능한 한도에서만 구매한다.

파이어족이 공통으로 전하는 성공 비법

앞서 성공한 파이어족들의 인터뷰에서 보았듯이, 경제적 자유와 조기 은퇴를 준비하는 전략은 성향별로 제각각이었다. 하지만 그럼에도 여러 파이어족이 공통으로 말하는 성공의 비법들은 존재했다.

수많은 성공 비법 중에서 가장 높은 비율을 차지하는 것은 경제적인 측면에서의 팁이었다. 파이어족의 지향점을 다시 한번 떠올려보자. 바로 더 효율적으로 돈을 벌고, 더 현명하게 돈을 쓰는 것이다. 경제적 자유를 위해서는 얼마나 잘 버느냐도 중요하지만, 같은 돈을 쓰면서도 더 높은 삶의 질과 행복한 일상을 추구하는 것이 무엇보다 중요하다. 그러기 위해서는 파이어 선언 이전과는 다른 삶의 양식을 개발해야 한다고 그들은 설명한다.

또한 내가 만난 파이어족은 저마다 진정한 파이어족으로 거듭나기 위해서는 경제적 측면 말고도 심리적 측면, 사회적 측면의 대비도 중요하다고 강조했다. 그들을 진짜 파이어족으로 만든 꿀팁 세 가지를 꼽아보았다.

지리적 차익 최대한 이용하기

우리가 태국, 필리핀 등 동남아로 여행을 가는 이유를 생각해보자. 다채롭고 맛있는 음식, 따뜻한 기후와 멋진 관광지도 있지만, 무엇보다 저렴한 물가를 동남아 여행의 매력으로 손꼽는다. 이렇게 같은 가격으로 훨씬 높은 서비스를 누리는 이득을 지리적 차익(Geoarbitrage)이라고 부른다. 팀 페리스(Tim Ferriss)가 《나는 4시간만 일한다(THE 4-Hour Workweek)》에서 저술한 이 개념은 자신에게 맞는 라이프 스타일을 누리기 위해 전 세계의 물가나 환율 차이를 이용하는 것을 의미한다. 파이어족이라면 이러한 지리적 차익을 적극적으로 이용해 생활비를 똑같이 사용하면서도 훨씬 높은 생활의 질을 누릴 수 있다.

지방에서, 해외에서 살아도 충분히 행복할 수 있는 사람이라면 더욱더 지리적 차익을 적극적으로 활용해야 한다. 생활비가 적게 드는 만큼 마련해야 할 은퇴 목표 자금·현금 흐름이 크게 낮아질 테고, 이를 활용하면 은퇴 선언도 더 앞당길 수 있다. 서울과 같은 대도시에 살기 위해 우리는 매달 막대한 거주 비용과 생활비를 지불하고 있다. 한국에서, 또는 대도시에서 반드시 살아야 하는 이유를 직장 말고는 찾기 어려운 사람이라면, 지금 당신이 '지리적 손실'을 입고 있다는 사실을 알아야 한다.

또한 경쟁적인 한국 사회의 분위기에 조금은 지쳐 있는 사람이라면 지금까지 살아온 것과 전혀 다른 주거 환경에서 최소 몇 년간 생활해보는 것이 좋은 환기가 될 수 있다. 한국 사회에서 사는 사람이라면 누구나 다른 사람들과의 비교에 노출되는 것이 익숙할 것이다. 어떤 집, 어떤 차, 어떤 직장, 어떤 핸드백을 가졌는지 끊임없이 비교하는 데 지쳤다면 그것들과 거리를 두고 살아볼 필요가 있다. 지리적 차익을 적극적으로 이용한 파이어족이라면 하나같이 입을 모아 이야기한다. 거리를 둬보면 다른 사람들의 시선이 삶에서 얼마나 불필요한 것이었는지를 느낄 수 있다고.

30대 끝자락에 목표한 경제적 자유를 이룬 '다이나믹 님'은 조기 은퇴 후 제주도에서 생활을 시작했다. 직장 때문에 살던 서울과 멀리 떨어진 곳에서 생활하고 싶었다고 한다. 마침 친척 중에도 제주도로 내려간 분이 있어서 부담 없이 제주도 생활을 2년째 즐기고 있다. 제주도에서의 주거 비용이 수도권보다 훨씬 적게 들기도 하고, 가족들과 함께 자연 친화적인 텃밭을 가꾸는 재미도 쏠쏠하게 즐기고 있다. 게다가 서울에서의 경쟁적인 생활에서 동떨어져 새로운 생활을 시작했기에 마음이 아주 편안한 것은 보너스다. 회사에 다니지 않는 삶이 과연 행복할지에 대한 확신이 없기도 했지만, 놀랍게도 회사에 다니지 않아도 불편한 마음 없이 너무나 즐거웠다고 한다. 심지어 행복의 점수를 묻자 10점 만점에 100점을 주고 싶다며, 어서 빨리 많은 사람이 파이어족으로서의 즐거움을 누리길 바란다고 전했다.

주변의 파이어족들과 함께 이야기 나누기

파이어족 완성의 기초는 경제적 자유이지만, 그 열매는 조기 은퇴를 통해 비로소 맺을 수 있다. 의외로 많은 파이어족이 경제적 자유를 완성하고도 조기 은퇴를 망설이곤 한다. 가장 큰 이유는 불안감이다. 많은 종류의 불안감이 있지만, 그중에서도 파이어족을 가장 괴롭히는 것은 '파이어족이 되면 정말 행복할까? 은퇴를 후회하며 어쩌지?'와 같은 아직 겪어보지 않은 삶에 대한 두려움이다.

불안감을 해소하기 가장 좋은 방법은 주변의 파이어족들과 다양하게 대화를 나눠보는 것이다. 자신과 비슷한 상황에서 고군분투하고 있는 다른 파이어족을 찾아보는 것도 좋고, 자신보다 몇 발자국 나아간 상황에서 살아가고 있는 선배 파이어족도 좋다. 객관적이고 다양한 시각으로 자신의 상황에 대해 여러가지 이야기를 들어보는 것은 무척 큰 도움이 된다. 내 눈에는 부족해 보이는 자산을 그만큼으로도 충분하다고 말하는 사람들을 보면 힘이 나고, 무엇보다 나만 조기 은퇴 이후 제2의 삶을 꿈꾸는 것이 아니라는 사실을 깨닫는 것만으로도 큰 위안이 된다.

주변에서 파이어족에 대해 대화를 할 사람을 찾기가 힘들다면 온라인을 적극적으로 활용해보자. 조기 은퇴 이후 다양한 나라에서 여행하듯 살아가는 일상을 꿈꾸는 30대 초반 '파이어칠리 님'도 파이어족 온라인 커뮤니티를 적극적으로 활용했다. 파이어칠리 님은 현재 베트남 해외 주재원으로 일하고 있어서 대부분 시간을 해외에서 보낸다. 주변에서는 그녀의 파이어족 계획을 들으면 허황된 꿈을 꾼다며 콧방귀를 뀌기 일쑤였다. 그런 경험을 겪다 보니 용기를 잃고 좌절하는 순간도 많았지만, 온라인 커뮤니티에서 자신과 비슷한 생각을 하는 사람들과 이야기하는 것이 큰 힘이 됐다고 한다. 파이어칠리 님은 3년간 꾸준히 온라인 쇼핑몰과 블로그 활동 등 다양한 부업에 전념했고, 부업만으로도 월평균 500만 원 이상 벌고 있다. 현재 그녀의 계획은 2년 이내에 경제적 자유를 달성하고, 어느덧 꿈꾸던 디지털 노마드로서 살아갈 새로운 여정을 시작하는 것이다.

더 큰 부자가 되기 위해 인생 낭비하지 않기

파이어족이 되는 과정은 부자가 되는 과정과 비슷해 보이지만, 최종 지향점은 분명히 다르다. 부자는 더 큰 부자가 되기를 갈망하지만, 파이어족은 자신에게 맞는 수준의 부에 만족할 줄 아는 사람들이다. 부자들은 만족을 모르고 더 큰 부자를 향해 끊임없이 자신의 모든 정력을 성취에 쏟아붓는 경향이 있지만, 파이어족은 자신만의 기준에서 만족을 알고 시간을 더 이상 헛되게 낭비하지 않는다. 부자는 더 큰 부를 얻기 위해 끝없이 부를 재생산하지만, 파이어족은 자신의 행복을 위해 부를 활용할 뿐이다. 더 나아가 파이어족은 경제적 보상이 아무리 크더라도 자신에게 의미 없는 일이라면 시간과 에너지를 낭비하지 않는다. 이미 자신들에게 필요한 정도의 경제적 자립을 이룬 만큼, 단순히 더 많은 돈을 벌기 위한 활동은 결국 '불필요한 노동'이기 때문이다.

40대 파이어족 '으누션 님'은 파이어족은 부자보다 훨씬 행복하다고 이야기한다. 행복에는 두 가지 요소가 있다. 첫 번째는 목표를 성취하며 얻게 되는 만족과 성취감이며, 두 번째는 일상 속에서 얻는 기쁨과 평온함이다. 단순한 부자는 쉴 새 없이 더 많은 부를 추구하다 보니 전자인 성취감은 넘치지만, 후자의 일상 속 평온함과 행복은 얻지 못하는 경향이 있다. 파이어족은 넘치는 시간과 여유로 자신만의 소중한 경험을 마음껏 누리기 때문에, 부자보다 더 행복한 존재라고 말한다. 그는 파이어족이 되기 위해 필요한 것은 경제적 자유도 있지만, 더 큰 욕망을 과감히 포기할 줄 아는 용기와 통찰력이라고 강조한다.

진정한 파이어족은 자신보다 더 큰 자산을 가진 부자를 부러워할 수는 있지만 질투하지는 않는다. 질투와 부러움은 다르다. 질투는 부정적인 감정으로, 그 대상을 미워하고 배척하는 것에 집중한다. 부러움은 그 대상을 선망하며 그들의 성취에 높은 가치를 부여하고 인정한다. 다른 사람의 성취에서 배우려고 하는 긍정적인 자세는 인간을 성장하게 하는 좋은 밑거름이 된다. 질투의 감정으로 더 큰 부자를 욕망하는 사람은 행복할 수 없다. 파이어족은 그런 불행의 악순환에 자신의 행복과 젊음을 낭비하지 않는다. 더 큰 부자를 배척하고 미워하기만 한다면 그 사람은 준비되지 않은 파이어족일 것이다.

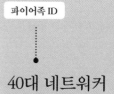

성공한
파이어족을
만나다

제2의 인생은 말레이시아에서

파이어족 ID

40대 네트워커

직업	금융권 출신 사무직
가족 구성&거주 지역	외벌이 / 3인 가구 / 서울 거주
현재 나이&성별	46세 / 남성
경제적 자유 달성 시기	2021년 예정
조기 은퇴 시점	2021~2022년
파이어족 준비 기간	10년
파이어족 DNA	밸런스형 파이어족 (목표 순자산: 15억 원, 목표 현금 흐름: 월 500만 원)
파이어 이후 생활비	월 500만 원
은퇴 이후 목표	말레이시아에서 가족과 시간을 보내며 다양한 봉사 활동에 집중하는 생활

파이어족 준비 계기

저는 어차피 해야 하는 은퇴라면 멋지게 선수 치고 싶은 마음이 가슴 한편에 있었습니다. 그러던 차에 먼저 퇴직한 금융권 선배들을 보면서 일반적인 은퇴에 대한 회의감이 크게 들었습니다. 모든 자산을 집에만 집중하면 은퇴 후 아파트 한두 채의 소유주는 될 수 있었지만, 융자와 세금을 내는 데 버거워 재취업을 하거나 전업 투자로 아등바등하며 사는 경우가 많았습니다. 그런 사례를 보며 아무 생각 없이 자산의 성장에만 매달리다가는 불행한 은퇴를 맞이할 것 같았습니다. 여러 재테크 강의를 들으면서 현금 흐름의 중요성을 깨닫고, 현금 흐름을 충분히 확보한다면 언제든 조기 은퇴를 할 수 있다는 사실에 매료됐습니다. 그 뒤로는 올해까지 현금 흐름 확보와 다양한 조기 은퇴 시나리오 대비에 집중했고, 그중에서 말레이시아 해외 이주를 1순위로 준비해 현재 은퇴를 눈앞에 두고 있습니다.

조기 은퇴 이후 해외 이주는 몇 년에 걸쳐 진지하게 고민해 내린 결론입니다. 젊은 시절 다양한 국가에 여행을 갈 기회가 있었는데, 그때 말레이시아에 좋은 인상을 받았습니다. 조사해보니 말레이시아의 이민 조건이나 생활환경이 특히 괜찮다는 것도 알게 됐습니다. 그 뒤로 꾸준히 은퇴 후 해외에서의 삶에 대해 조사하며 제2의 인생을 준비했습니다. 실제로 코타키나발루, 쿠알라룸푸르, 페낭 등의 물가 수준과 실제 생활환경을 조사하기 위한 사전 답사를 다녀왔고, 한국보다 싼 물가와 생각보다 괜찮은 치안 상태가 마음에 들었습니다. 한국보다 더 인종 다양성이 큰 국제 학교에서 자녀 교육이 가능하다는 것도 추가적인 매력 포인트입니다.

주요 재테크 전략

대학 졸업 후 주식 투자를 통해 학자금 3,500만 원을 예상보다 단기간에 갚는 경험을 통해 재테크에 처음으로 눈을 뜨게 됐습니다. 그 뒤로 아파트 신규 분양, 미분양, 경매·공매 등을 적극적으로 이용한 부동산 재테크를 시작했습니다. 현금 흐름의 중요성을 깨달은 이후로는 시세 차익형보다는 임대 수익형 부동산에 집중했습니다. 현재는 월세만으로도 안정적으로 생활비 대부분을 충당할 수 있게 됐습니다.

제 재테크에 가장 큰 공로를 세운 것은 레버리지 활용입니다. 부동산을 살 때 감당할 수 있는 수준의 빚을 지는 것을 적극적으로 활용했습니다. 부채를 열심히 갚다 보면 자동으로 저축의 효과도 있고, 시간이 지나면 좋은 부동산은 불어난 자산 가

치로 보답을 해주었습니다. 저축률을 따로 관리하지는 않았고, 필요한 만큼의 돈을 빼놓은 뒤 나머지를 쓰는 방식을 적용했습니다. 첫 아파트를 샀을 때를 예로 들자면, 월급의 40~50% 정도를 할애해 원리금을 갚고 나머지는 생활비로 썼습니다.

재테크를 취미처럼 일상과 계속 연계하려 노력한 것도 효과가 컸습니다. 주말 부동산 임장 일정에 맞춰 근처에서 아이와 시간을 보내는 계획을 세우는 등 일상과 재테크를 연계한 것입니다. 현재는 미국 주식에도 관심을 가지고 금융자산을 성장주와 배당주에 나누어 투자하고 있습니다. 성장주 대 배당주의 비율이 지금은 75 : 25 정도인데, 은퇴 이후에는 50 : 50을 목표로 해 조금씩 조정하고 있습니다.

파이어 이후의 삶

조기 은퇴 이후에는 지금보다는 좀 더 긴장을 늦춘 상태로 살고 싶습니다. 단기적으로는 지금까지 재테크에 많은 시간을 쓰느라 소홀했던 가족과 함께 추억을 많이 쌓고 싶습니다.

해외 이민의 장점이자 단점은 지금처럼 친구들이 가까이 있지 않기 때문에 오롯이 가족과 지내는 시간이 대폭 늘어난다는 것입니다. 가족과 많은 시간을 보내고 싶은 저에게는 장점이 되겠네요. 지금까지는 직장 생활 때문에 바빠서 아이와 함께 못 했던 소소한 일들을 많이 하면서 일상을 보내기를 바랍니다. 말레이시아에서는 부담스럽지 않은 가격으로 골프·승마 등을 배울 수 있으니, 재테크의 압박에서 벗어나 아이와 같이 다양한 스포츠를 즐기고 싶습니다.

장기적으로는 다양한 인생의 경험에 푹 빠져보고 싶습니다. 먼저 블로그나 유튜브 등을 하면서 제 생각을 찬찬히 콘텐츠로 표현하는 것도 생각 중이고, 말레이시아에 있는 은퇴한 외국 사람들과 새로운 친교 활동을 하는 것도 기대하고 있습니다. 그 밖에도 기회가 닿는 대로 봉사 활동을 하면서 저의 재능과 지식을 사회에 기여할 수 있는 활동에 적극적으로 참여하며 인생을 채워나갈 생각입니다.

📊 네트워커의 미래 파이어족을 위한 팁

● 자신이 원하는 것을 명확히 한 뒤 파이어족이 되길 바란다. 단순히 회사 가기 싫어서 선언한 '현실도피형 파이어'는 은퇴 이후의 현실에서도 금방 불행해질 수 있다.

● 다른 사람과의 비교에 집착하지 않도록 하자. 파이어 운동의 핵심은 바로 자신의 행복의 기준에 충실한 것이다. 자신의 내면에서 행복의 조건을 꼭 찾길 기원한다.

나에게 잘 맞는 전략이
무엇인지 빨리 찾아보자!

파이어족 ID

20대 파비올라

직업	금융 관련 직장인
가족 구성	1인 가구
현재 나이&성별	26세 / 여성
경제적 자유 달성 시기	약 10년 뒤
파이어족 준비 기간	2년 차
파이어족 DNA	밸런스형 파이어족(목표 순자산: 연 소비의 25배 & 소비만큼의 투자 현금 흐름)
파이어 이후 생활비	월 140만 원
은퇴 이후 목표	멋진 여성 창업인을 지원해주는 벤처 캐피털 창업하기 사랑하는 가족과 온전히 많은 시간 보내기

파이어족 준비 계기

1년 전 〈김난도의 트렌드 로드〉라는 프로그램에서 처음으로 미국의 파이어족을 접하면서 바로 제가 추구하는 라이프 스타일과 가깝다고 생각했습니다. 파이어족이 되는 것의 가장 큰 장점은 조기 은퇴를 통해 돈을 많이 주는 직장보다는, 삶과 조화로운 수준으로 내 열정이 부르는 일을 하면서 인생을 보낼 수 있다는 것입니다. 그때부터 경제적 자유를 통한 조기 은퇴라는 꿈을 준비하고 있습니다.

파이어족이 된다면 부모님과도 더 많은 시간을 함께하고, 그때 함께할 저의 사랑하는 가족들과도 행복이 충만한 시간을 누리면서 살고 싶습니다.

주요 재테크 전략

현재는 미국 주식에 대부분의 자산을 투자하고 있습니다. 그중에서 빅 테크 주식, 특히 마이크로소프트나 애플 등에서 좋은 성과를 내고 있습니다. 지난해에 워런 버핏이 미국 항공주를 손절매했다고 했을 때 투자를 시작해 큰 이득을 봤습니다. 몇몇 종목에서 투자금 대비 100% 넘는 수익을 보고 있는 상태

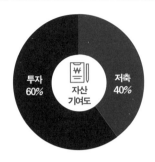

이긴 하지만 2020년 투자 시기의 특수성을 고려할 때, 운이 좋았다고 생각합니다. 우연히 2020년 코로나19 저점에서 투자를 시작하기로 마음먹어서 아직까지는 기분 좋게 투자를 지속하고 있습니다. 가끔 회사 일로 힘들 때도 제가 선택한 우량주들이 제 인생과 함께 탄탄하게 우상향하리라 기대를 하면서 행복해하기도 하지요.

투자금을 최대한 확보하기 위해 저축률을 60%로 잡고 검소하게 사회 초년생 생활을 시작했습니다. 작년에는 저축률을 초과 달성했지만, 이직 직후로는 지출이 조금 많아져서 현재는 저축률이 60%에 못 미치는 상태입니다. 앞으로 생활이 안정되면 다시 저축률을 끌어올려 더 많은 금액을 성장주에 투자하고 싶습니다. 매달 결산을 통해 배당을 결산하고 있고, 현재까지 최고 배당금은 한 달에 75달러를 기록했습니다. 쑥쑥 커나가는 배당금을 보면 미국 주식에 투자한 보람을 많이 느낍니다. 현재는 성장주에 집중해 투자를 진행하고 있지만, 미래에는 현금 흐름을 보강하기 위해 시가 배당률 7~8%의 탄탄한 고배당주 비율을 높여갈 계획입니다.

파이어를 준비하는 사람들을 위한 조언

파이어족에 대한 확신이 들었다면 바로 오늘, 지금 파이어족 준비를 시작하세요! 저와 같은 20대 사회 초년생이라면 특히 작은 목표를 잡아서 빨리 달성해보는 것을 추천합니다. 너무 장기적인 플랜에 압도되는 것보다는 단기적으로 1,000만 원 모으기 같은 것부터 해보세요. 1,000만 원을 모았을 때 성취감을 느끼면 그다음 2,000만 원도 쉽게 달성할 수 있습니다. 나만의 재테크 노하우가 쌓이는 것을 바라보면서 자연스레 나만의 파이어족 정복을 위한 준비가 됩니다. 마치 히말라야 등반을 위한 베이스캠프가 내 마음속에 세워지는 것을 보게 되실 겁니다.

추가로 파이어족을 준비하면서 힘든 점도 있습니다. 저는 주변에 대화할 상대가 부족한 것이 가장 아쉬웠습니다. 다이어트에 성공하려면 주변에 알리는 게 가장 중요하다고 하잖아요? 비슷한 마음으로 주변 지인들과 함께 파이어족에 대한 이야기를 나눴는데, 오히려 부정적으로 바라보는 사람이 대부분이어서 깜짝 놀랐습니다. 파이어족을 자기 계발, 커리어 발전에 대한 열정 없이 사회에 적응하지 못하는 사람으로만 이해하는 사람이 있어서 현재는 말을 아끼고 있습니다. 대신 지금은 블로그와 파이어족 커뮤니티에서 파이어족 준비를 지속해나갈 힘을 얻고 있습니다. 다양한 실제 사례 이야기를 들으면서 파이어족이 돼야 제가 진정 원하는 삶에 도달하리란 확신을 얻었습니다.

파비올라의 미래 파이어족을 위한 팁

- 파이어족을 꿈꾼다면, 미루지 말고 오늘 바로 지금부터 실천하자. 경제적 자유는 실천하는 사람의 몫이다.
- 파이어 초보 단계 때는 단기적인 목표를 차례차례 달성해나가자. 막연한 장기적인 목표를 세우다 보면 오히려 금방 지쳐버린다.
- 파이어족에 관해 궁금하다면 몇몇 사례들에 만족하지 말고 온라인을 활용해 직접 이야기를 들어보자.

성공한
파이어족을
만나다

열등감과 불안감에 사로잡혀
소중한 젊은 날을 낭비하지 마세요

파이어족 ID

50대 올콘

직업	에너지 대기업 사무직
가족 구성&거주 지역	외벌이 / 3인 가구 / 부산 거주
현재 나이&성별	50세 / 남성
경제적 자유 달성 시기	49세
조기 은퇴 시점	2020년
파이어족 준비 기간	23년(직장 생활 내내)
파이어족 DNA	현금 흐름형 파이어족(현금 흐름: 월 300만 원)
파이어 이후 생활비	연 3,500만~4,000만 원
은퇴 이후 목표	좋아하는 취미를 꾸준히 하면서 느슨하게 개인 사업을 관리

파이어족 준비 계기

예전부터 '어떻게 사는 게 내가 더 행복한 삶인가?'에 대한 고민을 머리 한쪽에 진 채 살고 있었습니다. 그러던 찰나 회사에 크게 실망하게 된 사건이 있었고, 회사에 대한 애정이 식은 이후로 나의 가치관에 어긋나는 일을 하면서 회사에 다니고 싶지 않았습니다. 다행히 꾸준히 재테크에 관심을 두고 자산을 늘려왔던 덕에 생활비를 자본 소득으로 조달할 수 있을 정도였고, 과감하게 조기 은퇴를 실천할 수 있었습니다.

일 자체가 싫어서 은퇴한 것은 아니었기에 지금도 꾸준히 일할 수 있는 1인 무역 기업을 설립해 운영 중입니다. 생활비에 보탤 정도의 수입도 나고 있고, 근무를 느슨하게 조정해 일하고 있어서 시간적 여유도 대단히 늘었습니다. 이전에 근무하던 조직에서 관리자의 위치로 올라가며 조직 생활에 대한 스트레스가 상당했는데, 1인 기업을 하면서 스트레스가 급격히 사라져서 크게 놀랐습니다.

주요 재테크 전략

경제적 자유를 이뤄준 가장 큰 요소는 검소한 생활이었습니다.

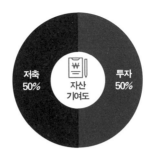

기본적으로 급여 저축에서 최소 60% 정도는 언제나 부동산에
투자하거나 저축해왔습니다. 제가 한창 사회생활을 하던 때에
는 20%에 이를 정도의 고금리 예금도 있었습니다. 대단한 수
준의 자산 불리기는 없었지만, 예금 금리의 복리 효과만으로도
자산이 불어나는 것을 느낄 수 있었습니다. 제2금융권도 적극
적으로 활용했는데, 특히 비과세 예금이 자산 성장에 크게 기
여했습니다. 돈을 잃지 않고 꾸준히 늘려가는 것만으로도 훌륭
한 재테크라고 판단한 저의 전략이 저에게는 잘 맞았던 것 같
습니다.

1주택 부동산을 젊은 시기에 빨리 마련했던 것도 큰 도움이
됐습니다. 좋은 위치에 있는 부동산을 보유한 것만으로도 자산
이 10년마다 2배 정도씩은 상승했습니다. 거주하는 부동산은
자산이 늘어나더라도 당장 쓸 수 있는 현금이 나오는 것은 아

니지만, 심리적인 안정에 크게 도움이 됐던 것 같습니다. 물가가 오르더라도 주거에 추가적인 지출이 들지 않는 것도 큰 도움이 됐습니다. 이후로는 리스크 관리에 신경을 많이 쏟았습니다. 저축은행 부도 사태, 미국 금융 위기 등의 위험도 있었지만, 위험 자산에 투자가 없었고 은행별로 자산을 분산했기에 별다른 피해가 없었습니다. 최대한 안전한 투자를 하자는 저의 전략이 빛을 발했던 것 같습니다. 현재는 안정적인 현금 흐름이 나올 수 있도록 사는 집, 작은 상가, 금융자산에 적절히 자산을 분배해놓은 상태입니다.

파이어를 준비하는 사람들을 위한 조언

조기 은퇴 이후의 삶이 주는 행복은 생각보다 훨씬 만족스럽습니다. 은퇴 이후에는 회사에 다닐 때와 같은 활동을 하더라도 다른 감정을 느낍니다. 똑같은 자유 시간에도 더 큰 여유가 느껴지고, 예전에 봤던 영화도 전혀 다르게 느껴질 정도로 새로운 감동을 얻을 수 있습니다. 이유를 곰곰이 생각해봤는데, 직장에 다닐 때 지속해서 느끼고 있던 일의 피로도와 책임감에서 해방된 덕분인 것 같습니다. 그때는 주말에도 머리 한편에 일에 대한 걱정이 잠재의식에 남아 있었는데, 일상의 행복을 방해하던 그런 생각들이 조기 은퇴 이후 말끔히 사라졌습니다.

저는 목표한 순자산을 모으고도 조기 은퇴를 해도 되는지 고민만 하고 주저하시는 분들에게 조금 더 과감해지라고 조언하고 싶습니다. 불안감 때문에 계속해서 은퇴를 망설이고, 은퇴를 미루고 자산 축적에 집중하는 사람들이 있습니다. 저도 한때는 그랬었고요. 하지만 세상에 100% 안전한 것은 존재하지 않습니다. 조금 모자란 수준이라도 경제적 안정을 어느 정도 확보했다면 조기 은퇴를 결정하시기를 권유해드립니다. 젊은 나이에는 열정과 에너지가 넘치니 조그만 부업을 통해 충분히 생활비를 보충할 수 있기도 합니다. 또, 방어적인 투자로도 충분히 조기 은퇴가 가능합니다. 위험한 투자에 자신이 없다면, 검소한 생활과 꾸준한 장기 투자로도 충분한 수준의 부를 축적할 수 있습니다. 복리의 힘을 믿고 자산을 차곡차곡 쌓아간다면, 시간이 어느새 당신에게 경제적 자유를 가져다줄 것입니다.

올콘의 미래 파이어족을 위한 팁

- 검소한 생활과 복리 효과만으로도 충분히 경제적 자유를 달성할 수 있다. 적성에 안 맞는 위험한 투자에 흔들리지 말자.
- 불안감 때문에 조기 은퇴를 너무 미루지 않는다. 조금 부족하더라도 젊은 나이의 은퇴는 충분히 유연한 대처가 가능하다.

파이어족, 누구나 될 수 있다!

애초에 돈이 많거나 투자에 소질이 있는 사람만 파이어족이 될 수 있다고 생각하는 사람들이 많다. 딩크나 싱글만 조기 은퇴가 가능하다는 편견도 있다. 그렇지만 내가 만난 한국의 파이어족들 중에는 '이런 상황에서도 파이어를 할 수 있어?'라는 생각이 들 만큼 이런저런 편견들을 당당히 깨부순 사례가 많았다. 소득이 비교적 적은 중소기업이나 공공기업에서 일하고 있더라도, 투자에 큰 성공을 거두지 못했더라도, 부양해야 하는 아이가 여럿이더라도 그들은 경제적 자유와 조기 은퇴를 이뤄냈다. 이들은 모두 공통된 메시지를 전한다. 꼼꼼한 계획과 나만을 위한 전략을 잘 짠다면 그 누구도 파이어족이 될 수 있다고 말이다. 불리해 보이는 조건에서도 멋지게 파이어에 성공한 사례들을 소개한다.

'투자 대박' 없이도 가능하다

투자에 크게 성공하면 조기 은퇴를 앞당길 수 있다는 것은 분명한 사실이다. 그렇지만 투자에는 반드시 리스크가 따른다. 언론의 스포트라이트를 받는 것은 투자에 성공한 사람들뿐이지만, 사실 우리 주변에서는 투자에 실패한 사례를 더 쉽게 찾아볼 수 있다. 투자는 운과 실력이 둘 다 있어야만 성공할 수 있는 게임이다. 자신이 투자에 성공할 것 같지 않다면 무리한 투자에 아예 뛰어들지 않는 것이 오히려 자산을 지키는 방법일 수도 있다.

대박 투자 없이도 성공할 수 있는, 안전하지만 차근차근 수익을 낼 수 있는 투자 방법은 분명히 존재한다. 적금이나 중위험 중수익이라는 ELS(주가연계증권) 같은 것을 이야기하는 것이 아니다. 배당금 투자, 리츠(REITs) 주식과 같이 매년 수익이 보장되면서도 적금보다 월등히 나은 수익률을 낼 수 있는 투자 방법이 있다. 배당금 투자는 매년 현금 흐름이 지속적으로 나오는 적금과 같은 특성이 있고, 다른 주식에 비해서 변동성이 덜하다는 점이 있다. 특히 리츠의 경우는 빌딩, 공동 주택과 같은 부동산 자산을 기반으로 하는 금융 상품이기 때문에 부동산 투자에 익숙한 투자자들도 쉽게 접근할 수 있다는 장점이 있다.

투자를 무리하게 하는 것이 성향에 안 맞는다면 무리할 필요가 없다. 아무리 좋은 투자 상품도 자신의 성향에 안 맞는다면 실패할 가능성이 높다. 투자의 성과가 무르익는 데는 충분한 시간이 필요한데, 이때 인내가 부족하여 투자의 과실을 놓치는 투자자가 부지기수이기 때문이다. 투자 대신 자신에게 맞는 저축, 부업과 같은 방식을 활용하는 것도 좋다. 앞서 3장에서 언급했던 것처럼 자신이 부업형 인간에 가깝다면 오히려 투자 대박보다는 적극적인 부업을 활용하여 현금 흐름을 만들어 낸다면 된다. 투자 대박 없이도 충분히 '현금 흐름형 파이어족' 혹은 '쓰죽형 파이어족'이 되어 경제적 자유를 누릴 수 있다.

내가 만난 파이어족 중에는 큰 투자 성공 없이 저축이나 부업으로 조기 은퇴에 성공한 사례도 있었다. 30대 파이어족인 파이어칠리 님도 별다른 투자 대박 없이 파이어족의 길을 걸어가고 있다. 그녀의 재테크 성공 포인트는 투자가 아닌 저축과 부업이다. 기존에 가지고 있던 유통 관련 지식을 최대한 활용해 온라인 쇼핑몰을 부업으로 시작했는데, 2년이 지난 지금은 월급을 상회할 만큼의 수익을 창출하고 있다. 쓸데없는 지출을 줄이면서 월 생활비를 절반으로 줄일 수 있었고, 목표로 하는 은퇴 현금 흐름도 대폭 줄일 수 있었다. 저축과 부업으로 안정적인 현금 흐름을 확보한 파이어칠리 님은 2년 이내로 조기 은퇴를 선언할 예정이라고 한다.

'평생직장'에 얽매이지 말자

———

공무원, 교사, 공기업, 군인 등의 직장은 정년이 보장돼 있다는 점에서 사회적으로 선망 받는 직업이다. 하지만 안정적인 직장에서 근무한다고 해서 파이어족이 되지 말라는 법은 없다. 공공기관에서 일한다고 일이 주는 스트레스에서 자유로울 리 없다. 사기업에 비해 이직을 하는 것이 상대적으로 어렵다는 점도 고려해보면, 근무환경을 바꿀 수 있는 방법이 퇴사 말고는 거의 없는 경우도 많다. 경제적 자유를 달성할 의지만 있다면, 조기 은퇴 후 자유로운 삶을 누리는 것도 가능한 선택지 중 하나다. 내가 만난 파이어족 중에는 평생직장에 재직 중임에도 성공적으로 조기 은퇴를 설계한 분들도 많았다.

물론 이러한 평생직장을 포기하고 조기 은퇴를 선택하는 것은 절대 쉽지 않다. 정년 보장과 든든한 공무원 연금은 다른 사기업과 비교해 엄청난 장점이며, 장기근속을 채워야만 그 혜택을 톡톡히 받을 수 있는 구조이기 때문이다. 또한 공무원 시험, 공기업 취업이라는 목표를 위해 청춘을 바쳐 2~4년씩 준비했던 사람들도 많기 때문에 심리적으로도 이를 포기하는 것은 힘든 일이다. 하지만 평생직장을 다니더라도 직장에서 보내는 시간이 괴로움으로 가득 차 있다면, 조기 은퇴를 생각하는 것이 어쩌면 너무도 당연한 일이다. 현재 하고 있는 일이 자신의 적성에 맞지 않는다면 더더욱 심할 것이다.

경제적 자유의 관점에서는 어떨까? 공공기관 근무자에게는 부업과 같은 추가적인 소득 증대 수단이 막혀 있기 때문에, 비교적 경제적 자유를 쟁취하기에 조금 더 제약이 있는 것은 분명하다. 하지만 투자와 저축을 함께 활용한다면 조기 은퇴를 위한 경제적 기반을 마련하는 것이 충분히 가능하다. 공공기관 근무자의 안정적인 근무 패턴에 뒤따라오는 일과 후 여가 시간을 적극적으로 활용하여 투자 실력을 키운 사례가 많다. 추가로 공공기관 근무자에게 주어지는 저금리 대출이나 숨겨진 청약 기회를 잘 활용하는 것도 경제적 자유를 위한 좋은 팁이다.

40대 파이어족 브로옴달 님은 정년이 보장된 직장에 다녔지만 자신의 행복을 더 극대화하기 위해 당당하게 파이어족이 되기로 결심했다. 브로옴달 님은 공공기관이 분명 안정성이 매우 큰 '신의 직장'이라고 알려져 있지만, 그럼에도 어디까지나 직장일 뿐이라고 이야기한다. 회사에서 평생 청춘을 보내는 것을 너무 당연한 것처럼 여기는 것에 의문을 던져야 하고, 보장된 정년을 포기하는 것에 집착해서는 안 된다고 말한다. 그보다는 원하지 않는 일을 하면서 포기해야 하는 청춘에 관해 다시 생각해 봐야 한다고 말한다. 인생에서 그 무엇보다 중요한 것은 시간이며, 흘러간 젊은 나날은 절대 다시 돌아오지 않기 때문이다. '평생직장'이라는 이름의 안정감과 '공기업, 공무원'이라는 많은 사람이 부러워하는 타이틀에 얽매여 행복한 시간을 포기하고 있지는 않는지, 한 번쯤 깊이 고민해봐야 하는 문제다.

아이가 있어도 파이어족이 될 수 있다

아이가 있는 가구는 딩크족이나 1인 가구에는 없는 양육비 및 교육비 부담이 있다. 육아 비용뿐만 아니라 주거지를 선택하는 데도 고려할 점들이 많아지는 것이 사실이다. 반면 자라나는 아이들을 지켜볼 수 있는 시기는 한정돼 있고, 아이들과 함께하는 시간은 무엇과도 바꿀 수 없이 소중하다. 아이들이 한창 커가는 시기에 조기 은퇴해 방학 내내 여행을 다니거나, 아이와 함께 해외에서 한 달 살기를 해본다는 것은 부모라면 누구나 한 번쯤 상상해본 일일 것이다. 언뜻 생각하기엔 무척 어렵게 느껴지지만, 내가 만난 파이어족 중에는 4인 가족도 있었다. 허영을 쏙 뺀 합리적인 생활 수준을 유지하고 재정 계획을 잘 세운다면 아이가 있어도 충분히 경제적 자유와 조기 은퇴를 성취할 수 있다.

　양육비에서 비용적으로 가장 부담이 되는 것은 단연 교육, 특히 사교육이다. 하지만 파이어족들은 학업의 성공이 인생의 성공을 반드시 보장하는 건 아니라고 입을 모은다. 40대 파이어족 수현이랑 님은 좋은 대학을 나와야 사회적으로 크게 성공할 수 있는 것은 옛날 일이기에, 오히려 자녀의 적성에 맞춰 다양한 경험을 하게 해주기를 제안한다. 비싼 사교육에 목을 매는 것보다 이른 나이에 장기 주식 투자를 가르치고, 종잣돈을 적립식으로 조기에 지원하는 것이 장기적으로 자녀의 인생 성공에 훨씬 도움이 된다는 것이다. 은퇴 후 시간이 넉넉하므로 홈 스쿨링 등을 활용한다면 큰돈을 들이지 않고도 충분히 양질의 교육이 가능하다는 것도 파이어족의 장점 중 하나다.

　사실 자녀를 가진 많은 파이어족이 고민하는 주제 중 하나는 조기 은퇴에 대해 아이가 이해하기 어려워 한다는 점이다. 파이어족이 되어 은퇴한 후 주변에서 직업이 뭐냐고 물을 때 망설이게 되는 것과 마찬가지다. 파이어족이라는 개념이 사회적으로 일반적이지 않기 때문이다. 남들처럼 평범하게 아침에 출근해서 밤늦게까지 일하지 않으며, 직장에 얽매이지 않고 자유롭게 생활하는 부모님은 어린 자녀에게는 다소 혼란스러울 수도 있다. 부모의 급격한 변화가 어린 자녀의 심리에 미칠 영향을 염려하여 일부러 조기 은퇴 이후에도 출근하는 모습을 보여주는 부모 파이어족도 있었다.

반면에 떳떳하게 파이어족의 모습을 자녀에게 보여주고, 적극적으로 파이어족의 사고방식을 물려주고 싶어 하는 파이어족도 여럿 있다. 경제적 자유를 쟁취한다는 것은 기본적으로 자본주의의 기초 개념, 자본과 투자의 속성을 이해하고 있다는 뜻이다. 일반적인 사람은 노동에만 의존해 평생 필요한 돈을 버는 것이 보편적인 반면, 성공한 파이어족은 자본을 효과적으로 활용해 금융 투자, 부동산 투자, 개인 부업을 적극적으로 활용할 줄 안다. 따라서 자녀에게 노동을 하지 않고도 여유롭게 살아가는 모습을 보여주어야 자녀 역시 자본주의 사회에서 시간의 부자로 살아갈 수 있다고 믿는 파이어족도 있다.

부동산 대박, 주식 대박 없이도
파이어족이 될 수 있습니다!

파이어족 ID

40대 수현이랑

직업	IT 기업 영업직
가족 구성	맞벌이 / 3인 가구
현재 나이&성별	40대 후반 / 남성
경제적 자유 달성 시기	2022년 예정
파이어족 준비 기간	3년
파이어족 DNA	현금 흐름형 파이어족(목표 현금 흐름: 월 320만 원)
파이어 이후 생활비	월 250만 원 이상
은퇴 이후 목표	세 가족과 해외에서 한 달 살기 청소년을 위한 경제 콘텐츠 제작자 되기

파이어족 준비 계기

2년 전 회사가 위태로워질 정도로 큰 사건이 있었고, 제가 의도하지 않아도 정년까지 일하지 못할 수 있다는 것을 깨달았습니다. 회사가 저의 미래를 보장하지 못하는 상황에서는 제가 먼저 경제적으로 자립해야 한다는 생각이 들어 제 미래를 책임질 금융 상품 투자에 집중하게 됐습니다. 특히 배당주를 통해 충분히 안정적인 조기 은퇴가 가능하다는 것을 깨닫고, 저만의 현금 흐름 시스템을 구축하고 있습니다.

주요 재테크 전략

저축을 꾸준히 한 것이 제 경제적 자유의 일등 공신입니다. 이른 나이에 결혼을 하면서 지인에게 재무 상담을 받아 인생 재무 목표를 세웠었습니다. 장기적인 재무 설계가 잘 되어 있어서 통장 쪼개기, 목표 저축률 설계 등 작지만 꼼꼼한 계획들을 통해 꾸준히 종잣돈을 모을 수 있었습니다. 특히 통장 쪼개기 등의 습관으로 큰 지출을 막을 수 있어서 20년간 별다른 기복 없이 자산을 안정적으로 불릴 수 있었습니다. 통장에 이름을 붙여놓고 매달 소액을 꾸준히 저축했는데, 예를 들면 자동차·

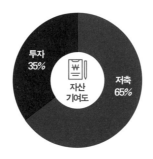

여행을 위한 '행복 통장', 양가 부모님을 위한 '효도 통장', 주거비·고정비를 위한 '보금자리 통장' 등이 있습니다.

조기 은퇴 이후에 필요한 현금 수익을 위해서는 배당주를 적극적으로 활용하고 있습니다. 무작정 시가 배당률이 높은 기업보다는 배당왕(Dividend King: 지난 50년간 배당을 계속 늘리거나 유지한 미국 기업), 배당 귀족주(Dividend Aristocrats: 지난 25년간 배당을 계속 늘리거나 유지한 미국 기업)처럼 오랜 시간 꾸준히 배당을 늘려온 기업에 투자를 집중하고 있습니다. 꾸준히 배당주를 늘려오다 보니, 내년에는 배당금만으로도 최소한의 생활비를 충당할 수 있게 됐습니다. 개인연금, 국민연금이 나오는 나이가 되면 인플레이션에도 대비할 수 있고, 더 여유롭게 생활할 수 있는 상황입니다.

파이어를 준비하는 사람들을 위한 조언

다른 파이어족분들이 흔히 말하는 '영끌'을 통한 투자 대박을 좇지 않았으면 좋겠습니다. 저는 주식에서 큰 수익을 내본 적도 없고, 아파트를 소유해본 적도 없어 아직 무주택자입니다. 하지만 저는 부동산 대박, 주식 대박, 코인 대박 없이 조기 은퇴를 위한 경제적 기반을 마련했습니다. '영끌'해서 큰 리스크를 짊어지지 않고도, 충분히 공부해서 자신만의 투자 계획을 세우고 실천할 시간만 있다면 누구나 조기 은퇴가 가능합니다. 무리해서 자신의 전 자산을 운명에 맡기기보다는 꾸준히 검소하게 생활하며 안전한 투자를 해도 됩니다. 파이어의 핵심은 무조건 큰 자산을 모으는 것이 아니라, 꾸준한 현금 흐름을 창출하는 것이기 때문입니다. 남들의 은퇴 자산 금액 같은 것은 신경 쓰지 않아도 됩니다.

> **📊 수현이랑의 미래 파이어족을 위한 팁**
> - 현실적으로 달성 가능한 로드 맵을 세워 차근차근 실천하는 습관을 들이자.
> - 부동산과 자녀 사교육에 너무 얽매이지 말자. 그 돈으로 성향에 맞는 투자를 하는 것이 가족 모두가 행복한 길이다.
> - 다른 사람의 투자 대박에 마음 쓰지 말자. 검소한 소비 습관만 있다면 저축과 장기 투자로도 충분히 조기 은퇴가 가능하다.

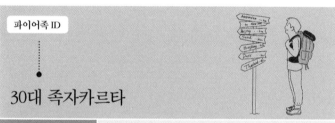

성공한 파이어족을 만나다

평생직장 대신 삶의 주도권을 선택하자

파이어족 ID

30대 족자카르타

직업	공공 기관 기술직
가족 구성&거주 지역	1인 가구 / 부산 거주
현재 나이&성별	37세 / 남성
경제적 자유 달성 시기	2020년 말
파이어족 준비 기간	10년
파이어족 DNA	밸런스형 파이어족(경제적 자유 순자산: 10억 원, 현금 흐름: 월 250만 원)
파이어 이후 생활비	월 250만 원
은퇴 이후 목표	오대양 육대주, 전 세계를 여행하는 여행 작가

파이어족 준비 계기

저는 은퇴 후에 하고 싶은 것들이 너무 많았습니다. 어린 시절 《부자 아빠 가난한 아빠》,《대한민국 20대, 재테크에 미쳐라》와 같은 책을 읽고 경제적 자유를 동경해왔고, 경제적 자유를 바탕으로 세계 방방곡곡을 다니며 다양한 활동으로 인생을 채우고 싶다는 꿈을 키워갔습니다. 특히 저는 해외여행을 좋아하고 여행에 대한 글을 쓰는 것도 좋아합니다.

현재는 공공 기관에서 일하고 있지만 몇 년 이내에 조기 은퇴를 하고 자유롭게 전 세계 여행을 떠날 계획을 세워놓았습니다. 경제적 자유에 대한 확신이 좀 더 강해지고 코로나19로 인한 세계 여행의 장벽이 사라지면 유라시아 대륙, 아메리카 대륙, 오세아니아에 이르기까지 5년간은 자동차로, 5년간은 요트로 전 세계를 여행하는 것을 꿈꾸고 있습니다. 저의 여행 기록을 유튜브나 블로그를 통해 남기면서 여행 작가로서 살아가고 싶습니다. 저는 평생직장으로 알려져 있는 공공 기관이라는 타이틀에 얽매이지 않고, 남은 생을 제가 정말 좋아하고 가슴이 뛰는 일로 채워가는 삶을 살고 싶습니다.

주요 재테크 전략

제가 경제적 자유를 얻기 위해 가장 많이 집중한 것은 부동산 투자, 특히 지방 부동산 분양권 투자였습니다. 부동산에 관심이 많았던 주변 직장 동료가 부동산 투자로 성공하는 것을 보면서, 저도 본격적으로 공부를 하기 시작했습니다. 부산 같은 경우 오랜 시간 동안 부동산시장, 특히 분양권에 많은 기회가 있었습니다. 1억 원 정도의 시세 차익을 예상하고 아파트 분양을 받아 부동산 투자를 시작했는데, 입주할 때 보니 2억 원 이상 이득을 얻게 됐습니다. 첫 번째 부동산 투자에서 큰 이득을 보고 난 뒤엔 본격적으로 경매, 분양권 등 다양한 부동산 투자에 뛰어들어 수익을 크게 올릴 수 있었습니다.

　부동산 투자로 인해 계속 부채가 있을 수밖에 없었는데, 대

출 상환을 위해 꾸준히 강제적으로 저축을 하게 된 것도 저의 경제적 자유에 큰 도움이 됐습니다. 학자금 대출로 시작해, 부동산 투자금을 갚는 데 기본적으로 제 월급의 최소 50% 이상을 사용했습니다. 빚이 계속 있어서 오히려 더 열심히 돈을 모으고 투자에도 열중할 수 있었습니다.

지금은 금융자산이 순자산에서 20% 정도 차지하고 있는데, 나중에는 최소 50%까지 늘리는 것을 목표로 하고 있습니다. 부동산은 현금화하는 데 제한이 크기 때문에, 안정적인 분산 투자와 현금 확보를 위해 자산의 비율을 조정하는 것입니다. 특히 배당주와 ETF를 포함해 다양한 한국·미국 주식에 투자하는 자산을 늘려나가고 있는 상태입니다.

파이어를 준비하는 사람들을 위한 조언

사회생활을 시작하며 파이어족을 꿈꾸는 사람들에게 저는 입사 2~3년까지 종잣돈을 모으는 습관을 꼭 들이라고 말씀드리고 싶습니다. 돈을 모으는 습관을 제대로 들이지 않으면 돈은 계속 쉽게 빠져나가기 때문입니다. 최소한 1년마다 주기적으로 회계 가계부를 하면서 내 자산이 얼마나 늘어가는지 파악하는 것을 추천합니다. 자신의 자산이 늘어나는 것을 관찰하면서 큰 기쁨을 느끼게 되는데, 그 기쁨이 자산을 늘리기 위한 투자에 지속적으로 관심을 가질 수 있는 동기가 되기 때문입니다.

추가로 파이어족을 준비하기 이전에, 경제적인 부분 말고도 어떤 삶을 원하는지 반드시 깊은 고민을 해보셨으면 좋겠습니다. 조기 은퇴를 한 이후 자신의 이상적인 삶의 모습이 머릿속에 뚜렷하게 있어야 합니다. 단순히 직장을 그만두려고 파이어족이 됐다가 퇴직 이후에 허무함을 생각보다 크게 느낀다는 분들을 많이 보았습니다.

파이어족이 되는 데에는 단순히 경제적 자유를 넘어 그 이상의 라이프 스타일의 변화가 필요합니다. 섣부른 조기 은퇴 결정은 오히려 후회를 남기는 선택이 될 수도 있다고 생각합니다. 진정 자신이 원하는 삶이 무엇인지 생각해보고, 확신이 있어야만 정말 행복한 파이어족이 될 수 있다는 것을 강조하고 싶습니다.

📊 **족자카르타의 미래 파이어족을 위한 팁**

- 사회생활 초기 2~3년간 종잣돈을 모으는 습관을 잘 들이자.
- 자신이 파이어족이 되려고 하는 이유에 대해 꼭 깊이 고민하는 시간을 가져보자.

아이가 둘이어도
30대에 조기 은퇴할 수 있습니다!

파이어족 ID

30대 파이어맘

직업	외국계 제약회사 사무직
가족 구성&거주 지역	맞벌이 / 4인 가구 / 서울 거주
현재 나이&성별	38세 / 여성
경제적 자유 달성 시기	2년 뒤
파이어족 준비 기간	4년 차
파이어족 DNA	밸런스형 파이어족(경제적 자유 순자산: 15억 원, 현금 흐름: 연 3,600만 원)
파이어 이후 생활비	연 3,600만 원
은퇴 이후 목표	자연 친화적인 곳에 거주하며 디지털 노마드로서 자유롭게 살아가기

파이어족 준비 계기

저는 직장에서 일에만 몰두하다 보니 어느 순간 정작 시간이라는 관점에서 가난한 일상을 보내고 있다는 깨달음이 왔습니다. 행복해지려고 커리어의 성공을 향해 끊임없이 달려왔는데, 나이 드신 부모님, 아직 어린 아이들과 시간을 충분히 보내지 못하고 있는 현실에 회의감이 찾아온 거죠. 게다가 몇 년 전부터 암 투병 중이신 아버지를 간병하면서 더욱더 시간의 소중함을 느끼게 됐습니다. 젊은 날을 일에 바쳤던 아버지가 말년에 고생하시는 모습을 보니 너무 가슴이 아팠고, 동시에 저 역시 청춘을 직장에서 보내야만 하는지에 대한 의문이 커졌습니다.

그래서 저는 물질적으로 풍족한 삶보다는 시간 부자로서 살아갈 수 있는 파이어 운동에 동참하기로 마음먹었습니다. 현재는 남편이 일을 하고 있어 부담이 덜한 상황이지만, 남편 역시 일을 그만두어도 생계를 유지하는 데 전혀 지장이 없을 정도의 현금 흐름을 만들기 위해 노력 중입니다. 다행히 올해 자산 소득과 부업만으로 최소 생활비를 충당하는 것에는 성공했지만, 지속 가능한 삶을 안정적으로 유지하기 위해 부업 소득을 높이려고 노력하고 있습니다. 디지털 노마드로서 조금 더 소박한 생활을 하면서 가끔 아이들과 제주도나 해외 한 달 살기를 하는 게 꿈입니다.

주요 재테크 전략

저는 저축·투자·부업, 이 세 가지 축 중 한 가지 분야에서 대박을 내는 것도 좋지만, 그보다는 골고루 잘하면 특히 빠른 경제적 자유를 이룰 수 있다고 생각합니다. 그래서 세 축을 골고루 다지는 데 집중했습니다. 결혼 생활 초기에 운 좋게 청약을 받은 부동산이 큰 시세 차익을 냈고, 이후에 조금씩 발전시킨 부업에서도 현재 월 100만~150만 원까지 얻을 수 있을 정도가 됐습니다. 최근에는 1주택만 바라보던 재테크도 다변화해 국내 주식, 해외 배당주에 분산 투자하기 시작했습니다. 배당금으로 월 100만 원 정도를 얻을 수 있게 되면서 다양한 현금 흐름을 추가로 얻은 것도 큰 의미가 있었습니다.

저축·투자·부업, 이 셋 중에서 경제적 자유를 얻는 데 가장

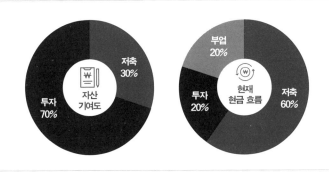

도움을 준 것을 뽑자면 지출 통제일 것입니다. 저는 파이어족 결심 6개월 만에 기존에 매달 500만 원씩 쓰던 지출을 획기적으로 200만 원으로, 즉 60%를 줄이는 데 성공했습니다. 이를 통해 저축률을 한때 70%까지 늘리기도 했습니다. 저축이 늘어난 것도 중요하지만, 그보다는 목표 생활비가 급격하게 줄어든 데 더 큰 의미가 있습니다. 기존의 라이프 스타일을 유지했다면 목표 생활비가 너무 커져서 평생을 직장에 매달려 있는 처지가 됐을 것 같습니다. 적은 금액을 사용하고도 충분히 행복하게 살 수 있다는 사실을 깨달은 것이 제게는 가장 큰 성과였습니다.

파이어를 준비하는 사람들을 위한 조언

저는 자녀가 있다면 조금은 더 보수적으로 파이어 운동에 접근할 필요가 있다고 생각합니다. 특히 자녀 교육 부분은 때를 놓치면 평생 후회할 수도 있으므로, 그에 대한 경제적 대비를 마련하고 조기 은퇴를 선택하기를 권유합니다. 또 아이들이 성장해갈수록 교육비 부담이 커질 수 있으므로 현재의 생활비보다 미래 생활비가 더 늘어날 수 있다는 점도 염두에 둬야 합니다. 저 역시 자산에서는 어느 정도 목표하는 수준을 달성했지만,

미래 자녀를 위한 비용 때문에 현금 흐름 목표를 조금 더 상향하게 됐습니다. 물론 자녀가 있고 월급이 많지 않다고 해서 원하는 삶을 못 사는 것은 아니지만, 파이어족이 돼서도 자녀에게 지원을 할 수 있으려면 남들보다 더 노력해야 한다는 것은 틀림없습니다.

추가로 반드시 휴직 등의 기회를 살려서 미리 조기 은퇴 이후의 삶을 겪어보시는 것을 강력하게 추천합니다. 경제적인 부분도 물론 중요하지만, 심리적으로도 내가 기존에 하던 일을 그만두었을 때 충분히 행복한 일상을 맞이할 준비가 돼 있는지 짚어보아야 합니다. 회사에서의 치열한 일상과는 다르게 생각보다 잔잔하다 못해 지루할 수도 있는 일상을 미리 겪어볼 필요가 있습니다. 한번 조기 은퇴를 실행해버리면 돌이킬 수 없기에, 기회가 되는 대로 은퇴 이후의 일상을 체험해본 뒤 신중하게 조기 은퇴를 결정하시면 좋을 것 같네요.

> 📊 **파이어맘의 미래 파이어족을 위한 팁**
>
> - 빠르게 은퇴하고 싶다면 저축·투자·부업의 3박자에서 모두 성과를 내려고 노력하자.
> - 미래 자녀의 성장 이후 교육비를 고려해 보수적으로 은퇴 목표 생활비를 계산해보자.
> - 휴직을 활용해 미리 조기 은퇴 이후의 삶을 체험하는 시간을 가져보자.

Financial
Independence
Retire
Early

PART 3

월급쟁이, 30대 파이어족이 되다

한국의 '진짜 파이어족'들은 그들만의 파이어족 DNA에 맞춘 재테크 방법을 정확히 알고 있었기에 조기 은퇴가 가능했다. 그들이 파이어족이 될 수 있었던 원동력은 자신의 성향에 딱 맞는 재테크를 발굴해 오랜 기간 유지해 온 점에 있었다. 나는 그들과의 만남을 통해 내 파이어족 DNA가 '밸런스형 파이어족'이라는 것을 알게 됐고, 이에 맞춘 나의 파이어족을 위한 재테크 방법을 구상했다.

4장과 5장에서는 내가 30대 중반에 경제적 자유를 달성하기까지의 재테크 과정을 그리고 있다. 재테크 초보에서 시작해 어떻게 나만의 재테크 스타일을 찾을 수 있었는지, 과격한 투자 없이도 경제적 자유를 달성하게 한 재테크 비법은 무엇이었는지, 그리고 파이어족이 되어 어떤 삶을 꾸려나가려고 하는지에 대한 이야기를 담고 있다.

어떻게 평범한 월급쟁이가 6년 만에 순자산 20억을 모으고 시간적 자유를 가진 파이어족이 될 수 있었을까?

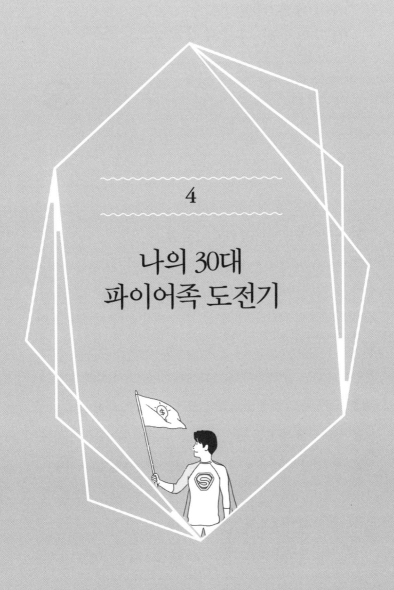

4

나의 30대
파이어족 도전기

파이어족 여정, 어디서부터 시작하지?

진짜 파이어족을 만나고 바뀐 나의 삶

진짜 파이어족과의 대화를 통해 나는 파이어족의 삶에 대해 더 깊이 이해하게 되었다. 파이어족은 단순히 돈이 많아서 일을 안 하는 사람들이 아니라 자신의 의지대로 삶의 주인이 되어 본인이 원하는 삶을 살아가는 것이 핵심이었으며, 내가 원하는 삶의 지향점과도 맞닿아 있었다. 그들은 남들이 부러워하는 사회적 지위를 얻거나 더 많은 돈을 벌기 위해 인생을 낭비하는 것을 거부한다. 인생에서 가장 소중한 시간을 사랑하는 가족과 보내는 것, 더 많은 것을 소유하기보다는 의미 있는 것들을 경험하는 것이 삶의 목표인 사람들이었다.

특히 파이어족의 재테크는 널리 알려진 기존의 재테크 공식과는 달라야 한다는 것을 알게 됐다. 파이어족에게 가장 중요한 것은 '시간'이라는 자원이다. 아무리 수익률이 높은 투자 방법이 있다고 할지라도, 삶의 질을 저해하거나 선택의 자유를 제한하는 투자 방법은 파이어족의 투자 방법이 아니다. 집을 수십 채 소유하거나, 지나치게 변동성이 높은 주식 단타로 돈을 버는 투자는 돈과 자유를 구속한다. 매달 수십 명의 세입자에게 돈 받을 수고와 세금 계산을 하느라 낑낑댄다면 스스로 하고 싶은 일을 할 여유가 나올까? 평일이면 하루 종일 책상에 앉아 주식 호가창에서 눈을 뗄 수 없다면 마음 놓고 여행을 갈 수 있을까? 돈을 매달 천만 원을 넘게 번다 할 지라도 '시간'이라는 측면에서는 가난한 삶이다.

그렇다면 내 성향에 맞는 파이어족 재테크 방식은 무엇일까? 나는 내 몸에 딱 맞는 옷처럼 생활에서 자연스럽게 녹아들고, 시간의 자유도 확보할 수 있는 새로운 재테크 방식, 그리고 재테크의 목표가 필요했다.

나에게 맞는 파이어족 실천 방법은?

———

파이어족이 되기로 결심한 이후, 아내와 많은 이야기를 나누었다. 파이어족이 된다는 것은 경제적인 측면과 아울러 인생에서도 큰 변화를 가져올 결정이니 아내의 동의가 꼭 필요했다. "경제적 자유를 위한 은퇴 비용은 어떻게 마련할까?" 하는 문제 역시 우리가 많이 논의했던 주제다. 앞서 언급한 파이어족 유형에 비춰볼 때, 나는 자산형 파이어족에 가장 가까웠고 아내는 안정적인 현금 흐름을 훨씬 중요시했다.

아내와 나는 둘 다 현재의 직장에 오기까지 수년간 취업 준비, 이직 준비를 거친 경험이 있었다. 그러니 백수 생활의 고단함과 불안한 마음을 누구보다 잘 알고 있었다. 그때의 불안감을 다시 겪고 싶지 않았다. 우리가 조기 은퇴를 선택한다면, 당연히 평생 생계 걱정을 하지 않을 만큼의 경제적 안정이 필요했다. 백수와 은퇴한 파이어족의 차이가 무엇이겠는가? 마음이 불안하고 경제적 걱정으로 가득한 생활을 한다면 백수고, 그런 걱정에서 해방된 것이 은퇴한 파이어족일 것이다.

경제 공동체인 우리 부부는 우리 둘의 마음이 모두 편한 재테크 방식을 선택해야 했다. 평생 행복해지려고 하는 선택인데, 어느 한쪽의 마음이 불편해서는 안 될 일이다. 부부 한쪽만 파이어를 선언하는 경우도 종종 있었지만, 그것은 우리가 바라는 삶의 형태는 아니었다. 나와 내 아내는 장기간 여행하며 새로운 문화를 경험하는 것을 사랑하고, 책을 읽고 산책을 하며 이런저런 이야기를 하는 것을 좋아한다. 이러한 시간을 더 많이 보내고 싶어 파이어족을 준비하는 것이니, 둘 다 동의할 수 있는 재테크 방식으로 경제적 자유를 달성하고 함께 조기 은퇴를 해야 마땅하다.

그렇게 우리는 '밸런스형 파이어족'으로 목표를 정했다. 미래 가치도 놓치지 않으면서 현재의 안정성이 보장되는 밸런스형 파이어족이 우리의 최종 목표였다. 나는 결혼 전까지는 언제나 미래 자산의 상승에만 집중하는 재테크를 했지만, 아내의 심리적 안정을 위해 현금 흐름도 충분히 확보할 수 있는 자산의 리밸런싱이 필요해졌다. 그리고 우리의 행복 리스트에 따른 목표 생활비를 계산했다. 행복을 위해 꼭 필요한 소비를 모두 포함하니 연 생활비 4,000만 원이 필요했다. 그래서 우리는 밸런스형 파이어족의 최종 목표를 금융자산 13억 원, 현금 흐름 연 4,000만 원으로 잡았다. 자산 목표는 생활비의 33배로 잡았다. 1주택도 있으면 좋겠다는 생각은 했다. 비싸지 않더라도 최소한 한 채는 있는 것이 심리적으로도, 주거 비용 면에서도 안정적이었기 때문이다.

목표를 정하고 나니, 더 이상 내가 눈앞의 당근을 쫓는 경주마 같다는 생각이 들지 않았다. '파이어족'이라는 결승선이 그어진 것이다.

재테크의 기본, 생활 속 절약 습관

저축은 신입일 때부터 빡세게 시작해야 한다

내가 처음 저축률에 대한 개념을 알게 된 것은 '부자언니'로 알려진 유수진의 책과 강연을 접한 이후였다. 사회 초년생이던 나는 처음으로 사회생활을 통해 얼마나 축적된 자산을 남겼는지도 정말 중요하다는 걸 깨달았다. 유수진은 특히 초기 투자금을 빠르게 모으는 것이 중요하다며, 남들보다 빨리 모은 사회 초년생 시절의 1,000만~2,000만 원이 나중에는 따라잡을 수 없는 큰 재테크 효과를 가져온다고 강조했다.

특히 저축을 관리하는 최고의 기준이 바로 저축률이었다. 저축률은 1년 동안 내가 노동을 통해 번 돈에서 지출을 빼고 남은 금액의 비율을 일컫는다. 내가 한 해 동안 2,000만 원을 벌었는데, 1,500만 원을 소비하고 나머지 금액을 적금·펀드 등에 넣었다면 저축률은 25%가 된다. 이 저축률이 얼마였는지를 해마다 기록하고, 계속 관찰해야 한다는 것이 유수진의 조언이었다. 저축률의 목표를 최대한 끌어올리도록 노력해야 종잣돈을 많이 모을 수 있다는 것이 핵심이었다.

신입 사원 3개월 차부터 나는 본격적으로 저축을 시작했다. 입사 후 3개월 정도가 지나니 입사 초기 자주 있었던 동기들과의 술 약속도 뜸해지고, 새로 사야 했던 출근용 복장에도 추가 지출이 없었다. 1년 차 저축률을 계산해보니 52.2%였다. 이후로 계속 저축률을 끌어올려 최소한 60% 이상의 저축률을 기록하려고 노력했다.

어디까지 절약해봤니? 저축률 80% 달성기

역대 최고 저축률은 결혼 후 달성할 수 있었다. 입사 3년 차에는 최고치인 73.6%로 저축률을 끌어올리기도 했다. 하지만 이직 후 결혼을 준비하던 시기에는 어쩔 수 없이 지출이 많아져서 저축률이 낮아졌다. 이듬해 오랫동안 준비했던 아파트 청약이 당첨되며 태세를 완전히 전환했다. 대부분의 자산과 저축액을 빡빡한 분양 중도금 납부 계획에 집중해야 했기 때문이다. 아내와 나는 이 기간을 '고난의 행군'이라고 불렀다. 1주일에 2~3번 정도는 했던 외식도 한 달에 한 번으로 줄였고, 영화는 공짜 표 아니면 보지 않았다. 차를 빌려서 했던 교외 데이트도 대중교통을 이용하는 것으로 바꿨고, 옷도 계절당 한 개 정도 꼭 필요한 것만 샀다. 월급은 내 통장에 하이파이브만 하고 건설사 통장에 그대로 꽂혔다.

2020년 최종 저축률 정산 결과는 81.5%. 꿈의 숫자나 다름없는 80%를 넘기게 됐다. 순수하게 회사에서 받은 급여만으로 계산한 저축률이었기에 감동스럽기까지 했다. 하지만 앞으로 해마다 이렇게 극도로 절약하며 사는 것은 불가능하다는 깨달음도 얻었다. 도중에 아내는 사고 싶은 것들을 너무 아끼고만 사는 것이 힘들다며 울음을 터뜨린 적도 있었다. 나 역시 우리가 무슨 부귀영화를 누리겠다고 이렇게까지 하는 건가 하는 회의감이 든 적이 많았다.

그럼에도 저축률 80%를 달성한 뿌듯함은 대단했고, 그만큼 필요한 주택자금 자산을 초과 달성했다. 그 뒤로는 조금씩 생활에서 여유를 가지고 서서히 소비 수준을 조정하며, '불행하진 않지만 높은 수준의 저축률'을 찾고자 노력하고 있다.

대한민국 파이어족 시나리오

사소하지만 소중한 저축 꿀팁들

저축을 늘리기 위해 무작정 소비를 줄이고, 아무것도 안 하겠다고 결심하는 것은 실패할 확률이 높다. 절약은 다이어트와 비슷하기 때문이다. 본래 소비 생활을 즐기던 사람이 소비를 무턱대고 안 하려고 하면 반드시 요요 현상이 온다. 스트레스로 과식하듯, 우리는 스트레스를 받으면 과소비를 한다. 취미 생활에 드는 비용을 줄였더니 풍선 효과처럼 홈쇼핑에서 충동구매로 사는 옷이 늘기도 하고, 헬스장에 쓰는 지출을 없앴더니 등산 후 치맥 하느라 그 돈을 다 쓴다든가 하는 것이다. 잘못된 소비 통제는 오히려 소비 증가의 결과를 낳기도 한다.

다이어트를 위해 과도한 탄수화물이나 기름진 음식 대신 건강한 음식을 먹듯이, 지속적인 절약을 위해서는 내게 정말 필요한 물건만 사는 습관을 들여야 한다. 나에게 정말 필요한 물건인지, 아니면 한두 번 쓰고 그냥 방구석에서 자리만 차지하게 되는 물건인지를 반드시 고려해야 한다. 실내 자전거 같은 가정용 운동기구를 샀는데 거실에 놓고 옷걸이로만 쓰는 경우를 주변에서 보았을 것이다. 물건을 사기 전 두세 번 더 생각한 다음 지출하는 습관은 스트레스를 덜 받으면서 저축률을 끌어올리는 데에도 큰 도움이 된다.

그 밖에도 우리 부부가 생활 속에서 지출을 줄이는 사소하지만 소중한 꿀팁들을 소개한다.

1. 집을 사기 전에 차를 사지 않는다

나는 신입 사원 때부터 집을 사기 전까지는 차를 사지 않겠다고 다짐했다. 차는 구매 비용과 유지 비용만 들어가는 게 아니다. 차가 생겼다는 핑계로 군이 교외 드라이브를 나가고, 멀리까지 나가서 쇼핑을 하는 등 불필요하게 새는 돈이 반드시 생긴다. 나는 매년 감가상각으로 가격이 떨어지는 차를 살 바에야 그 돈을 모아 투자를 하거나 든든한 자산이 되는 집을 사겠다고 생각했다. 차를 쓸 일이 있으면 가끔 공유 자동차를 예약하는 것으로 충분했다. 결국 차를 안 사겠다고 다짐한 7년 뒤, 나는 내 집 마련에 성공했다.

2. 직접 요리한다

최근에는 배달 음식의 선택 폭이 넓어지기도 했고, 맛있고 저렴한 식당들도 많아 집에서 요리를 아예 안 하는 사람도 많다. 하지만 기본적으로 요식업계에서 원재료비의 3~4배로 가격을 책정한다는 상식을 감안할 때, 집에서 직접 밥을 해 먹으면 식비를 3분의 1로 줄일 수 있다. 군이 뻔한 밥반찬만 고집할 필요도 없다. 최근 2~3년 사이 유튜브의 발달로 참고할 만한 훌륭한 요리 채널들이 많이 늘어났다. 간단한 집밥 요리부터, 고급 레스토랑 스타일로 스테이크를 멋지게 굽는 것도 쉽게 따라 할 수 있게 됐다. 어떤 재료를 넣었는지도 모르는 식당 요리를 먹는 것보다는 내가 손수 요리를 하는 것이 건강에도 도움이 된다. 나에게 딱 맞는 취향으로 조미료를 첨가하는 것도 재미 포인트 중 하나다. 찾아보면 조리 시간이 얼마 들지 않는 요리도 많다. 30~40분이면 충분히 메인 요리 한두 개쯤 만들 수 있게 도와주는 요리 영상이 많으니, 레스토랑 부럽지 않은 다양한 집밥 요리에 꼭 도전해보자!

- **초보 요리 Youtube 채널** 자취요리신
- **고급 요리 Youtube 채널** 요리보고 조리보고

3. 대형 마트를 고집하지 않는다

식료품이나 잡다한 쇼핑을 할 때 대형 마트를 이용하는 것이 편리하긴 하다. 대중교통과도 연결돼 있고, 한 장소에서 모든 쇼핑을 한 번에 해결할 수 있으니 말이다. 하지만 대형 마트는 몇몇 미끼 상품을 빼놓고는 대부분 가격이 비싸다. 대형 마트의 또 다른 단점은 뭐든지 여러 묶음으로 팔기 때문에 필요 이상으로 물품을 사고는 남는 식자재를 버리게 되는 경우가 많다

는 것이다. 오히려 집 근처에 있는 재래시장이나 조그마한 채소 가게에서 쓸 만큼만 식료품을 사는 것이 훨씬 저렴하고 효율적이다. 걸어가서 필요한 만큼만 자주 구매하면 굳이 차를 쓸 필요도 없으니 교통비도 아끼고, 운동 부족도 해결할 수 있어 일석삼조다.

4. 유행과 패션에 구애받지 않는다

세계 최고 SNS 페이스북의 창업가 마크 저커버그의 옷장에는 같은 옷이 10개씩 들어 있다.[1] 아침에 어떤 옷을 입을지 고르는 수고를 덜기 위함이다. 스티브 잡스나 유튜버 '신사임당'도 매번 같은 옷만 입기로 유명하다. 여기에 감명을 받은 나는 옷을 살 때마다 같은 옷을 최소한 2개에서 4개까지 사고, 양말은 같은 걸로 10켤레씩 산다. 같은 옷을 여러 벌 구매하면 할인이 될 때도 많고, 유행 타지 않는 옷으로 구매하면 옷을 뭘 입을지 고민할 필요도 없다. 유행과 패션에 구애받지 않고 한두 가지 옷을 입는 것은 새로운 패션 트렌드가 되고 있다. 패션에 무감각해지면 삶이 훨씬 단순해지고 더 많은 시간을 확보할 수 있다. 유행이라는 허상을 좇기 위해 우리는 날마다 시간과 돈을 버리며 백화점을 유령처럼 떠돌고 있지는 않은지 곰곰이 생각해볼 필요가 있다.

5. 밖에서 술을 마시지 않는다

나도 20대에는 친구들과 술을 마시며 친분을 다지는 것에 의미를 두곤 했다. 하지만 어느 순간부터 술집에서 술을 마시는 데 너무 많은 시간과 돈을 낭비하고 있다는 사실을 깨달았다. 가끔 맥주 한 잔 정도를 마실 수는 있지만, 차라리 그 시간에 커피 한 잔을 마시는 편이 훨씬 의미 있는 대화도 할 수 있었다. 흥청망청 술을 마시며 다진 인간관계도 돌이켜보면 내게 큰 도움이 되지 않았다. 2015년부터 밖에서 술 마시는 횟수를 줄이기 시작해 2017년부터는 한 달에 한 번, 결혼 후에는 분기에 한 번 정도 마시는 것으로 줄였다. 그 밖에 술을 마시고 싶을 땐 집으로 친구를 초대하거나 가볍게 아내와 마셨다. 자연스럽게 지출도 줄고, 자기 계발·독서·투자 공부 등에 쓰는 시간이 늘어나니 자산이 상승하는 속도에 큰 도움이 됐다.

6. 아웃소싱을 줄이고 DIY를 활용한다

유튜브의 발달은 축복이다. 요즘 유튜브를 검색하면 별의별 정보를 다 찾을 수 있다. 이전에는 집에서 염색하기, 이발하기, 변기 고치기, 전구 갈기 등을 혼자 하려면 누군가에게 배우거나 책을 사서 봐야 했다. 그렇지만 이제는 전문가의 친절한 설명이 얹어진 실습 영상을 따라 하며 혼자 많은 일을 직접 할 수 있게 됐다. 물론 의료 서비스라든가, 전기 시공 같은 경우에는 잘못된 지식에 따른 리스크가 너무 크기 때문에 직접 할 수 없다. 전문적인 지식이 필요한 일들은 전문가에게 맡기는 것이 옳다. 반면 리스크가 작은 일들은 충분히 시도해볼 만하다. 나는 집 화장실의 변기 시멘트가 깨졌을 때 7만 원짜리 출장 수리를 부르지 않고, 다이소에서 2,000원짜리 백시멘트를 사서 직접 시공해 지출을 아낄 수 있었다.

- **DIY 할 수 있는 것** 머리 염색, 셀프 미용, 셀프 네일아트, 화장실 수리, 부동산 셀프 등기, 셀프 세차, 셀프 인테리어 등

7. 온라인 신규 회원 프로모션을 충분히 활용한다

집에서 휴대전화만 몇 번 만지면 빠르게는 여섯 시간 이내에서 길게는 2일 안에 집으로 식료품이 배달되는 시대다. 이러한 온라인 식료품 판매 업체들은 경쟁이 치열하기 때문에 다양한 신규 회원 프로모션을 진행한다. 특히 신규 고객에게는 첫 번째 구매 1만 원 할인 쿠폰, 첫 달 배송비 무료, 특정 상품 100원 판매 등 다양한 혜택이 있으니 잘 활용하면 식료품 비용을 꽤 아낄 수 있다. 물론 매번 신규 가입을 해야 하는 번거로움이 있지만, 시간 대비 절약 효율이 높은 것이 장점이다.

- **신규 회원 할인이 좋은 온라인 서비스** 마켓컬리, 헬로네이처,

오아시스마켓, SSG, 쿠팡, 배달의민족, 요기요, 배달통, GS25 편의점 배달, B마트, CJMALL, 롯데ON 등

8. 통신사 멤버십 할인으로 관리비를 7% 할인받는다

통신사 멤버십이 제공하는 할인 혜택 중에는 잘 활용하면 매우 유용한 것이 많다. 영화 할인, 편의점·대형 마트 할인 등은 많이 알려져 있고, 그중에서도 최고 알짜배기는 상품권 할인이다. 특히 신세계 백화점 상품권을 최대 7%까지 할인된 가격에 구입할 수 있게 해주는 통신사가 있는데, 이 방법으로 상품권을 구입한 뒤 아파트 관리비를 내면 다달이 2만 원 가까이 절약할 수 있다. SSG머니 앱을 다운로드해 신세계 상품권을 포인트로 변환하고, 아파트아이(관리비 납부 앱)를 통해 관리비를 납부하면 된다. 같은 방법으로 재산세 할인도 가능한데, 반드시 나가는 현금 지출을 7%나 줄일 수 있는 정말 좋은 꿀팁이다.

절약하는 습관은 최고의 자기 존중

비키 로빈은 《부의 주인은 누구인가》에서 이야기한다. 돈이라는 것은 자신의 열정과 시간을 쏟아부어야 얻을 수 있으므로, 돈은 그 자체가 자신의 생명력과 동일하다. 신중한 소비는 자

신의 생명력을 절약하는 행위이며, 검소한 지출과 절약하는 습관은 최고의 자기 존중의 표현이라고 말이다. 정말 자신을 소중히 여기는 사람들은 최소한의 소비로도 만족할 줄 알고, 행복하게 살아가는 방법을 찾아간다.

행복해지는 데에는 생각보다 많은 돈이 필요하지 않다. 저축률이 50%냐 60%냐 하는 것보다 더 중요한 것은 자신이 큰돈을 사용하지 않고도 행복할 수 있다는 것을 깨닫는 과정이다. 파이어족의 여정도 이와 비슷하다. 남들이 정해놓은 평생의 노동이라는 틀을 깨고, 나만의 행복을 찾아가는 과정이기 때문이다. 건강한 생활 습관을 만들면 자연스럽게 다이어트에 성공할 수 있듯이, 건강하고 행복한 마음에 집중하면 자연스럽게 절약하는 습관을 만들 수 있다.

남들이 카카오 인형을 살 때 나는 카카오 주식을 샀다

35억짜리 투자 수업

35억. 이 사람과 점심 식사 한 끼를 먹기 위해 필요한 금액이다. 그 주인공은 투자자 중 전 세계 1위 부자 워런 버핏이다. 그는 '자신과의 점심 한 끼'를 경매에 부쳤고, 당시 경매의 낙찰가는 무려 330만 1,000달러, 즉 35억 원에 달하는 금액이었다. 물론 그는 수익 전액을 사회적 약자를 돕는 글라이드재단에 기부했다. 워런 버핏에게 저 정도 돈은 사실 있으나 마나 한 금액이다. 그 비싼 점심값을 치른 주인공은 워런 버핏과 투자에 대해 이야기를 나누고 싶다고 했다. 왜 그런 거액을 들여 워런 버핏과 만나려고 했을까?

　워런 버핏과의 점심은 그의 투자 비법에 대해 토론할 기회를 얻기 위한 것이었다. 명실상부 전 세계 최고의 투자자 워런 버핏의 투자 성공 비법은 바로 가치 투자(Value Investing)다. 그의 가치 투자 방식은 지금도 많은 주식 투자자들에게 회자된다. 어떻게 그는 주식 투자만으로 825억 달러, 한국 돈으로 110조 원에 이르는 부의 주인이 될 수 있었을까?

거인의 어깨에 올라서서 주식 투자하기

나도 처음엔 주식을 부정적으로만 생각했다. 내가 부모님과 친구들과의 대화에서 배운 주식 투자는 '패가망신하기 딱 좋은 것', '주식 폐인' 등과 같은 부정적인 이미지였다. 일반적으로 알려진 주식 투자는 '정보'를 알고 관련 주식을 산 뒤에 나중에 비싸게 팔아 이윤을 내는 것이다. 이 방법은 본질적으로 결국 '팔기 위한' 주식을 사는 일이고, 더 나아가 나보다 멍청한 사람들에게 더 비싸게 팔아야 했다. 남들이 비싸게 안 사주면 그것은 망한 투자가 된다. 별다른 이유 없이 주식 가격이 오르거나 내려가거나 하는 운에 의존한다는 점에서 '주식 투기'라고 부르는 게 더 어울리는 방법이다.

그렇지만 워런 버핏의 주식 투자 방식은 다르다. 주식은 '회사의 소유권'이라는 인식에서 출발한다. 회사를 같이 경영하고,

회사의 수익을 나눠 가질 수 있는 권리를 얻는다는 개념인 것이다. 이러한 주식 투자의 개념은 예전에 내가 알고 있는 일반적인 주식 투자와는 전혀 다른 것이었다. 이러한 개념에서 출발한 주식 투자는 '주식을 파는 것'에 중점을 두기보다는 '어떤 주식을 장기적으로 소유하고 있을 것'인가에 초점이 맞춰지게 된다. 여기서 하나 더, 가치 투자의 핵심은 남들이 거들떠보지 않는 유망한 원석 같은 주식을 찾아내 미리 선점하는 것이다. 그 이후에 남들이 사고 싶어 하는 주식이 될 때 팔면 된다.

나는 주식 투자를 할 때 많은 가치 투자자 선배들의 가르침을 꾸준히 탐독했다. 감사하게도 워런 버핏, 피터 린치, 모니시 파브라이, 최준철, 강방천에 이르기까지 가치 투자에 성공한 많은 국내외 선배들을 책과 영상을 통해 접할 수 있었다. 이러한 가치 투자계의 거인들의 어깨에 올라선 덕에 나는 나만의 가치 투자 원칙을 만들고, 주식 투자에 비교적 성공할 수 있었다.

나만의 투자 원칙들을 어떻게 실제 투자에 적용했는지 지난 사례와 함께 이야기해보자.

주변에서 투자 아이디어 얻기

대부분의 직장인들은 기본적으로 소비 생활을 하는데, 그 생활을 자세히 들여다보면 성공할 사업이 눈에 들어온다. 잘나가는 상품이나 사업을 훌륭하게 영위하는 회사들은 앞으로도 잘 될 가능성이 크고, 만일 그 시점에 주식시장에서 크게 주목받지 못하고 있다면 이는 큰 기회가 된다. 2015년 카카오택시가 처음 출시됐고, 나는 이 앱과 서비스의 편리함에 대단히 감동했다. 지금은 택시를 휴대전화 앱으로 잡는 것이 보편화됐지만, 그때는 정말 신세계가 열린 듯했다. 카카오라는 브랜드가 오프라인에서 가져오는 변화가 앞으로 가속화될 것이란 생각에 카카오의 사업 구조에 대해 자세히 알아봤다. 그 변화의 큰 축에 카카오택시와 카카오뱅크가 있었다.

당시 카카오는 상장 이후 카카오톡 기준 이용자 증가가 한계에 도달했고, 수익 다각화를 위한 다양한 사업들이 부진한 상황이었다. 하지만 카카오택시나 인터넷은행 카카오뱅크와 같은 사업이 추후 성공할 것은 모바일 편의성에 푹 빠져 있는 내게는 너무나 자명해 보였다. 바쁜 직장인에게 손가락 몇 번만으로 미리 택시를 부르고, 은행에 가지 않고 은행 업무를 볼 수 있는 시스템은 무척 편리했기 때문이다. 카카오의 택시, 뱅킹, 쇼핑과 같은 새로운 사업들이 성공한다면 카카오는 이미 확보하고 있는 카카오톡 이용자들로부터 손쉽게 4,000만 가입자를 얻을 수 있으리라 생각했다. 남들이 잘해야 10~20% 성장할 때 카카오는 두 배, 세 배로 사업이 확장될 수 있다는 기대감이 있었다.

처음 10만 원이 넘는 가격에 매수를 시작했고, 점차 7만 원까지 내려가면서 금액 하락에 당황하기보다 주식이 오히려 싸졌다고 생각하며 추가로 매수했다. 결국 2017년 말, 카카오뱅크가 히트를 치면서 카카오뱅크의 가치가 30조~40조 원으로 재평가받는 분위기가 됐다. 계산대로라면 카카오뱅크의 33% 지분을 가지고 있던 카카오는 이로 인해 최소한 10조 원 정도를 더 인정받아야 한다. 당시 시가총액이 10조 원이 안 되던 카카오는 순식간에 두 배 가치로 시장의 지지를 받아 주가도 덩달아 두 배로 뛰어올랐다. 나는 주당 15만 원대에 카카오 주식을 대부분 정리했다. 평균 매수 가격은 9만 5,000원 정도였고, 이 투자로 나는 처음으로 2,000만 원이 넘는 차익을 남겼다.

남들이 외면하는 회사 다시 돌아보기

요즘 1990년대생들이 인싸·아싸를 나누듯, 직장인들 역시 소비를 할 때 다소 무시하는 상품들이 있고 대단히 높게 쳐주는 상품들이 있다. 대표적인 것이 BMW, 벤츠와 같은 잘나가는 외제 차와 현대·기아차와 같은 국산 차 브랜드다. 경제적 제약 때문에 어쩔 수 없이 국산 차를 탄다는 분위기가 직장인들 사이에 퍼져 있었다. 이러한 분위기는 주식시장에서도 똑같이 드러나, 현대차와 기아차의 가격이 날마다 떨어지고 있었다. 바로 그 대중들의 마음이 떠났을 때, 주식시장에 기회가 찾아왔다.

현대·기아차를 타는 사람들은 차 자랑을 별로 하지도 않고, 비싼 외제 차를 타는 사람들을 부러워하는 경우가 많았다. 그렇지만 사실 한국 길거리에 있는 대부분의 차는 현대·기아차였고, 미국이나 다른 나라에 출장을 가서도 자주 볼 수 있었다. 2015년 이후로 현대자동차가 중국 시장에서 부진한 것은 명확했고, 회사의 영업이익도 계속 내리막인 추세는 사실이었다. 하지만 그럼에도 현대차 주식은 너무 쌌다. 여전히 현대자동차의 매출은 2011년 이후로 한 번도 역성장 없이 꾸준히 증가하고 있었고, 전기차·수소차 등 대안적인 차량도 연이어 잘 출시됐으며, 기존 그랜저·제네시스와 같은 스테디셀러 차종들의 디자인과 수익성은 점차 개선돼갔다.

5년 전 25만 원이 넘던 주식이 2018년 드디어 10만 원 이하로 떨어졌고, 현대차 우선주는 시가 대비 6%나 배당을 주는 주식이 됐다. 나는 매수를 시작해, 10만 원 내외에서 꾸준히 주식을 더 사 모았다. 심지어 2020년 코로나19 사태 이후로 6만 원대까지 떨어지기도 했지만 당황하지 않았다. 한국의 코로나19 상황이 비교적 양호한 덕에 현대차에 더욱 매력이 있다는 생각이 들어 꾸준히 매수했다. 그러다 갑자기 2020년 하반기 한국 주식시장의 활황 분위기에 힘입어 수소차의 시장 가능성이 부각되면서 주가가 급등했다. 현대차 주가가 16만 원 정도가 넘었을 때 두 달에 걸쳐 조금씩 나누어 모두 매도했다. 총 1년 10개월간의 투자 기간에 평균적으로 60% 정도의 수익률로 투자를 마무리할 수 있었다.

직장인이라면 한번 해볼 만한 가치 투자법

가치 투자는 쉽지 않은 투자법이다. 외면받고 있는 주식을 발굴해야 하기 때문에 때때로 주식 계좌의 현재 수익률이 마이너스인 상황도 온다. 내가 '이 주식은 반드시 재평가를 받을 것이다'라는 확신이 들어도 시장가를 보면 수익률이 마이너스 20%에서 마이너스 30%에 달하기도 한다. 물론 나도 잘못된 판단으로 손실을 본 적도 있었다. 가치 투자의 기초를 공부하는 데만 1년이 걸렸고, 실전에 적응하는 데 2년이 걸렸다. 그 뒤로도 나만의 스타일을 찾는 시간을 보내고 있다. 아직도 가치 투자에 있어서 공부할 것들은 산더미같이 많다.

그렇지만 직장인들이 도전하기에 이점이 많다. 주변의 경제 활동 인구에서 좋은 투자 아이디어를 발굴할 기회가 많기 때문이다. 점심 식사 후 "커피는 반드시 스타벅스!"를 고집하는 동료들을 보며 스타벅스 주식에 투자한다든가, 운동을 시작하기 전 옷부터 사는 걸 보고 애슬레저 브랜드 주식을 구매하는 식이다. 워런 버핏도 코카콜라를 무척 좋아해서 코카콜라에 투자를 시작했고, 현재는 30년 넘게 대주주로서 배당금과 주식 가격 차익의 수혜를 톡톡히 누리고 있다. 2.4달러였던 코카콜라 주식 가격은 현재 55달러에 육박하고 있다. 22배나 올랐고, 매년 1.6달러씩 배당도 꼬박꼬박 받았다고 한다.

나의 경우, 주식 가치 투자를 시작하게 된 이후 6년 동안 200%에 육박하는 수익을 낼 수 있었다. 자본금 1억 원이 3억 원으로 불어난 것이다. 평균 수익률은 배당까지 합쳐 연 19% 정도가 나왔다. 나는 목표를 겸허히 낮게 잡고 투자에 임했다. 투자 초보로서 목표 수익률을 연간 7~8%로 잡았었는데, 돌이켜보니 목표 수익률의 두 배가 넘었다. 2020년 말~ 2021년 초에 국내 주식시장이 좋았던 까닭에 성적이 잘 나온 것도 있지만, 매년 꾸준히 10% 이상씩 연 수익률을 거뒀다. 주식시장이 박스권에 갇혀 있다고 했던 2019년, 2021년 초의 시장에서도 내가 투자한 기업들은 시장에서 좋은 수익을 냈다.

직장인으로서 장기로 주식 투자하기에는 좋은 투자 방법이라고 생각한다. 왜냐하면 주식시장의 흐름을 무시하고 주말에만 공부하면, 평일에 주식시장을 신경 쓰지 않아도 충분히 성공할 수 있기 때문이다. 요즘에는 훌륭한 가치 투자에 대해 알려주는 유튜버들도 많아져서 잘만 활용하면 예전보다 기업을 분석하고 공부하는 번거로움을 크게 줄일 수 있다.

물론 다른 사람들의 말에 의존해서는 절대 투자에서 성공할 수 없다. 모든 투자의 책임은 본인에게 있으며, 내가 열심히 공부해서 얻은 기업에 대한 확신의 크기만큼 투자의 과실을 얻을 수 있다. 그것이 내가 6년간의 주식 투자에서 얻은 단 하나의 교훈이다.

성공하는 주식 장기 투자자의
다섯 가지 원칙

주식 투자는 사실 간단하다. 1) 좋은 주식을 산다. 2) 주식이 오를 때까지 충분히 기다린다. 3) 배당금이나 차익으로 이득을 거둔다. 이게 어려운 이유는 주식이 하락할 때 우리의 가슴이 너무 아프기 때문이다. 노벨 경제학상 수상자이자 심리학자인 대니얼 카너먼(Daniel Kahneman)에 따르면, 금전적 손실의 고통은 금전적 이득의 기쁨보다 강도가 두 배 이상으로 강렬하다.

주식으로 100만 원을 버는 것도 충분히 쾌감이 크다. 하지만 100만 원을 잃는 것의 고통은 그보다 강렬하고, 그 순간 머릿속에 화재경보기가 울리는 효과가 일어난다고 한다. 그때 손실 회피 성향(Loss Aversion)이 발생하고, 우리는 공포에 질려 주식을 팔아치운다. 그렇게 한참이 지나고 나서야 내가 30% 손해를 본 주식을 친구는 세 배로 불렸다는 이야기만 듣게 되는 것

대한민국 파이어족 시나리오

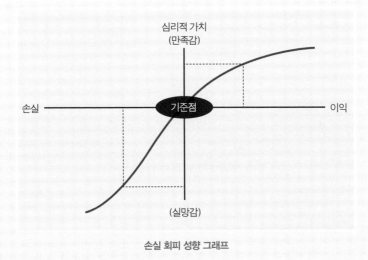

손실 회피 성향 그래프

이다.

인간은 심리에 쉽게 흔들리는 동물이다. 따라서 실패의 공포심을 떨쳐낼 수 있는 굳건한 마음, 이른바 '단단한 멘탈'을 유지해야만 꾸준히 주식을 보유하고 성공한 투자의 경험을 얻을 수 있다. 다음 다섯 가지 전략은 주식이 상승할 때까지 충분히 보유하는 데 성공할 확률을 대폭 높이도록 도와준다.

내 성향이 어떤지 파악한다

자신이 심리적으로 견딜 수 있는 MDD(Max Draw Down: 주식의 최대 낙폭)가 최대 얼마인지 아는가? 잘 모르겠으면 과거의 투자 경험을 떠올려보자. 주식 가격이 5%만 떨어져도 일상이 힘들고, 20%가 떨어지면 다른 일이 손에 잡히지 않는 사람이라면 애초에 주식 투자같이 변동성이 높은 투자 대신 다른 투자 상품을 고려해보는 것이 나을지도 모른다.

돈의 보유 기간과 목표 수익률을 확실히 정한다

현재 주식에 투자한 자금을 인출해야 하는 날짜는 언제인가? 1년 이하라면 사실 그 돈은 주식 투자를 해야 할 돈이 아니다. 충분히 오랜 시간 투자에만 사용할 수 있는 여유 자금으로만 투자를 해야 심리적으로 안정된 투자가 가능하다. 나의 목표 수익률이 얼마인지도 다시 검토해보자. 너무 높게 잡았다면 그만큼 위험한 투자를 통해 내 멘탈이 금세 바닥날 수 있다.

분산 투자한다—포트폴리오 만들기

한두 종목에만 투자하는 것은 꽤나 고통스러운 일이다. 앞서 말했듯이 손실을 지켜보는 것은 힘든 과정이기 때문에 보유하고 있는 한두 종목이 모두 손실이라면 주식 가격을 확인할 때마다 매번 기분이 우울해질 것이다. 다양한 주식을 보유하고 있고, 최소한 한두 종목이 이득을 보고 있다면 그래도 희망을 이어나갈 수 있다. 한 종목이 완전히 망가지는 리스크도 최소

화할 수 있고, 리밸런싱을 통해 수익을 극대화할 수 있는 전략
도 가능해진다.

분할 투자한다─시간을 나의 편으로

달걀을 한 바구니에 담지 말아야 하는 것은 종목뿐만이 아니라
시간에 대해서도 마찬가지다. 여러 기간에 걸쳐서 꾸준히 주식
을 산다면 내가 가격 저점이 언제인지 맞힐 필요도 없다. 주식
을 살 때도 기분이 좋다. 주식 가격이 내려갔다면 싸게 살 기회
가 생겼으니 좋고, 올랐다면 과거에 주식을 싸게 샀던 셈이니
그 또한 좋은 것이다. 주식을 파는 시점 역시 마찬가지로, 오랜
기간에 걸쳐 나눠 파는 것이 정석이다.

시장의 가격에 속지 않는다─변덕쟁이 미스터 마켓

주식 투자의 대가 벤저민 그레이엄(Benjamin Graham)이 이야기
한 대로 주식시장을 미스터 마켓(Mr. Market)이라는 사람으로 생
각하자. 그는 아주 변덕스러워서 어떤 날은 터무니없이 싼 가
격으로 주식을 사겠다고 으름장을 놓고, 어느 날은 아주 비싼
가격으로 사겠다고 너스레를 떨기도 한다. 현재 주식의 가격은
그저 마지막에 이 주식을 거래한 사람들의 일시적인 숫자일 뿐
이니, 흔들리지 말고 자신이 생각한 이 주식의 가치에 걸맞은

시세가 올 때까지 기다리자.

돈은 인내심 있는 사람의 주머니로 흘러간다

물론 주식 투자에서 중요한 과제 중 하나는 애초에 좋은 주식이나 자산군을 고르는 일이다. 내가 선택했던 주식이나 ETF가 우상향하지 않는 주식이라면 아무리 앞선 원칙대로 해도 손실을 막을 수 없다. 그러나 분명히 좋은 주식이나 ETF를 똑같이 샀는데, 나만 손해를 보았고 내 친구는 100%나 수익을 보았다면 꽤 슬프지 않을까? 앞에서 설명한 다섯 가지 원칙을 적용한다면 그렇게 '나만' 실패할 확률을 대폭 줄일 수 있을 것이다.

몇억짜리 명품 바이올린 스트라디바리우스도 음악을 모르는 사람에게는 그저 땔감에 불과하다. 당신이 가진 이 명품 바이올린을 고기 숯불값 몇천 원에 사겠다는 사람이 나타났다고 생각해보자. 당신이라면 이 귀한 바이올린의 시세가 몇천 원이라고 한탄하며 우울해하다가 땔감으로 팔아버리겠는가? 우리의 피 같은 주식도 마찬가지다. 좋은 주식을 '미스터 마켓'에게 휘둘려서 호구처럼 헐값에 팔지 말자. 시간이 지나면 명품의 진가를 알아주는 사람에게 제값을 받고 팔면 된다. 명심하자. 인내심 강한 사람만이 성공한 투자자가 될 수 있다는 것을.

'하늘의 별 따기'라는
30대 아파트 청약 성공기

1가구 1주택은 부동산시장에서 '중립' 포지션

사실 나는 집을 빨리 사야겠다고 생각해본 적이 없다. 장기적으로 보면 집값보다는 금융자산의 상승률이 높았기 때문에, 나중에 어떻게든 마련할 수 있겠지 하는 생각이었다. 근래 치솟은 서울의 집값은 확실히 내 아내를 비롯해 주변 사람들을 불안하게 만들었지만, 무턱대고 집을 사서 생기는 주택 소유 리스크가 마음에 걸렸다. 집값의 상승기에는 분명히 유리하지만 언젠가는 도래할 하락기를 피할 수 없다는 것도 단점이라고 생각했다. 그러던 도중 집을 소유하는 것에 대한 나의 마음을 바꾸게 된 개념이 있었다.

1가구 1주택을 소유해야 요동치는 부동산시장에서 겨우 '중립'을 지킬 수 있다는 개념이었다. 무주택의 경우, 부동산 상승기가 도래하면 내 집 마련의 꿈과 더 거리가 멀어지므로 크게 불리하다. 다주택자의 경우엔 부동산 하락기가 문제다. 자산 가격 상승을 노리고 여러 채의 집을 소유하기 위해 막대한 세금과 금융 비용을 지불하고 있었는데, 비용 지출은 그대로이고 자산 가격은 하락하면 낭패이기 때문이다. 그렇지만 1가구 1주택자는 다르다. 집값이 올라가면 좋은 것이고, 주택 가격이 내려가도 그다지 손해 볼 일이 없다. 어차피 부동산 자산은 오랜 시간이 지나면서 토지 가격을 포함하기 때문에 물가 상승과 같은 방향으로 움직인다. 부동산 가격은 우상향하게 돼 있으니 몇 년의 하락 정도는 걱정할 일이 아니다.

주택시장 가격 변동이 주는 영향

- **무주택** 주택 가격 상승 시 손해, 주택 가격 하락 시 이득
- **1주택 소유** 중립. 주택 가격 변동에 큰 영향이 없다.
- **다주택 소유** 주택 가격 상승 시 이득, 주택 가격 하락 시 손해

1주택을 소유하게 되면 집값 상승의 위험뿐 아니라 주거 비용의 등락도 상쇄할 수 있다. 내가 내 소유의 주택에 거주하고 있다면 전혀 부담이 없을 테고, 내가 다른 주택에서 거주하고 있

대한민국 파이어족 시나리오

더라도 상관없다. 내 주택에서 전세·월세가 오르는 만큼 내가 다른 집에 내야 하는 가격을 지불하면 그만이기 때문이다. 따라서 전·월세 흐름이 전체 부동산시장과 완전히 거꾸로 움직이는 주택만 아니라면 어떤 상황이 오더라도 쉽게 대처할 수 있다.

즉, 한번 집을 사면 반영구적으로 집값에 대한 걱정에서 해방된다. 게다가 우리나라는 아무리 부동산 거래에 대한 규제를 강화한다고 하더라도, 1가구 1주택에 대해서는 세금 혜택 등의 배려를 아끼지 않는다. 다주택자보다 보유세가 가중되는 것도 없고, 오랜 기간 보유와 거주 요건만 맞추면 나중에 현금화를 하거나 다른 주택으로 갈아탈 때도 충분히 유리했다. 그 생각에까지 이르자 나는 1가구 1주택은 할 수만 있다면 최대한 빨리 달성하는 게 낫겠다고 생각하게 됐다.

다만, 조건이 하나 있었다. 나의 주식 투자 철학에서도 그렇듯이 나는 저평가된 집, 즉 싼 집을 사고 싶었다. 그래서 나는 아파트 청약시장에 관심을 두게 됐다.

아파트 청약에서 불리한 30대, 승산은 있다

나도 처음에는 '30대가 아파트 청약시장에서 과연 승산이 있을까?'라고 생각했다. 대부분의 사람이 30대는 청약시장에서 소외됐다고 말하고, 신문 기사에서 나오는 이야기만 보고 지레 겁먹고는 한다. 30대가 청약에서 불리한 것은 사실이다. 대부분의 청약 물량은 청약 가점제에 따라 배분이 되는데, 그 내용을 따져보면 30대가 점수를 높게 받기가 어려운 구조다. 청약 점수는 세 가지로 구성이 되는데, 각각 1) 무주택 기간 2) 부양 가족 수 3) 청약통장 가입 기간이다. 셋 다 나이 많은 사람들이 기본적으로 가점을 높게 받을 가능성이 큰 항목들이다.

그럼에도 나름대로 청약 전략을 잘 짠다면, 30대도 주택 청약에서 성공할 가능성이 있다. 청약을 시작하면서 관련 책을 여러 권 읽어보고, 거기서 나에게 해당하는 사례들을 뽑아내다 보니 가능성 있는 싸움이라는 생각이 들었다. 신문에 큼지막하게 '로또 청약'이라고 이름난 것들만 청약했다간 내 집 마련의 꿈이 허공으로 흩어질 수 있다는 것도 깨달았다. 이후로는 현실적으로 승산이 있는 아파트 청약만 노려 전략적으로 청약을 넣기 시작했다.

30대를 위한 제도를 이용하자

청약 제도에도 30대의 내 집 마련 수요를 배려하는 특별 물량이 존재한다. 익숙한 사람들도 있겠지만 많은 사람이 이러한 특별 물량을 제대로 보지도 않고 지나치는 경우가 많다.

첫 번째는 특별 공급이다. 특별 공급은 무주택자 중에서 해당 조건을 만족하는 사람들에게만 기회가 주어진다. 생애 최초, 신혼부부, 다자녀, 노부모 부양자, 공공 기관 추천 등의 경우에 이러한 특별 공급의 대상이 될 수 있다. 30대 족자카르타 님도 특별 공급을 잘 활용해 청약에 성공한 사례다. 공공 기관 종사자 특별 공급을 예전부터 눈여겨보고 있다가 남들이 아직 주목하지 않은 부산 아파트 청약에 성공해 30대의 젊은 나이에 주거 안정의 꿈을 빠르게 성취했다. 자녀가 두 명 이상이면 신혼부부 당첨 확률도 높다고 하며, 배 속의 태아도 공공 분양에서는 청약 가점으로 인정받기도[2] 하니 참고하자.

두 번째는 신도시 사전 청약이다. 수도권 3기 신도시의 경우, 사전 청약이 가능하며 이 중 특별 공급이 85%[3]로 압도적인 비율을 차지한다. 일반적인 민간 분양에 비해 30대가 희망을 걸어볼 수 있는 부분이 많으니 이를 잘 활용할 필요가 있다. 3기 신도시에 대한 우려가 많은 것처럼, 2기 신도시도 미달하는 청약이 많았을 정도로 초반에는 인기가 없었다. 하지만 그 뒤로 판교, 위례, 동탄, 김포 등을 따라 주거 환경 재평가가 이어지며 장기적으로 집값이 안정됐다. 뒤집어 생각해보면, 3기 신도시의 경우에도 대중의 우려는 좋은 기회가 된다. 사람들이 우려하는 만큼 경쟁률이 떨어지는 것이 일반적이기 때문이다.

청약의 틈새를 비집고 들어가자

첫 번째 전략에 해당하지 않는다면 두 번째 전략, 틈새 청약 기회를 노리는 방법이 있다. 기본적으로 민간 분양에서는 84m²(약 32평형) 이하로 공급되는 청약은 100% 가점제 청약이지만, 85m² 초과 분양 평수에 대해서는 예외적으로 50%를 추첨제 청약으로 운영한다. 이 경우 1순위 청약 조건만 맞출 수 있다면 충분히 노려볼 만하다. "너무 큰 평수는 부담스러운데"라며 지레 겁먹을 수도 있지만, 청약이라는 것이 2~10년 뒤의 내 집을 얻는 기회라고 생각한다면 충분히 활용할 만한 접근법이다. 공공 분양의 경우에도 2021년 기준 84m² 이하 주택의 30%가 추첨제 물량이었다.[4]

이 밖에도 간혹 분양 이후 분양권을 포기하는 경우가 발생하면 무순위 청약이 나오기도 하며, 재개발 분양권 활용하기, 분양권 구입, 청약통장 증여와 같은 방법으로 새집을 분양받는 예도 있다. 다만, 이러한 방법들은 가능성이 대단히 낮기도 하고, 투기 과열 지구로 지정된 대부분의 수도권에서는 불가능한 경우도 있으니 유의해야 한다.

30대 신혼부부, 청약에 당첨되다

나도 처음에는 신문에 나올 정도로 유명한 아파트에 청약 한두 개를 넣어봤지만 번번이 고배만 마셨다. 가점제와 추첨제에 대한 이해도 부족한 채 청약을 넣었으니 실패는 당연한 결과였다. 당첨이 예상되는 청약 최소 가점은 40점을 웃도는데, 나는 20점도 안 되는 가점으로 청약을 넣었으니 될 턱이 없었다.

청약에 관한 공부를 시작한 이후로 내가 희망하는 지역은 추첨제를 노려야 한다는 사실을 깨달았다. 특히 나는 국제 신도시와 잔여 2기 수도권 신도시에 속하는 지역(동탄, 송도, 검단, 김포, 위례, 판교)에 관심이 많았다. 신도시 물량은 분양 가격이 시세보다 30~40% 싸게 나온다는 것이 가장 큰 메리트였다. 서울 도심 지역만큼 집값이 비싸지는 않지만, 앞으로 도시가 개선될 가능성은 컸기 때문에 집값이 떨어질 우려도 적었다. 사람들의 관심이 상대적으로 덜 쏠려 있어서 추첨제에서 경쟁률도 낮은 편이었다.

그래도 신도시 추첨제는 거저먹는 청약은 아니었다. 평균적으로 25 : 1 정도의 경쟁률을 뚫어야 했고, 확률로는 기껏해야 4~5% 정도밖에 되지 않았다. 그래도 가능성이 있다는 게 어디냐고 생각했다. '25 : 1이면 25번 넣으면 한 번 정도는 되겠지?'

라고 생각했다. 그 뒤로는 청약 공고 앱을 깔고 매일 한 번씩 확인하면서 관심 있는 지역에서 나오는 추첨제 물량에 모두 지원했다. 물론 청약에 필요한 최소 금액을 조달할 수 있는 경우에만 청약 추첨에 지원했다.

청약을 시작하고 2년째, 열 번 이상 청약을 넣었을 무렵의 어느 날, 잠결에 낯선 번호로 온 문자메시지를 읽었다. 청약 당첨을 축하하는 문자였다. '설마…… 뭐지……? 내가 잘못 본 건가?' 처음에는 이 당첨 문자가 나한테 잘못 온 건 아닐까 불안해서 인터넷으로 확인도 했다. 이상은 없었다. 기쁨의 환호를 질렀다. 그렇게 바라고 바라던 청약이었지만 금세 신나는 마음은 가라앉았고, 곧바로 걱정이 이어졌다. '혹시라도 청약을 포기해야 하는 상황이 오면 어떻게 하지?' 모아둔 자산이 크지 않은 우리가 자금 조달을 할 수 있을지 염려됐기 때문이다.

40평 가까이 되는 집에 당첨되는 바람에 조금 버거운 수준의 자금이 필요했다. 지금 살고 있는 집의 전세금도 빼서 월세로 돌려야 했고, 신용 대출, 예금담보 대출, 퇴직연금 담보대출 등 가능한 모든 빚을 져야만 간신히 잔금을 치를 수 있는 수준의 청약이었다. 하지만 천천히 자산을 늘려간다면, 당장 2년 뒤에는 어렵더라도 4년, 또는 6년 뒤에 '내 집'에 입주할 수 있다는 확신이 있었기에 큰 부담은 없었다. 무엇보다 '어떤 자산이

든 싸게 사야 한다'라는 나의 투자 철학과도 일맥상통했기에 맘 편하게 청약을 진행할 수 있었다. 그 어렵다는 '30대 아파트 청약'에 성공하다니, 감사한 마음뿐이었다.

내 생애 첫 전자책, 매달 50만 원이 꼬박꼬박 꽂힌다

잘 때도 돈이 벌리는 부업을 하자

조사에 따르면 2020년 직장인 열 명 중 세 명은 자신의 직업이 두 개 이상이라고 답했고, 90%는 부업이 앞으로도 늘어날 것이라 답했다.[5] 그도 그럴 것이 요즘 직장인들은 누구나 마음 한구석에 유튜버의 꿈을 가지고 있고, 성공한 유튜버들도 한때 부업으로 유튜브를 시작했다가 본업보다 더 성공한 사례가 많다. 그뿐만 아니라 다양한 곳에서 부업을 장려하는 광고를 쉽게 볼 수 있다. 배달의민족 커넥트, 쿠팡 플렉스 등 많은 부업이 우리가 손 내밀면 잡힐 만큼 주변에 널려 있다. 바야흐로 'N잡러'의 시대인 것이다.

나는 어렸을 적에 컴퓨터게임을 사고 싶은 마음에 아파트에 전단 붙이는 알바도 했다. 초등학교 시절이었는데, 아무리 열심히 해봤자 반나절에 3,000원 남짓 벌었던 것에 굉장히 실망했던 기억이 있다. 대학 시절에는 수학·영어 과외를 할 수 있는 기회도 있었다. 시간당 받는 금액이 훨씬 많았으니 전단 붙이기보다는 꽤 나은 선택이었지만, 일자리가 안정적이지 못했다. 결정적으로 과외를 하기 위해 매번 내가 시간을 써야 하고, 1주일에 몇 번씩 먼 거리를 이동해야 한다는 것이 비효율적이었다.

앞서 언급했던 것들은 '노동형 부업'의 한계점을 명확하게 드러낸다. 내가 직접 일한 시간이나 성과만큼 돈을 버는 형태의 부업은 내가 몸이 아프거나 일을 안 하면 바로 수입에 큰 타격을 준다. 내 시간과 건강을 돈과 바꾼다는 말이다. 시간의 자유를 누리고, 하고 싶은 일을 할 수 있는 시스템을 구축한다는 파이어족의 아이디어와는 완전히 대척점에 있는 개념이 바로 노동형 부업의 특징이다.

나에게 정답은 지식 생산형 부업

'일을 적게 하면서도 돈을 버는 방법은 없을까? 투자 말고 다른 부업은 없을까?' 이왕이면 하면서 재미도 있고 건강도 해치지 않는, 노동형 부업이 아닌 다른 형태의 부업을 해야겠다고 생각했다. 그중에서 나의 고민을 해결해준 것은 '지식 생산형 부업'이었다. 디지털라이제이션(Digitalization)이 본격화되면서 오프라인에서 온라인으로 많은 기회가 열리고 있었다.

지식 생산형의 가장 큰 장점은 한번 생산해놓으면 그 이후 추가 노동이 거의 들어가지 않는다는 점이다. 온라인에 지식 생산물이나 저작물 등을 올려놓기만 하면 새로운 구매자가 나타나 계속 매출을 올릴 수 있다. 과거 전통적인 지식 생산물인 특허·작곡·영화와 드라마 같은 영상물, 종이책 등이 이러한 지식 생산물의 예시다. 현재는 인터넷의 발달로 다양한 온라인으로 출판을 할 수도 있고, 강연물을 판매하기도 매우 쉬워졌다.

나와 아내 역시 지식 생산형 부업을 적극적으로 개발해보기로 했다.

눈물의 '중고나라 사기꾼 대처법'이 지식 출판물이 되다

몇 년 전 내가 중고나라에서 아이폰을 사려다 사기를 당한 적이 있었는데, 구 여친이자 현 아내는 자신의 돈이 떼인 것처럼 크게 분노했다. 아내는 사기꾼에게 돈을 받아낼 방법을 사방팔방으로 알아봤고, 밤샘 조사 끝에 경찰 신고부터 재산압류 등 여러 가지 법적 절차가 가능하다는 것을 알게 됐다. 이 과정은 보통 변호사나 법무사가 대리로 진행해주는데, 아내는 법률 자문료를 아끼기 위해 셀프로 모든 과정을 진행했다. 그 과정에서 아내는 '법'이라는 진입 장벽이 일반인들이 접근하기에 너무 높고, 인터넷상에는 법무 대리인들의 광고 글만 있다는 사실을 알게 됐다. 그래서 본인이 사기꾼에게 돈을 돌려받기까지의 모든 과정을 네이버 블로그에 정리해 올렸고, 이 글들은 하루 수백 명(사기 피해자들)에게 꾸준히 읽히는 콘텐츠가 됐다.

나는 이 '먹히는' 콘텐츠를 출판해보는 게 어떻겠냐고 제안했고, 적당한 절충안으로 PDF 전자책 출판을 알아봤다. 아내는 집필을 담당하고, 나는 강렬한 섬네일을 완성했다. 사기꾼에게 당하는 사람들이 꾸준히 생기는 건지, 이 전자책은 출판 이후 매달 꾸준히 팔리고 있다. 판매 매출은 월 40만~50만 원 정도 발생하는데, 이 중에 수수료 20%를 제하고도 수입이 상당했다. 누군가는 이 전자책을 통해 사기꾼을 잡기도 하고, 사기꾼에게 200만 원이나 돈을 돌려받은 후기도 있었다. 다른 사람에게 도움이 됐다는 것도 뿌듯하지만, 그만큼 아내에게도 경제적 보상이 생긴다는 것이 신기하고 멋진 일이었다.

취준생 시절 땀과 눈물로 빚어낸 자기소개서로 부업하기

무지막지한 취업난에 나도, 아내도 자유로울 수 없었다. 취준생

기간 2~3년간 여러 기업에 지원하느라 수많은 자기소개서를 완성했다. 이 지난날의 자소서 중에 서류 합격을 했거나 최종 합격을 한 질이 좋은 자소서들을 해피캠퍼스에 올려봤다. 해피캠퍼스는 20대들이 특히 많이 이용하는 리포트 공유 사이트다. 주로 대학교 과제나 시험 자료 등을 사고파는 사이트인데, 이곳에 자기소개서도 올릴 수 있었다.

예상되는 수요층에 맞춰 각각 2,000~9,000원 정도의 가격을 책정해 올렸는데, 가랑비에 옷 젖듯 조금씩 조금씩 팔렸다. 큰 금액은 아니었지만 백업해놓은 외장 하드에서 썩어가고 있는 과거의 데이터들이 의미 있는 지식 출판물이 되는 순간이었다. 자기소개서 시즌에 따라 변동은 조금 있지만 한 달에 7만~9만 원 정도 수익이 나오고 있다. 해피캠퍼스는 수수료가 50%에 이르기 때문에, 이를 제하고 나면 월 3만~5만 원 정도의 순수익이 나온다.

위 두 사례 모두 시작은 미약했던 일이었지만, 결과적으로는 우리 부부에게 '부업'이라는 새로운 분야에 눈을 뜨게 해줬고, 장기적으로는 꾸준히 현금을 가져다주는 지식 출판물이 됐다.

지식 생산형 부업은 기회다

《N잡하는 허대리의 월급 독립 스쿨》의 저자 'N잡하는 허대리'
는 지식 생산형 부업은 내가 딱 초보자보다 한 단계만 높은 수
준이라면 지금 당장 시작할 수 있다고 말한다. 나는 이 이야기
를 듣고 지식 생산형 부업의 확장성과 보편성에 놀랐다. 누구
나 남에게 조금이라도 도움이 되는 지식을 생산할 수 있고, 그
생산물로 금전적 보상도 얻을 수 있다는 말이었기 때문이다.
나 또한 앞선 경험을 통해 그 사실을 확인한 적도 있었다.

　많은 사람이 다양한 이유로 지식 생산형 부업을 시작하는 것
을 주저한다. '나는 남들이 다 아는 직장을 다니지도 않았어',
'나는 심지어 대학도 안 나왔는걸', '나는 성공한 유튜버처럼 월
1,000만 원 버는 것도 아니고 월 10만 원짜리 블로그 하나 운
영하는데'. 이 모든 핑계가 사실은 그들에겐 기회다. 대부분의
사람은 자신과 비슷한 처지인 사람의 말에 공감하고 더 귀 기
울인다. 중소기업에 다니는 사람들은 중소기업에서의 처세, 이
직하는 방법을 궁금해한다. 대학교를 나오지 않은 사람들은 비
슷한 상황에서도 성공을 이룬 사람들의 이야기에 더 공감한다.
사람들은 월 1,000만 원 버는 것보다 적은 노력으로도 월 10만
원 벌 수 있는 방법을 더 궁금해한다. 지금 당신이 처한 상황이

바로 지식 생산형 부업의 기회다.

나도 완벽하지 않지만 내가 가지고 있는 지식으로 누군가에게 도움이 될 수 있도록 책을 쓰고 있고, 전자책도 계속 출간해 볼 생각이다. 모든 사람에게 내 생산물이 도움이 되지는 않을 것이다. 하지만 소수의 누군가에게는 분명 도움이 될 수 있으리라고 믿는다. 이런 지식 생산물들은 내게 10만 원, 50만 원씩 현금 흐름을 가져다줄 것이고, 쌓이면 무시 못 할 금액이 되어 내 경제적 자유 달성에 도움을 줄 것이다. 무엇보다 이러한 지식 생산 작업이 즐겁고, 게다가 누군가에게 보탬이 된다는 보람도 느낄 수 있으니 내게 작지 않은 보너스다.

최고의 재테크는 마인드 컨트롤

나는 파이어족을 인터뷰할 때마다 자신만의 가장 중요한 재테크 비법이 무엇인지 물었다. 그들이 재테크 일등 공신으로 꼽은 것들은 미국 성장주 주식, 토지 투자, 철저한 재정 계획 등이었다. 만일 누군가가 내게 똑같은 질문을 한다면, 나는 재테크 일등 공신으로 마인드 컨트롤을 꼽을 것이다. 나 또한 가치 투자, 아파트 분양, 계획적인 절약 등 다양한 재테크를 시도했고 만족할 만한 성과를 냈지만, 마인드 컨트롤 없이는 이 모든 성과가 허사가 될 것이라고 확신하기 때문이다. 불안한 감정 상태는 내면에 잠재된 충동적 소비 욕구를 자극하고, 그만큼 경제적 자유와는 멀어진다. 마인드 컨트롤 실패의 두 가지 대표적인 원인이 스트레스, 그리고 불필요한 허영심이다.

우리를 가난하게 만드는 '스트레스'

우리는 직장에서, 또는 인간관계에서 오는 여러 가지 일들로 마음이 다치고는 한다. 자존감이 낮은 사람일수록 그런 일이 더 쉽게 일어날 것이다. 직장 상사의 부당한 업무 지시, 해도 해도 줄지 않는 과도한 업무량, 친구가 무심코 뱉은 나를 무시하는 말. 이렇게 우리를 불행하게 하는 스트레스는 억울하게도 우리를 가난하게 만들기까지 한다.

스트레스성 감정 소비는 우리 생활에서 떼려야 뗄 수 없는 존재다. 스트레스를 받아 치킨, 맥주 등을 폭식하거나, 쓸데없는 옷이나 화장품 등을 산 경험이 한 번쯤은 있을 것이다. 홧김에 돈을 쓰는 것은 심리학적으로도 이미 검증된 인간의 심리적 반응이다. 미국 하버드대학교의 제니퍼 러너 교수의 실험에 따르면, 슬픈 감정에 빠진 사람들이 그렇지 않은 사람보다 30% 정도 지출 성향이 더 높다고 한다.[6] 문제는 이렇게 부정적인 감정에서 비롯된 지출이 자기 파괴적인 선택으로 이어지는 경우가 많다는 것이다. 폭식이나 폭음으로 찐 살 때문에 또 스트레스를 받아서 다시 폭식하는 악순환이 그 예다.

저축률을 높이고, 빠르게 은퇴하려는 파이어족에게 이러한 스트레스성 지출은 반드시 짚고 넘어가야 하는 중요한 문제다.

저축률을 끌어올리고 종잣돈을 모으는 데 스트레스성 지출이 큰 장애물이 되기 때문이다. 직장에서 받는 스트레스에서 해방되기 위해 많이들 파이어족을 꿈꾸는데, 역설적으로 그 스트레스가 직장에서 벗어날 수 있는 자유의 기반을 갉아먹는 것이다. 시간의 측면에서도 그렇다. 소비에 드는 시간, 화풀이에 드는 시간, 화풀이에 따른 폐해를 복구하는 시간. 이 모두가 소모적이고 비생산적인 시간이다. 그렇기에 감정 소비의 악순환을 끊을 방법을 반드시 찾아야 한다.

은퇴 시기를 늦추게 하는 '불필요한 허영심'

월급 외에 나오는 보너스를 생각하면 누구나 들뜬다. 특히 연말 보너스를 두둑하게 받았을 때 내 입사 동기들은 들뜬 마음에 남자, 여자 가릴 것 없이 가장 먼저 멋진 차를 뽑고는 했다. 보급형 중형차를 사는 친구도 있었지만, 할부까지 끌어다가 멋진 외제 차를 계약하는 친구들도 종종 있었다. 하지만 우리를 기쁘게 하는 이 자동차는, 우리를 가난하게 만든다.

연말 보너스로 차량을 구입하려는 김 과장을 예를 들어 생각해보자. 대한민국에서 차량 한 대를 소유하는 데 드는 비용은 서울 기준 월평균 78만 원이다.[7] 이 비용에는 구매비와 차량 유지비가 모두 포함돼 있다. 연간으로 환산하면 평균 936만 원, 즉 차를 사면 1,000만 원에 가까운 금액을 매년 지출하는 것이다. 김 과장이 이 차량을 계속 유지한다면 그의 조기 은퇴 계획엔 어떤 영향을 줄까? 경제적 자유를 위한 기본 공식 '4%룰'을 적용해 계산해보면, 은퇴 이후에도 차를 계속 유지하기 위해 필요한 금액은 연 1,000만 원에 25를 곱한 값이다. 즉, 은퇴 자금 2억 5,000만 원이 추가로 필요해진다. 남들 다 굴리는 차 한 대의 영향력이 이렇게 클 줄이야!

　본래 김 과장이 매년 저축하는 금액이 2,000만 원이었다고 가정해보자. 차를 사는 바람에 1,000만 원, 즉 절반으로 저축액이 줄었는데, 달성해야 하는 은퇴 자금은 2억 5,000만 원 늘어나버렸다. 결국 김 과장은 별다른 추가 수입이 없다면 25년을 더 일해야 한다. 차를 유지하기 위해서 말이다. 알다시피 자가용을 타는 생활에 익숙해지면, 대중교통을 이용하는 것이 굉장히 번거롭게 느껴진다. 나중에 유지비가 더 적게 드는 차로 바꿔 타게 되더라도, 김 과장은 자가용을 계속 소유하게 될 가능성이 크다. 연봉이 오르는 것을 감안해 20년쯤 더 일을 하게 되더라도 말이다. 당신에게 차는 20년을 더 일하게 해야 할 정도로 인생에서 중요한 가치인가?

　그 밖에도 우리를 가난하게 만드는 것에는 명품 소비재가 있다. 한번 사면 평생 쓰는 사람도 있겠지만, 계속 쓰다 보면 반드시 유지 비용이 들게 된다. 명품 시계는 AS를 받는 데 최소 50만 원이 든다. 몇 년에 한 번 받으면 충분하다지만 결코 무시할 수 없는 비용이다. 매년 가격이 오르기 때문에 사는 게 이득이라지만, 그냥 평생 안 사면 그만큼 이득이다. 워런 버핏과 함께 20세기 세계 4대 투자 거장으로 꼽히는 존 보글(John Bogle)은 15만 원짜리 시계를 차고 다니기로 유명했다.[8] 그가 설립한 뱅가드그룹은 5조 달러가 넘는 세계적인 금융사다. 그는 "시계에 휘둘리지 말고 시간을 지배하는 것에 집중하라"라는 메시지를 남겼다. 자신이 명품 같은 사람이라고 믿는다면 명품 시계 없이도 언제든 당당할 수 있다.

나를 부자로 만드는 마인드 컨트롤

사실 우리가 차를 사는 이유도 행복해지기 위해서다. 하지만 차를 사는 이유가 승차감보다는 '하차감'이 주는, 다른 사람들의 시선을 의식하는 내 허영심 때문이라면 오히려 내 마인드를 다시 한번 다잡을 필요가 있다. 페이스북 창업자 마크 저커버그의 자산은 547억 달러, 한화로 60조 원이 넘는다. 그러나 그는 매일 싸구려 회색 반팔 티셔츠와 청바지를 입고, 3,000만 원짜리 폭스바겐 자동차를 타고 다니기로 유명하다.[9] 그는 오직 자신이 중요하게 생각하는 것에만 집중할 수 있도록 생활을 단순하게 할 때 비로소 행복해질 수 있다고 말한다.

물론 자동차가 인생에서 정말 중요한 가치인 사람도 있으며, 자동차 없이는 출퇴근이 불가능한 사람도 있다. 후자의 경우에는 자동차가 필수재의 역할이므로 반드시 자동차를 보유해야 한다. 또한 아이를 키우는 사람들이라면, 자동차 없이는 이동이 정말 쉽지 않다. 이런 경우의 사람들은 다른 선택지를 고려해볼 수 있다.

자동차가 반드시 필요한 사람들을 위한 대안

❶ 공유 자동차 서비스 이용하기

❷ 중고 자동차 구입하기

❸ 경차·전기차 등 경제적인 차량 사용하기

스트레스성 소비로 돌아가보자. 이를 피하려면 먼저 긍정적인 방법으로 스트레스를 해소할 수 있는 자신만의 방법을 찾아야 한다. 운동을 한다든가, 친한 사람과 수다를 떠는 등의 방법이 있다. 이 밖에 별것 아닌데도 반드시 나를 기분 좋게 하는 '소확행'들이 있다. 거품 목욕이나 여행 계획 짜기, 차 마시기 등이 그 예다. 연구에 따르면, 자아 존중감(Self-esteem)이 높은 사람일수록 사소한 스트레스에도 흔들리지 않으며, 스트레스를 받았더라도 대처하는 행동에서 자기 파괴적인 행동으로 이어지는 확률이 낮다고 한다. 이러한 높은 자아 존중감은 자신을 존중하는 사람들, 핵심적인 인간관계가 아주 탄탄한 사람들의 특징이기도 하다. 만약 스트레스성 지출이 높다면, 나의 자아 존중감이 낮아서 발생하는 문제는 아닌지 되돌아봐야 한다.

마인드 컨트롤을 위해서는 무엇보다 자신이 어떤 사람인지 잘 알고 있어야 한다. 내 내면에 어떤 결핍이 있는지 스스로 알고 있을 때, 자존심이 상할 일이 생겨도 대수롭지 않게 대처할 수 있기 때문이다. 자신이 어떤 사람인지를 잘 파악하는 것은 생각보다 어렵지만 동시에 정말 간단하기도 하다. 그저 생활 속에서 자신의 내면의 목소리에 귀 기울이고, 내가 어떤 사람인지를 계속 관찰하기만 하면 된다. 나의 음식 취향은 어떤지, 나는 어떤 여행지를 좋아하는지, 어떤 음악을 좋아하는지, 어떤 온도에서 가장 편안함을 느끼는지, 어떤 사람과 있을 때 가장 편한지 그런 것들 말이다.

나는 파이어족으로서의 여정에 집중할수록 내가 어떤 사람인지 더 깊이 알게 됐다. 그리고 내가 어떤 취향을 가지고 있고, 어떨 때 행복한지 알게 될수록 신기하게도 더 행복해졌다. 자연스럽게 남의 시선도 신경 쓰지 않게 됐다. 고급 시계를 차지 않고도, 자동차 없이도, 싸구려 반팔 티셔츠를 입고 사람들을 만나고 도심 한복판을 활보해도 전혀 부끄럽지 않았다. 언제 어디서든 당당할 수 있다는 사실에 행복감을 느끼게 됐다.

부자처럼 보이기보다는 부자가 되자

부자들은 이야기한다. 나를 가난하게 만드는 자산에 집중하지 말고, 나를 부자로 만들어줄 수 있는 자산을 내 것으로 만드는 데 집중하라고 말이다. 오랜 기간 삼성전자, 애플, 구글과 같이 우량한 회사의 주식을 사 모으다 보면 어느새 부자가 되어 있는 자신을 발견할 수 있다는 말이다. 부자처럼 보이기 위한 소비에 집중하면 오히려 부자의 길은 멀어진다.

나 역시 내가 부자처럼 보이는 것보다는 나를 부유하게 해줄 자산, 나를 월급에서 자유롭게 해줄 자산을 구입하는 데 집중했다. 나를 부유하게 해주는 것의 대표는 주식과 청약 주택이었다. 입사하고 첫해 보너스로 무슨 차를 뽑을 거냐고 묻는 회사 동료들에게 나는 말했다. 나는 차를 사기 전에 집을 사겠다고. 농담으로 웃어넘기는 선배들과 동기들도 있었지만, 나는 그 다짐을 잊지 않고 가슴 깊이 묻어왔다. 그리고 입사한 지 7년째 되는 2022년, 나는 나와 내 아내의 이름으로 된 아파트를 가지게 될 예정이다. 물론 아직 차를 계약해본 적은 없다. 가끔 자동차 공유 서비스를 사용했을 뿐. '부자처럼 보이기보다 부자가 되기 위해 노력하는 것'은 파이어족이 된 이후에도 내 제1의 재테크 비법일 것이다.

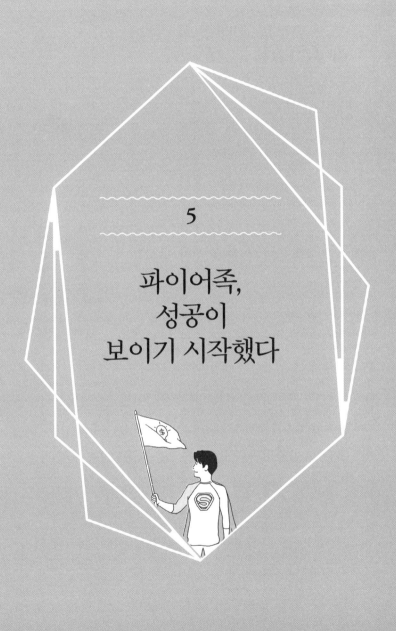

5

파이어족,
성공이
보이기 시작했다

우리 부부의 30대 은퇴 계획은 이렇습니다

바호와 코나의 30대 파이어족 준비 이야기

나와 아내가 처음 파이어족에 대해 진지하게 생각하게 된 계기는 하와이 신혼여행이었다. 10년 뒤 '제2차 신혼여행'을 떠날 수 있는 자유를 얻겠다는 생각이었다. 우리는 거기서 더 생각을 확장해서 각자 직장인이라는 제약 때문에 현재의 행복을 희생하지 않겠다고 결심했다. 어디서, 어떻게 생활할지 선택할 수 있는 자유, 내 시간을 마음대로 쓸 수 있는 자유를 희망한다. 지금처럼 직장에서 최소한 주 40시간을 일하지 않고도 우리의 생계를 이어가는 데 문제가 없으며, 상황에 맞춰 자유롭게 거주지의 자유도 누릴 수 있기를 바란다. 이것이 우리가 파이어족이 되기로 결심한 이유다.

그러기 위해서는 회사에 얽매이지 않을 수 있는 경제적 자유를 구축하고, 원하는 삶을 오랫동안 지속할 수 있는 준비가 필요하다. 목표로 잡은 조기 은퇴 시기는 내가 40대가 되기 직전인 4년 뒤. 이미 한국 사회에서 성공적으로 '파이어'한 선배 파이어족들과의 인터뷰를 통해 나는 '파이어' 달성을 위한 목표도 구체화할 수 있었다. 우리 부부의 파이어족 준비 목표는 다음 '은퇴 자금 마련하기', '생활 패턴 리모델링하기', '파이어족 계획 세우기', 이 세 가지로 요약된다.

은퇴 자금 마련하기

은퇴 자금의 목적은 내가 생활할 수 있는 현금(생활비)을 지속적으로 제공하는 것이다. 생활비에 맞는 규모의 현금 흐름이 있으면 가장 좋고, 아니면 '4%룰'에 따라 매년 전체 자금의 4%만 생활비로 쓰고 나머지는 장기 투자를 해서 원금을 보전하는 것도 가능하다. 우리는 효율적으로 은퇴 자금을 마련하고 유지하기 위해 저축·투자·부업을 모두 적절히 활용하고자 한다.

● 생활비 마련하기

우리의 은퇴 이후 목표 생활비는 한 달에 330만 원 정도다. 지금까지는 투자 소득이 발생할 경우 100% 재투자를 지속해왔지만, 앞으로는 투자 소득 중 3개월마다 한 번씩 생활비만큼 1,000만 원씩 정산해 빼놓을 계획이다. 주식 투자는 월급처럼 매달 꼬박꼬박 나오는 것이 아니고, 분기에 배당금이 한 번씩 나오는 경우가 많으니 그때마다 필요한 만큼 생활비를 인출하는 편이 안정적이다. 이 투자 소득과 배당금을 현금 흐름으로 삼아 생활비로 쓸 계획이다. 은퇴를 위한 자산은 대부분 금융자산으로 보유할 예정인데, 부동산 자산은 수익을 실현하려면 통째로 현금화를 해야 하므로 비효율적이고 번거롭기 때문이다.

그 밖에도 우리는 우리 부부에게 맞는 부업을 더 발굴하려고 노력하고 있다. 특히 아내는 지식 생산형 부업을 통해 세금을 제외하고 매달 50만 원 정도의 현금 흐름을 만들어내고 있다. 실제로 매달 50만 원, 즉 연 600만 원의 꾸준한 부업 소득은 얼핏 볼 때 별것 아닌 것 같아도, 투자 수입만으로 생활비를 마련하는 부담을 대폭 줄여준다. 앞으로도 좋아하는 일을 하며 얻은 경험을 블로그나 책으로 출간해 새로운 부업 소득을 창출해 보려고 한다.

● 예상하지 못한 위험에 대비하기

건강과 관련해 예상하지 못하게 들어가는 비용은 은퇴 후 경제 상황에 가장 큰 '변수'가 될 것이라고 생각한다. 그래서 우리는 국민건강보험 외에도 실비보험, 암보험에 가입해 매달 각 5만 원씩 납부하고 있다. 발병할 확률이 매우 낮은 확률의 질병까지 보장하는 보험을 들 필요는 없다고 생각한다. 다만 성인의 암 발병 확률은 남성의 경우 39.8%, 여성은 34.2%로 꽤 높은 편이기 때문에[1] 암보험 정도는 들어두는 것이 좋다고 생각한다. 큰 병에 걸렸을 때 목돈을 들이지 않고도 금전적으로 충분히 대처할 수 있는 것이 보험의 큰 장점이다. 그 덕분에 심리적 안정을 얻을 수 있는 것도 큰 혜택이다.

우리는 자산 포트폴리오에 있어서도 위험에 대비하기로 했다. 예상하지 못한 경제 위기에도 방어할 수 있도록 다양한 국가의 통화를 기반으로 한 안전 자산 투자를 늘려나갈 계획이다. 현재는 달러 자산이 전체 자산의 5% 내외로 구성돼 있지만, 이를 30%까지 늘리는 것을 목표로 하고 있다. 전 세계에 경제 위기가 닥치면 상대적으로 위험 자산으로 취급받는 원화는 여지없이 폭락하곤 했지만, 달러 자산만큼은 흔들리지 않았다. 70%였던 위험 자산의 비중을 50% 정도로 차차 줄이고, 예상하지 못한 위기에서 방어할 수 있는 금과 같은 실물 자산의 비중도 10%까지 확대 예정이다.

● 1년 생활비만큼의 여유 비용 확보하기

은퇴 이전이든 이후이든, 언제나 예기치 못한 상황은 충분히 발생할 가능성이 존재한다. 생활비를 꾸준히 만들어내는 투자 자금 말고도 목돈이 필요할 때 언제든 사용할 수 있는 비상금이 있어야 한다. 《파이낸셜 프리덤》의 저자 그랜트 사바티어 역시 은퇴를 위한 예비비로 약 1년어치의 생활금을 꼭 가지고 있기를 추천한다. 투자자산의 성적이 좋지 않을 때 대비할 수도 있고, 예기치 않은 지출에 대응할 수도 있어 융통성이 커진다. 그래서 우리는 넉넉히 5,000만 원 정도의 예비금을 예금통장에 저금해놓고 꼭 필요할 때 꺼내 쓸 수 있도록 준비하려고 한다.

생활 패턴 리모델링하기

아무리 돈을 많이 번다 할지라도 매일같이 컴퓨터 앞에 앉아 여덟 시간씩 주식 거래를 해야 하는 주식 트레이더나, 주말에도 일해야만 하는 인기 식당의 사장님에게 시간의 자유는 찾아보기 힘들다. 우리 부부가 원하는 거주 장소와 일하는 시간의 자유를 얻기 위해서는 그에 걸맞게 조금씩 생활 패턴을 바꿀 필요가 있다. 이를 위해 우리는 '생활 패턴 리모델링'을 하고 있으며, 다음 세 가지 항목으로 요약된다.

● 근무가 더 유연한 직업·직장 찾기

자유로운 생활을 꿈꾸는 우리 부부의 소망 중 하나는 세계 어디에서도 자유롭게 일할 수 있는 것이다. 감사하게도 나는 프로그래밍이 주 업무라 인터넷만 연결돼 있다면 어느 곳에서든 재택근무가 가능한 상황이다. 이 밖에도 직업과 직장 선택의 폭을 넓힐 수 있는 전문성을 구축하기 위한 노력을 병행하고 있다. 커리어 변경에 도움이 될 석·박사 학위 취득을 위한 대학원 준비, 외국어 공부, 개인 브랜딩 만들기 등이 그 예다.

● 미니멀리스트 되기

우리 부부는 최소한의 필요한 소유와 소비만 하는 미니멀리스트(Minimalist)의 삶을 지향한다. 소비를 어디까지 줄일 수 있는지 알아보기 위해, 포기할 수 없는 것들을 포함한 최소한의 생활비를 측정해봤다. 우리 부부의 경우, 주거비를 제외하고 월 120만 원 정도였다. TV에 나오는 연예인들의 소비 수준이나 극단적인 절약을 하는 사람들을 기준으로 두기보다, 최대한 오래 지속할 수 있는 소비 생활을 연습하고 있다. 옷을 예로 들자면, 남들의 시선을 의식해서 매번 유행하는 옷을 사기보다 계절별로 취향에 맞는 단순한 옷 서너 벌 정도를 유지한다.

　필요 없어진 물건들은 바로 버리기보다 당근마켓, 중고나라 등의 중고 거래 플랫폼을 통해 판매해 수익을 창출한다. 안 쓰는 물건을 정리하다 보면 새롭게 쓰임을 찾게 되기도 하고, '내게 이렇게 많은 물건이 있다니' 하는 생각으로 새로운 물건을 사고 싶은 욕구를 잠재울 수도 있다. 정말 쓰임이 없어 보이는 물건도 누군가에게는 꼭 필요할 수 있으니 환경보호의 효과도 있다. 우리 부부는 파이어족을 결심한 이후로 중고 물품 거래를 통해 100만 원가량의 수입을 냈고, 현재도 불필요한 물건이 생길 때마다 적극적으로 판매하고 있다.

● 지리적 이점 최대한 활용하기

반드시 수도권에서 살아야 한다는 고정관념을 버리고, 파이어족이 누릴 수 있는 지리적 이점을 최대한 활용할 준비를 하고 있다. 우리가 청약으로 마련한 아파트는 자가이기는 하지만, 사실 우리가 실거주하는 것만으로 지불하게 되는 잠재적인 비용이 있다. 해당 주택이 수도권의 신도시에 있고 평가 금액이 높으므로 계속 높은 관리비 및 보유세를 내야 하기 때문이다. 현재는 우리 부부 모두 서울에 직장을 두고 있어서 당장은 수도권의 자가 아파트에 사는 것이 옳을 수 있겠지만, 조기 은퇴 이후에는 굳이 수도권의 집에서 거주할 필요가 없어진다. 비싼 거주 비용을 지불할 이유가 사라지는 것이다.

서울에서 반드시 살아야 한다는 선택지를 지운다면 생각보다 얻을 수 있는 것들이 많다. 우리가 소유한 주택은 전세나 월세를 주고, 그 돈으로 다른 지역에 집을 구하는 것이 오히려 주거 비용을 절약하는 방법일 수 있다. 같은 주거 비용으로 훨씬 넓은 집, 여유로운 자연환경을 누릴 수도 있다. 또는 전세를 준 뒤 내가 살 집을 구하고 나서도 자금이 남는다면, 이를 투자자산으로 활용해 생활비를 더 창출해내는 레버리지로 활용할 수도 있다. 삶의 질이 높아지는 선택을 마다할 이유가 없다.

파이어족 타임라인 만들기

은퇴 자금 마련과 생활 패턴 리모델링을 실제 실천으로 옮기려면 구체적으로 계획을 세워야 한다. 우리는 앞서 성공한 파이어족들의 사례를 분석해보며, 다음과 같이 우리만의 파이어족 타임라인을 만들었다.

2020년: 경제적 자유 준비 원년
- 파이어족 계획 설계&대학원 준비 → 커리어 변경의 기반 마련
- 싸게 나온 신도시 아파트 청약 신청 → 주거 안정 실현
- 투자·부업 소득 연 4,000만 원 확보 / 저축률 70% 달성

2022년: 자유로운 직업과 주거 환경 확보

- 2년 뒤 파이어족 생활 준비 → 하고 싶은 일에 맞춰 주거·생활 환경 조성 노력
- 위험 자산 규모 전체 60% 이하 / 외화 자산 20% 이상으로 조정
- 투자·부업 소득 연 5,000만 원 확보 / 저축률 60%

2024년: 경제적 자유 선언

- 갭 이어(Gap Year) 실천 → 살고 싶은 도시 세 곳 선정해서 한 달~1년씩 살기 / 자유로운 직업·직장으로 전직
- 투자·부업 소득 연 5,500만 원 확보

목표를 세우면 성취가 쉬워진다

놀랍게도 위의 2020년 계획은 대부분 달성할 수 있었다. 저축률은 처음에 계획했던 70%보다 훨씬 상회한 81%를 기록했고, 신도시 아파트 청약에도 운 좋게 성공해서 빠듯하게 생활했지만 분양 대금을 모두 납부할 수 있었다. 절약에 집중하다 보니 오히려 쇼핑 등에 낭비하는 시간이 줄어들었으며, 그 덕분에 투자 포트폴리오를 재설계하는 데에도 많은 시간을 쓸 수 있었다. 2020년에는 투자 수익과 저축액이 예상을 뛰어넘은 덕분에 파이어 가능 단계를 달성할 수 있었다. 오랜 기간 재테크의 기

초를 쌓고 종잣돈을 모은 덕을 보기도 했지만, 2020년의 주식 시장이 워낙 좋았던 것도 한몫을 했다.

앞으로의 계획들도 이처럼 잘 지켜질 것이라고는 누구도 단언할 수 없다. 가족 구성원이 늘어날 수도 있고, 자산을 늘려나가는 계획에 변수가 생겨 마음대로 잘 풀리지 않을 수도 있으니 말이다. 그러니 모든 것이 계획대로 될 기대를 하기보다는 변화된 상황에 맞춰 적응해나가기로 했다. '내 시간을 행복을 위해 쓸 수 있는 자유'라는 큰 목표를 향해 나아가는 과정이 쌓여, 결국 그 목표에 도달하게 하리라고 믿기 때문이다.

드디어, 경제적 자유에 도달했다

정신 차려보니, 순자산 20억 달성!

재테크를 시작한 지 6년, 나는 목표했던 자산 규모와 현금 흐름을 달성했다. 나의 본래 목표는 2인 가구를 기준으로 다음과 같았다.

❶ **순자산** 13억 원
❷ **현금 흐름** 연 4,000만 원

2021년 초에 순자산은 오히려 20억 원에 가까운 금액으로 초과 달성했으며, 투자 현금 흐름 역시 2020년 기준으로 5,200만 원이 나왔다. 생각보다도 빨리 목표 자산 규모를 달성할 수 있었던 원동력은 역시 저축과 투자였다. 특히 부동산 자산의 증폭 효과를 누리니 자산 규모 자체는 생각보다 빨리 증가했다. 내 투자 원칙은 언제나 현재에 저평가된 자산을 미리 사놓고 미래를 기다리는 방식이다. 부동산도 저평가됐다고 판단한 신도시에 청약을 넣었기에 현재는 그 가치가 분양가 대비 두 배가 됐다. 주식 투자의 경우, 6년간 복리 효과를 꾸준히 누렸기에 원금의 세 배가 될 수 있었다.

다행스러운 점은 주식 투자 수익과 부업을 통한 부가적인 수익도 계속 창출되고 있어서 목표한 현금 흐름을 달성할 수 있었다는 점이다. 주식 수익은 4년째 매년 15% 이상 유지하고 있고, 2020년에는 한시적으로 25.5%까지 수익률이 높아졌다. 2020년은 코로나19가 확산되며 주식시장에 큰 위기가 찾아온 해다. 한때는 5년간 벌었던 모든 투자 수익을 날리고, 투자 원금마저 까먹을 정도로 일시적인 타격이 있었다. 그렇지만 마음을 다잡고 내가 투자한 좋은 기업들의 가치는 변하지 않는다는 것을 믿으니 좋은 결과로 보답받을 수 있었다. 앞으로도 좋은 기업에 장기 가치 투자를 해서 안정적으로 현금 흐름을 확보하고자 한다. 작지만 전자책, 리포트 판매 등의 지식 생산형 부업으로도 현금 흐름이 창출되고 있는 것도 고무적이었다.

지난해와 올해의 성과를 본다면, 우리 부부는 지금 당장 조기 은퇴를 선언해도 부족하지 않은 상황이다. 우리의 최소 생활비는 1년에 4,000만 원이니, 투자 수익만으로도 생활비를 충당할 수 있는 상황이기 때문이다. 순자산 20억 원 중 20%가량은 금융자산에 투자돼 있으므로, 이 금융자산이 매년 10% 이상의 투자 수익만 내더라도 우리는 은퇴 자금의 원금에 손을 대지 않고도 충분히 생활할 수 있다. 최근 4년간 주식 투자에서 매년 15% 이상 수익이 발생했으므로, 매년 10% 수익을 내는 것은 충분히 달성할 수 있는 목표로 보인다.

'잠정적 파이어'를 하기로 했다

경제적 자유를 성취한 것과 다를 바 없는 상황이 되니, 이제 일을 그만두거나 은퇴하는 것은 내 선택의 문제가 됐다. 퇴사를 하는 게 좋을지, 아닐지에 대해서부터 먼저 고민하기로 했다. 노동 소득, 즉 월급이 꼭 필요하지 않은 만큼 경제적 성취를 이뤘다고 해서 반드시 퇴사해야 하는 걸까? 아직은 회사에서 그렇게까지 괴롭다는 생각이 들지는 않았다. 은퇴 이후의 자유를 염원하고 있기는 했지만, 구글이라는 직장에서 나는 아직 배우고 싶은 것들이 남아 있다. 나도, 아내도 회사에서 성취하고 싶은 것들이 남아 있다는 결론을 내렸다.

우리는 섣부른 퇴사 대신 잠정적 파이어(Coast FIRE: 가까운 미래의 조기 은퇴를 준비하는 상태)를 선택하기로 했다. 앞으로는 지금까지처럼 돈을 아등바등 모으지 않아도 된다. 눈덩이 굴리듯 자산이 천천히 그 규모를 늘려가게 놔두는 것만으로도 충분하다. 지금까지는 저축률을 끌어올린다고 매번 허리띠를 졸라매는 마음이었는데, 여유를 가지고 조금씩 행복을 위한 소비를 늘려나가기로 했다. 그렇다고 매번 포털 사이트에서 가격 비교를 하고 1,000원의 지출도 몇 번 더 생각하던 절약 습관을 버린 것은 아니지만, 분명 이전과는 다른 심리적 안정감이 있었다.

길면 4년 정도 회사를 더 다니며 천천히 조기 은퇴 시점을 결정하기로 했다. 분명 당장 퇴사를 하고 시간의 자유를 최대한으로 누린다는 것은 누구에게나 달콤한 이야기다. 하지만 생활에 너무 급격한 변화를 주는 것은 그 나름대로 스트레스를 받는 일이다. 게다가 우리는 조기 은퇴를 하면 제주도나 춘천처럼 다른 소도시에 내려갈 생각을 하고 있는데, 거주지를 옮기기 전에 서울에서의 생활을 정리할 필요가 있었다. 지난 투자 성과가 부동산 및 주식 시장이 워낙 좋은 덕분에 거둔 '초심자의 행운'일 수 있으니 좀 더 지켜보며 투자 성적을 확인하는 작업도 필요하다.

우리 부부는 우리가 미래에 정확히 무엇을 하고 싶은지, 조금 더 여유를 가지고 알아보기로 했다. 시간이 허락하는 한도에서 은퇴 후 하고 싶은 공부를 조금씩 시작하고, 은퇴 후 계획을 짜며 '잠정적 파이어족'으로 생활하기로 했다. 앞으로 남은 인생을 원하는 경험을 하는 데 쓰기로 결정하자, 마음 깊은 곳에서 행복감이 차올랐다.

경제적 자유를 얻은 뒤 생긴 마음의 변화
___

은퇴를 선언하지는 않았지만, 경제적 자유를 얻으니 긍정적인 심리 변화가 여럿 생겨났다.

앞으로는 괴로운 감정을 참으면서 억지로 일을 하지 않기로 했다. 회사에서 부당한 일을 당한다든가, 즐거움보다 괴로움이 많아진다면 언제든 회사를 그만두고 나와도 된다. 커리어 변화가 필요하다면 얼마든지 새로 시작해도 좋다. 내게는 이제 그럴 자유가 있다. 다만 무작정 온 힘을 다해 새로운 일로 커리어를 전환해 그 자체로 스트레스를 받기보다는, 조금씩 시도해보기로 했다. 이렇게 누군가에게 내 경험을 공유하기 위해 글을 쓰는 것도 오래전부터 해보고 싶던 일이었기 때문이다.

당장 회사를 그만두고 광활한 시간의 자유를 얻은 것은 아니지만, '회사를 그만두어도 괜찮다'라는 생각만으로도 나는 자유의 기쁨을 누리고 있다. 뇌는 상상과 현실을 구분하지 못한다. 가짜 진통제를 먹어도 실제 진통제를 먹은 효과가 일어나는 것처럼[2] 뇌는 행복한 일을 상상하는 것만으로도 실제로 행복한 일을 겪는 것과 같은 화학반응이 일어난다. 뇌가 만들어낸 일시적인 착각인지도 모르겠지만, 적어도 나는 조기 은퇴를 하지 않았음에도 조기 은퇴를 선언한 것과 같은 마음의 여유와 환호를 느끼고 있다. 당장 은퇴를 선언해야만, 가슴 한쪽에 품어온 사직서를 내던져야만 행복해지는 것은 아닐지도 모른다. 내가 충분히 자유롭다는 생각만으로도 이렇게 행복하니 말이다.

누구보다 바쁘게, 그리고 행복하게 살 예정입니다

두 번째 인생을 준비하는 시간, 갭 이어

나와 아내는 제2의 인생을 살기 전 첫 번째 인생을 정리하는 시간을 가지려고 한다. 그 기간을 1년 정도로 잡고, '갭 이어 (Gap Year)'라고 이름 붙이기로 했다. 갭 이어란 본래 미국에서 고등학교를 졸업하고 대학을 진학하기 전 잠시 휴식기를 갖고 다양한 일들에 도전하는 시간을 말한다. 미국 스탠퍼드대학교의 마이크 데블린(Mike Devlin) 입학처장은 "학생들이 대학을 입학하기 전 꼭 갭 이어를 지내볼 것을 권하고 싶다"[3]라며 갭 이어를 통한 경험이 인생의 목표와 의미를 찾는 데 큰 도움이 된다고 강조했다. 미국 오바마 전 대통령의 첫째 딸 말리아 역시 대학 입학 전 꼭 하고 싶었던 영화 공부를 위해 할리우

드의 영화사 하비와인스틴에서 시간을 보냈다.[4] 우리도 본격적으로 새로운 삶을 시작하기 전에 좀 더 다양한 경험을 쌓아볼 생각이다.

우리가 지금까지 취미로 하던 것들, 또는 나중에 좀 더 본격적으로 하기 위해 미뤄놓았던 것들이 그 계획의 일부다. 갭 이어 기간의 계획들을 생각하기만 해도 설레고 신이 나지만, 갭 이어 이후에 어떤 삶이 펼쳐질지도 무척 기대된다.

갭 이어의 또 다른 목적은 자유 시간이 넘쳐 날 때 우리가 정말 행복한지를 관찰하는 것이다. 사실 그동안 학업, 또는 일에 쫓기던 나와 아내에게 무한한 자유가 주어진 적은 거의 없

바호의 갭 이어

1. 작가로서의 개인 브랜딩, 새로운 책을 발굴하고 읽으며 끊임없이 창작하는 작가로서의 삶
2. 나를 필요로 하는 사람들에게 도움이 되는 시간 보내기(봉사 활동, 강연 등)
3. 지적인 탐구를 계속 이어갈 수 있는 새로운 공부하기(독서 토론, 스터디 등)
4. 요리를 제대로 배워 고급 요리법 마스터하기
5. 내가 좋아하는 수영, 조깅 등의 운동을 다른 나라에서 해보기

코나의 갭 이어

1. 한 도시당 한 달 이상 머물며 그 나라의 문화·역사·생활 양식에 관해 깊이 탐구해 자유 기고하기
2. 취미를 깊게 파보기(클라이밍, 프랑스 자수 등)
3. 장기간 하이킹 여행 떠나기(노르웨이 캠핑카 여행, 요세미티 일주 등)
4. 교육 관련 활동하기(교육 격차 해소를 위한 봉사 활동, 한국어 교원 자격증 취득해 한국어 가르치기)
5. 전원주택에서 생활하며 계절마다 바뀌는 자연을 느끼고 살아가기

었다. 짧은 휴가에는 그저 일상에서 벗어나 휴가지에서 시간을 보내는 데 바빴던 탓이다. 그렇지만 새로운 도전과 경험을 위한 긴 시간의 자유에 대한 불안감이 없지는 않다. 1~2주 휴가를 가는 정도나 딱 즐겁지, 해를 넘길 정도의 자유 시간을 보내는 것은 생각보다 즐겁지 않다고 경고하는 사람들이 많으니 말이다. 우리의 갭 이어가 이러한 불안감을 불식하는 시간이 되길 바란다.

두 번째 인생을 위한 우리만의 노하우

모든 첫걸음은 아름답다. 새로운 것을 시도한다는 자체로도 멋진 일이지만, 그 끝을 알 수 없기에 더욱 신비로운 일일 것이다. 나는 유년 시절에 좋아했던 컴퓨터게임들이 어떻게 구동되는지 궁금했기에 컴퓨터공학을 대학 전공으로 선택했다. 내 장래 희망이 구글 엔지니어였던 것도 당연히 아니다. 내가 전공을 선택했을 시점에 구글은 실리콘밸리 조그만 창고에서 시작한 두 젊은이의 프로젝트에 불과했을 테니 말이다. 그런데 지금의 나는 전 세계 50억 인구가 하루에도 수십 번씩 사용하는 최고의 검색엔진을 만드는 일을 하고 있다. 처음 컴퓨터공학을 전공으로 선택했을 때엔 상상도 못 한 일이었다. 나와 아내의 제2의 인생 역시 마찬가지다. 우리의 시작이 어떤 멋진 결과를 낼지 아직은 상상조차 할 수 없다.

은퇴 이후에도 나는 계속 일을 할 예정이다. 아니, 은퇴했는데 무슨 일을 하냐고? 은퇴를 하고 아무 일도 안 한다는 것은 남은 인생에 천천히 죽는 날을 기다리는 것과 다를 것이 없다. 하루하루 의미 있는 일을 하면서 행복하게 살기 위한 것이다. 그 일이라는 것이 경제적 보상을 위해서 하는 일이거나, 누군가에게 꼭 도움이 되는 일은 아니다. 돈을 받는 일만이 일이라고 말하는 사람이라면, 그 사람은 자신이 가지고 있는 '노동'의 협소한 정의를 모든 사람의 '일'과 혼동하고 있는 것일 것이다. 가정주부인 어머니의 가사도 일이고, 여행도 일이고, 봉사도 일이다. 여행이 전혀 달갑지 않은 사람에게 여행을 가서 많은 것들을 경험하고 여행 경험을 책을 쓰라고 한다면 그 자체로 고문이 될 수 있지만, 우리에게는 '즐거운 일'이다. 그저 스스로 '즐거운 시간을 보내는 의미 있는 활동'이라면, 그것 자체로 나는 훌륭한 일거리라고 생각한다.

나와 아내에게는 작지만 소중한 인생의 원칙들이 있다. 이원칙들을 지키면서 살아갈 수 있다면 우리는 충분히 남은 2차전 인생을 1차전만큼, 또는 그보다 더 행복할 수 있다는 자신이 있다. 1차전 인생에서는 경제적 보상에 크게 좌우되는 삶을 살아왔다면 이제 그보다는 나 자신을 위해, 나 스스로 더 기쁜 일들을 하면서 시간을 보내고 싶다. 더 이상 '나의 직장'이나 '나의 상사'는 내 인생이 중심이 아니다. 나와 내 가족의 건강과 행복이 내 인생 모든 일의 우선순위다.

바호와 코나의 앞으로의 삶의 원칙들

❶ 무엇보다 건강과 가족이 일보다 우선하는 삶

❷ 무엇보다 나 자신의 행복을 찾아가는 삶

❸ 다양한 문화와 감각의 경험으로 가득한 삶

❹ 나 자신만을 위한 부자가 아니라 주변 사람에게도 도움을 주
는 삶의 부자가 되기

일말의 두려움이 없지 않지만, 그럼에도 심리적으로 전혀 불안
하지 않은 것은 경제적 자유 덕분일 것이다. 경제적 자유를 달
성한 이후에는 그 어떠한 일도 '돈이 안 된다'는 이유로 포기하
지 않아도 된다. 투자하는 시간에 비해 벌이가 시원치 않다는
이유로 마음 한편에 미뤄두었던 나의 책 쓰기도, 누군가에게는
그저 시간 낭비 같아 보이는 아내의 자수 공예도, 집을 사야 하
니 미뤄뒀던 우리의 여행 계획도 이제는 마음껏 도전할 수 있
다. 물론 해보고자 했던 것들을 한 뒤에 다시 본래의 일터로 돌
아올 수도 있다. 그것은 그것만으로도 좋다. 재취업을 할지 말
지를 선택할 자유가 있다는 것도 파이어족의 특권일 테니.

제2차, 제3차 신혼여행을 꿈꾸며

더 이상 '어쩔 수 없다'는 핑계를 대지 않기로 했다

우리는 매번 새로운 핑계를 대며 우리의 행복을 뒤로 미뤄왔다. "내년에는 꼭 해야지, 언젠가는 가야지." 그렇지만 미뤄둔 행복이 시간이 지난다고 해서 돌아오지는 않았다. "어쩔 수 없다"라는 핑계로 우리는 그 작은 소망들을 늘 가슴 한쪽에 미뤄놓았다.

핑계를 대지 않는 사람만이 행복해질 수 있다. 미뤄둔 소망을 이루는 데에는 나이가 중요하지 않다. 먹고사는 문제 때문에 미뤄왔던 배움이 80세 노년이 넘어서야 꽃을 피우는 경우도 있다. 83세 와카미야 마사코 할머니는 세계에서 가장 나이 많은 앱 개발자다. 그녀는 정년퇴직 후 컴퓨터를 익히고 80세가 되던 해, 프로그래밍을 독학으로 배웠다. 그러고 나서 자신과 같은 노인들이 즐길 수 있는 게임을 개발했다.[1] 이후 세종대학교에서 개최된 2017 소프트웨어교육 페스티벌의 강사로 선정돼 최고령 강연자로서 발표를 멋지게 마쳤다.[2] 그녀는 수많은 젊은이들의 사인과 기념 촬영 요청에 기꺼이 응하며 이야기했다. "내가 하고 싶은 것을 창조하는 것이 인간다움이고 나다움이다. 나는 세상에서 지금 가장 행복하고, 다시 21세 청년기를 만끽하고 있다. 많은 사람에게 이 기쁨을 알려주고 싶다." 와카미야 할머니는 올해도 창조의 즐거움을 멈추지 않을 것이다.

평계를 대는 순간 우리의 인생은 딱 거기에서 멈추고 만다. "나이 때문에 어쩔 수 없어", "먹고살려면 어쩔 수 없어", "이제는 너무 늦었어", "사람들 시선 때문에 어쩔 수 없어". 우리는 이 수많은 평계로 스스로를 테두리 안에 가둬놓으며 행복을 포기하고 있는지도 모른다. 경제적 자유는 딱 하나, "회사 다니는 처지에는 어쩔 수 없어"라는 평계를 제거해주는 것뿐이다. 나머지 모든 평계는 이제 우리 몫이다. 나는 평계에 발목 잡혀 인생을, 그리고 미뤄둔 행복을 허비하고 싶지 않다. 남은 인생엔 용감하기로, 그 모든 평계에서 벗어나기로 했다.

10년에 한 번씩 신혼여행을 간다

하와이의 석양 앞에서 신혼여행의 마지막 순간을 아쉬워하는 아내에게 약속했다. 이 신혼여행이 마지막이 되지 않게 해주겠다고. 제2차, 제3차 신혼여행도 계속 갈 수 있게 내가 준비하겠다고. KBS 드라마 〈동백꽃 필 무렵〉의 주연 황용식(강하늘 배우)이 동백에게 한 말처럼, "평생 꿀 빨게 해주겠다"고 말이다. 나는 이 약속에도 절대 다른 핑계를 대지 않을 것이다.

우리는 10년에 한 번씩 신혼여행을 갈 생각이다. 혹자는 인생에서 가장 행복한 순간이 신혼여행 때이고, 그 뒤로는 내려올 일만 남았다고 농담하곤 한다. 그렇다면 우리는 그 행복의 순간이 아스라이 멀어질 때쯤 다시 우리 앞으로 바짝 당겨 오기로 했다. 새해 결심이 작심삼일에서 끝나는 것에 좌절한다면, 3일마다 작심삼일을 매번 하면 되는 것처럼 말이다. 신혼여행이 별건가? 결혼식 다음 날 가는 여행만이 신혼여행은 아니다.

영어로 Honey Moon Trip. 결혼 파티 중 제공되는 벌꿀주인 미드(Mead)를 마신 뒤에 떠나는 여행[3]으로, 여행 내내 그 달콤한 느낌이 남아 있어 허니문이라고 부르게 됐다고 한다. 우리도 우리만의 설레는 마음으로 달콤한 여행을 함께할 수 있다면 그게 바로 신혼여행이다.

우리는 남은 인생을 파이어족이 되어, 일상의 소박한 행복으로 하루하루를 채워나갈 것이다. 가끔 떠날 새로운 여행에서 맛볼 벌꿀주 같은 달달함과 설렘은 보너스다.

PART 1 파이어족을 꿈꾸는 구글러

1. 30대에 은퇴하기로 결심했다

1. 구글 소개 페이지, https://about.google/

2. Number of full-time Alphabet employees from 2007 to 2020, Statista, https://www.statista.com/statistics/273744/numberof-full-time-google-employees/#:~:text=Google offices and employees,Mexico%2C Turkey and New Zealand.

3. 직장인 63.2% "회사 생활하며 만성 질병 생겨", 〈한국경제〉 https://www.hankyung.com/society/article/2007072726977

4. 척수마비 환자가 걸어 다니는 날, 〈한겨레〉 https://www.hani.co.kr/arti/science/science_general/774098.html

5. 3세대 인공심장 이식환자 '1000일 유지' 돌파, 〈의학신문〉 http://www.bosa.co.kr/news/articleView.html?idxno=2110302

PART 2 파이어족 성공의 비밀

2. 파이어족이 되기 위한 기초 가이드

1. I thought the FIRE movement wasn't for me until I discovered Coast FIRE, Kevin Panitch. https://www.businessinsider.com/personal-finance/whypursuing-coast-fire-retirement-2020-10

2. The 4% Rule-At What Price?, Stanford University. https://web.stanford.edu/~wfsharpe/retecon/4percent.pdf

3. WORLD DEVELOPMENT INDICATORS, World Bank. https://datatopics.worldbank.org/world-developmentindicators/

4. 밀레니얼, 그리고 Z세대가 말하는 유튜브의 모든 것
   https://www.20slab.org/Archives/29165

5. 슈퍼개미 '상위 5%' 너로 정했다, 〈아주경제〉
   https://www.ajunews.com/view/20200625152543681

6. MBTI 성격 유형에 따른 투자 성향 연구, 한승조, 고현민, 구교찬, 2015년 4월.
   https://www.dbpia.co.kr/Journal/articleDetail?nodeId=NO DE06278297

7. 5,000만 원 연봉계산기, 〈사람인〉 https://www.saramin.co.kr/zf_user/
   tools/salary-calculator?salary=5000

8. 6,000만 원 연봉계산기, 〈사람인〉 https://www.saramin.co.kr/zf_user/
   tools/salary-calculator?salary=6000

9. 서울특별시 서울연구원, 서울 시민의 한 달 승용차 유지비는?
   https://www.si.re.kr/node/53863

10. 디지털 노마드 그들이 사랑하는 도시 10, 〈여행매거진 GoOn〉
    https://m.post.naver.com/viewer/postView.nhn?volumeNo=15680864&
    memberNo=16546814

11. '박응진의 똑똑재테크', 3040 조기 은퇴 꿈꾸는 파이어족…방법은?, 〈News1〉
    https://www.news1.kr/articles/?4006033

12. 《내리막 세상에서 일하는 노마드를 위한 안내서》, 제현주, 어크로스,
    p.232~244

13. 《부의 주인은 누구인가: 당신을 부자로 만드는 돈 사용설명서》, 비키 로빈 · 조
    도밍후에즈, 도솔플러스, p.264~267

3. 파이어족 완성하기

1. "배당금 올해는 못 올려줘" 코로나에 38년 전통 무너진 '엑슨모빌', 〈매일경제〉
   https://www.mk.co.kr/news/world/view/2020/10/1112857/

2. 금리 파생상품 원금 다 날릴 수도…'불완전 판매' 여부 쟁점, 〈뉴시스〉
   https://newsis.com/view/?id=NISX20190819_0000744598

PART 3 월급쟁이, 30대 파이어족이 되다

4. 나의 30대 파이어족 도전기

1. 마크 주커버그, 스티브 잡스처럼 똑같은 옷을 입는 사람이 성공하는 놀라운 이유, 〈Tistory Blog〉 https://smartaedi.tistory.com/142
2. 뱃속의 태아는 부양가족에 포함될까, 안 될까, 〈연합뉴스〉
   https://www.yna.co.kr/view/AKR20160719169900063
3. 3기 신도시 사전 청약, 30대에게 희망을, 〈경향비즈〉
   http://m.biz.khan.co.kr/view.html?art_id=202010112117005#c2b
4. 공공 분양 일반 공급 30%는 추첨…3040 당첨 기회 늘려, 〈동아일보〉 https://www.donga.com/news/Economy/article/all/20210204/105290622/1
5. 직장인 10명 중 3명 '내 직업은 최소 2개'…89.7% "더 늘어날 것", 〈굿데일리〉
   http://www.gooddailynews.co.kr/news/ar ticleView.html?idxno=201402
6. '나를 위한 선물', 코로나로 우울한 마음 쇼핑으로 달래, 〈조선일보〉
   https://biz.chosun.com/site/data/html_dir/2020/05/30/2020053002140.html
7. 서울특별시 서울연구원, 서울 시민의 한 달 승용차 유지비는?
   https://www.si.re.kr/node/53863
8. 당신이 건전한 투자자라면 주식 자꾸 사고팔지 말라, 〈조선일보〉
   https://biz.chosun.com/site/data/html_dir/2008/01/04/2008010401128.html

9. 세계 최고 부자들의 예상을 깨는 검소한 생활방식, https://m.post.naver.com/viewer/postView.nhn?volumeNo=16186799&memberNo=40293115

5. 파이어족, 성공이 보이기 시작했다

1. 기대 수명까지 생존 시 암 걸릴 확률 37.4%…암 유병자도 201만 명, 〈뉴스1〉 https://www.donga.com/news/Society/article/all/20201229/104679603/1

2. Jon-Kar Zubieta, Joshua A. Bueller, Lisa R. Jackson, David J. Scott, Yanjun Xu, Robert A. Koeppe, Thomas E. Nichols, and Christian S. Stohler, "Placebo Effects Mediated by Endogenous Opioid Activity on μ-Opioid Receptors," https://www.ncbi.nlm.nih.gov/pmc/articles/PMC6725254/

3. America's new trend: taking a gap year, 〈GreatSchools〉, https://www.greatschools.org/gk/articles/taking-a-gap-year-new-redshirting/

4. What Malia Obama Is Doing During Her Gap Year, Town and country https://www.townandcountrymag.com/society/news/a5588/maliaobama-harvard/

맺으며

1. 노인용 게임 앱 개발자 83세 할머니, 〈이코노믹리뷰〉 https://www.econovill.com/news/articleView.html?idxno=359407

2. 일본 81세 '게임 앱' 개발자 할머니, "노인에게 인터넷 세상 알려주겠다", 〈전자신문〉 https://www.etnews.com/20170402000045?m=1

3. 벌꿀주, 허니와인, 미드(Mead), Zoominsky.com, https://zoominsky.com/1738

파이어족을 이룬 숨은 강자들에게서 찾은 부의 공식

대한민국 파이어족 시나리오

제1판 1쇄 발행 | 2021년 9월 17일
제1판 3쇄 발행 | 2021년 10월 28일

지은이 | 바호(이형욱)
펴낸이 | 유근석
펴낸곳 | 한국경제신문 한경BP
책임편집 | 노민정
교정교열 | 한지연
저작권 | 백상아
홍보 | 서은실 · 이여진 · 박도현
마케팅 | 배한일 · 김규형
디자인 | 지소영
본문디자인 | 디자인 현

주소 | 서울특별시 중구 청파로 463
기획출판팀 | 02-3604-590, 584
영업마케팅팀 | 02-3604-595, 583   FAX | 02-3604-599
H | http://bp.hankyung.com   E | bp@hankyung.com
F | www.facebook.com/hankyungbp
등록 | 제 2-315(1967. 5. 15)

ISBN 978-89-475-4749-9   03320